HISTÓRIAS NÃO (OU MAL) CONTADAS

• SEGUNDA GUERRA MUNDIAL 1939-1945 •

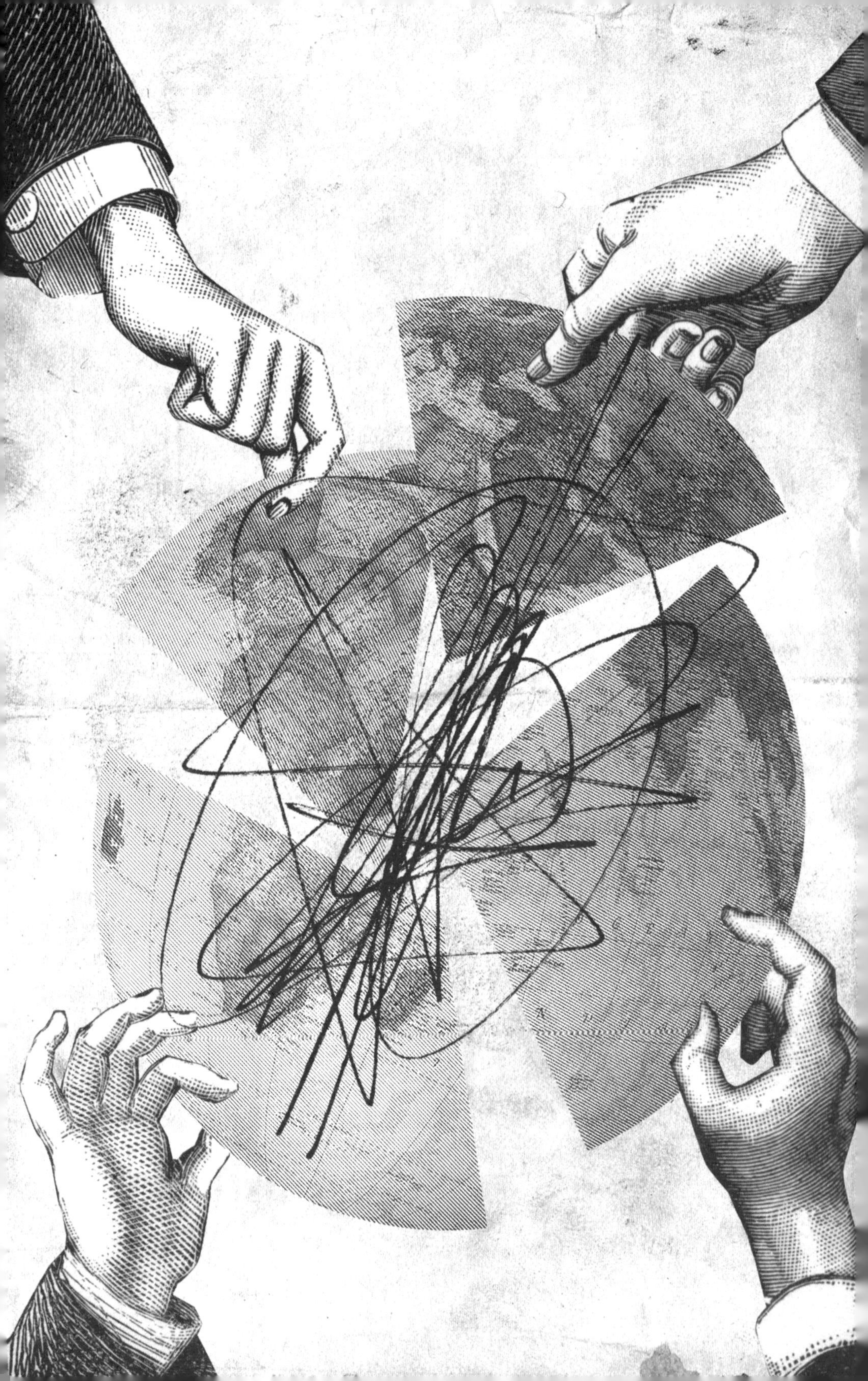

RODRIGO TRESPACH

HISTÓRIAS NÃO (OU MAL) CONTADAS

• SEGUNDA GUERRA MUNDIAL 1939-1945 •

Harper Collins

Rio de Janeiro, 2017

Rua da Quitanda, 86, sala 218 – Centro – 20091-005
Rio de Janeiro – RJ – Brasil
Tel.: (21) 3175-1030

CIP-Brasil. Catalogação-na-fonte
Sindicato Nacional dos Editores de Livros, RJ.

T732h

Trespach, Rodrigo
Histórias não (ou mal) contadas : Segunda Guerra Mundial / Rodrigo Trespach. - 1. ed. - Rio de Janeiro : HarperCollins, 2017.
240 p. : il. ; 23 cm.

Inclui bibliografia
ISBN: 978.85.9508.102-4

1. Guerra Mundial, 1939-1945. I. Título.

CDD: 940.53
CDU: 94(100)'1939/1945'

Para Gisa, Jr. e Guto.

"O SABER É MELHOR QUE A IGNORÂNCIA; A HISTÓRIA MELHOR QUE O MITO."

Ian Kershaw

"Ó LIBERDADE, QUANTOS CRIMES SÃO COMETIDOS EM TEU NOME!"

Madame Roland

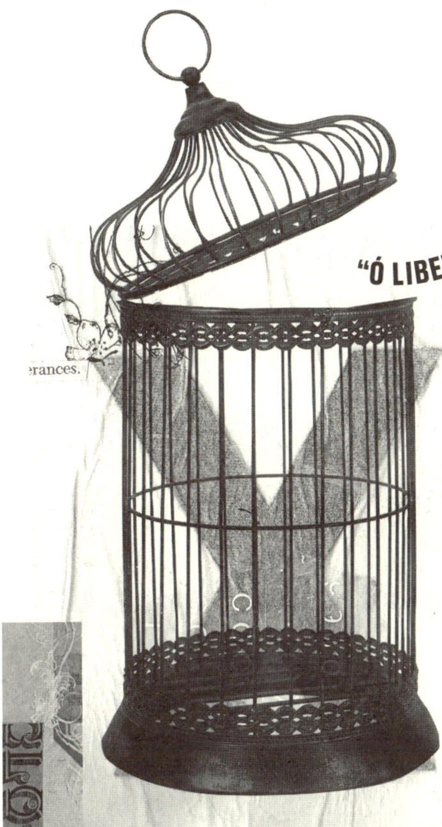

SUMÁRIO

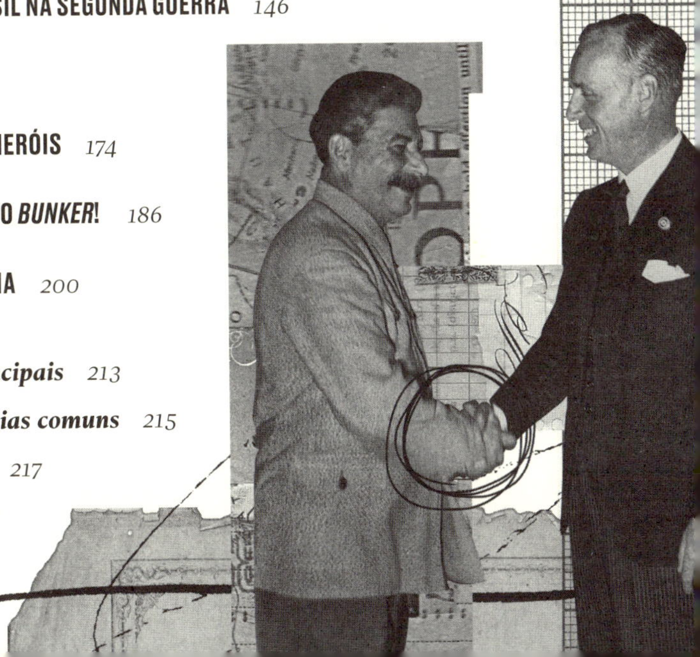

HISTÓRIAS NÃO (OU MAL) CONTADAS: SEGUNDA GUERRA MUNDIAL, 1939-1945

Quando o assunto é Segunda Guerra Mundial, há certo consenso de que os alemães eram os "bandidos" e os Aliados, os "mocinhos". Essa é uma ideia parcialmente verdadeira. Muitos alemães eram "bons", assim como os principais países Aliados também tinham sua cota de "maldade".

Não se trata de apologia ao nazismo ou de revisionismo histórico. Na Segunda Guerra (delimitada, por convenção, entre 1939 e 1945), como sempre acontece na História, os vencedores fabricaram uma estrutura de ideias — e estereótipos que servem para que possamos ter uma noção razoável do que se quer considerar certo e errado. A realidade, no entanto, é muito mais complexa. Talvez haja vencedores e vencidos, mas não há heróis ou bandidos em uma guerra.

Judeus lutaram nos exércitos de Hitler e até mesmo ajudaram a caçar e a assassinar outros judeus nos campos de concentração, mas invariavelmente somos levados a pensar especificamente nos seis milhões deles que os nazistas mataram, e poucos sabem que eles não foram os únicos. Homossexuais, ciganos e outros grupos marginalizados também foram humilhados, torturados e assassinados. Da mesma forma, somos levados a pensar nos milhares de mortos de Hiroshima, sem lembrarmos que japoneses estupraram e assassinaram barbaramente milhares de mulheres chinesas e asiáticas e realizaram experiências químicas macabras com pessoas inocentes, como idosos e crianças. Não há justificativas aceitáveis para uma ou outra situação, mas é preciso ver a História sob as duas perspectivas. A maioria das pessoas acredita, por exemplo, que Hitler desejava escravizar países e conquistar o mundo. Embora isso seja verdade, novamente somos levados a ignorar que os britânicos queriam o mesmo. A Grã-Bretanha era "dona" do mundo havia séculos e lutou para manter vários povos sob seu domínio imperialista inclusive depois da guerra (a Índia de Gandhi é um grande exemplo). A França fez o mesmo com suas colônias na África e na Ásia.

Os Aliados não eram apenas guerreiros lutando por paz e liberdade. Eles também cometeram um grande número de atrocidades e coisas pouco heroicas. Se lutaram mesmo por liberdade, esta seria para quem? Acabada a guerra, Stálin mantinha vinte milhões de prisioneiros-escravos na União Soviética. Os negros norte-americanos que haviam lutado por liberdade nos campos da Europa e nas ilhas do Pacífico ainda eram tratados como animais no próprio país. O continente africano levou décadas para se libertar do jugo dos países europeus. Liberdade?

Essas histórias normalmente não são contadas. Ou então são mal contadas a ponto de não serem conhecidas do grande público. Essa é a função deste livro. *Histórias não contadas (ou mal contadas): Segunda Guerra Mundial, 1939-1945* não segue a ordem cronológica dos fatos, não narra campanhas militares, tampouco quer ser a biografia oficial de generais e de líderes políticos. Também não pretende ser um resumo do conflito. Para essas questões, existem muitos outros livros. O que esperamos ter reunido aqui são histórias contadas sob um ponto de vista pouco convencional e incrivelmente reais.

RODRIGO TRESPACH
Osório, Junho de 2016.

do but form
X

1. LUSTRANDO ARMAS

A Segunda Guerra foi marcada por convenções e interesses geopolíticos sem precedentes. Enquanto Hitler ainda se preparava para o conflito, Itália e Japão deram início à expansão imperialista, invadindo e conquistando territórios e países na África e na Ásia. Já com a guerra em curso, Stálin se aproveitou de países do Leste Europeu sem ser molestado pelos Aliados, assim como os países neutros lucravam com a desgraça alheia.

O historiador britânico Eric Hobsbawm afirmou que enquanto o culpado pela deflagração da Primeira Guerra (1914-1918) fora uma conjunção complexa de fatores — e não apenas a Alemanha, que em 1919 pagaria quase que sozinha pelo pato —, a culpa pela Segunda Guerra Mundial podia ser atribuída exclusivamente ao projeto megalômano de Hitler. Joachim Fest, possivelmente o mais conhecido biógrafo do ditador nazista, também creditou à política de Hitler o surgimento de uma nova grande guerra.

Essa ideia cabe bem dentro do contexto europeu, e tão somente. Mesmo sem a loucura racista de Hitler e muito antes de o líder nazista começar a pôr em prática seus planos de dominação mundial, atrocidades de todos os tipos eram cometidas em todos os lados do globo. Em verdade, em 1939, quem ainda dominava metade do mundo eram os inimigos da Alemanha. França e Inglaterra dividiam quase ao meio o continente africano, deixando pequenas porções para portugueses, espanhóis, belgas e italianos. O mesmo ocorria na Ásia. Do Oriente Médio à Austrália, quem mandava eram os reis inglês e holandês, com franceses, espanhóis e norte-americanos dividindo a maior parte restante. Países independentes, como a China, viviam sob forte pressão europeia; no caso, dos britânicos. Na África, apenas a Libéria era, de fato, independente.

Ainda que a Alemanha nazista tenha mostrado desde cedo sua intenção de expansão territorial e militar (em 1925, em seu livro *Mein Kampf*, Hitler já havia anunciado pública e claramente seu plano de luta contra judeus e comunistas e de instauração de um governo forte para que a Europa fosse dominada por uma nação racialmente superior), ela não foi a única nem a primeira a instalar um Estado totalitário, invadir, escravizar e dizimar países vizinhos.

JAPÃO E ITÁLIA SAEM NA FRENTE (1931-1939)

Antes que as nuvens negras de uma nova guerra chegassem à Europa, a Ásia vivia sob uma tempestade imperialista desde que o Japão decidira sair do anonimato econômico mundial. Em 1895, o império japonês derrotou a China, conquistou a Coreia e ainda recebeu a Ilha Formosa (Taiwan) como recompensa. Dez anos depois, foi a vez de os russos serem derrotados pelos nipônicos. Fora a primeira vez na História que um país asiático derrotava uma grande potência europeia. O já então cambaleante czar teve que ceder Port Arthur, a península de Liaodong e metade da Ilha de Sacalina ao Japão. Nicolau II ainda reconhecia a soberania do imperador japonês sobre a Coreia e se retirava da Manchúria.

Mesmo depois de apoiar os Aliados ocidentais na Primeira Guerra, o Japão não teve reconhecida sua importância na Ásia no Tratado de Versalhes. Para os europeus, os japoneses ainda eram membros de uma nação inferior.

A crise de 1929 piorou ainda mais essa percepção, pois afetara substancialmente a economia japonesa. No começo da década de 1930, o país era isolado do resto do mundo e sua indústria dependia totalmente de matérias-primas estrangeiras. Assim como ocorreria depois na Alemanha, na Itália e na Espanha, a saída para a crise esteve ligada à ascensão do militarismo. No caso japonês, a ascensão de uma casta militar ultranacionalista, com forte influência sobre o imperador Hirohito, levaria o país a buscar seu espaço entre as potências imperialistas.

Aproveitando-se da fragilidade da China, dividida por uma guerra civil entre os nacionalistas de Chiang Kai-shek e os comunistas de Mao Tsé-tung, em 19 de setembro de 1931 o Japão invadiu a Manchúria, na fronteira com a Mongólia, e ali instalou um governo fantoche, administrado pelo antigo imperador chinês Pu Yi, que havia sido deposto pelos republicanos de Sun Yat-sen. A Manchúria — ou

Manchukuo — foi a base para a expansão do império japonês no continente asiático. Dois anos depois, o país deixou a Liga das Nações, e em novembro de 1936 assinou com a Alemanha de Hitler o Pacto Anticomintern, uma aliança contra a ameaça comunista.[1] Em julho do ano seguinte, o Japão invadiu o norte do território chinês, conquistando gradativamente o país em uma guerra não declarada (guerra que só seria "oficializada" depois do ataque japonês a Pearl Harbor, no Havaí, em 1941).

Tal como os nazistas, os militares nacionalistas japoneses acreditavam na superioridade racial nipônica sobre os outros povos da Ásia. Quando o general Hideki Tojo, então primeiro-ministro do Japão, visitou Manchukuo em 1942, Pu Yi precipitou-se em declarar: "Vossa Excelência pode estar seguro de que investirei todos os recursos de Manchukuo no apoio à guerra santa de nossa pátria-mãe, o Japão."[2] Na verdade, os japoneses sofriam de complexo de inferioridade em relação às nações da Europa. Em 1919, na Conferência de Paris, onde se definiu o Tratado de Versalhes, eles haviam proposto que na cláusula de garantia de igualdade religiosa fosse acrescentada a palavra "racial".[3] Não foram atendidos, o que azedou de vez as relações com os europeus.

Se os alemães esperavam criar um Terceiro Reich de mil anos, o Japão ansiava por uma "Esfera de Coprosperidade da Grande Ásia Oriental". O conceito foi criado pelo primeiro-ministro Fumimaro Konoe antes da Segunda Guerra, e tinha como objetivo unificar a Ásia sob o comando do Japão e livrá-la da influência das potências ocidentais. "Uma Ásia para os asiáticos, um admirável Oriente novo", escreveu o historiador holandês Ian Buruma.[4] Tal como aconteceria na Europa com o Reich de Hitler, a Grande Ásia Oriental transformou-se em uma máquina de matar.

Enquanto isso, na Europa, a Itália também dava os primeiros passos para a guerra. Em 3 de outubro de 1935, Benito Mussolini invadiu a Abissínia (atual Etiópia) — com exceção da Libéria, era o último território africano não submetido à dominação europeia. Tomando a capital Adis Abeba em maio de 1936, Mussolini declarou o rei italiano Vítor Emanuel III imperador da Etiópia, o que aumentou o número de colônias do país no continente africano. A Itália já era dona de uma parte da Somália, da Líbia e da Eritreia.

A tudo isso, às ações japonesas e italianas, a Liga das Nações, que fora criada em 1919 segundo o idealismo do presidente norte-americano Woodrow Wilson como garantia "para a manutenção da paz mundial", assistiu sem poder fazer nada. Salvo sanções econômicas sem qualquer interferência prática. Fiel à hipocrisia que lhe era característica, Winston Churchill escreveu em suas memórias que a invasão italiana da Etiópia (país membro da Liga das Nações contra a vontade britânica) era inadequada "à ética do século XX", onde não se poderia mais tolerar que brancos se sentissem "autorizados a conquistar os homens de pele amarela, marrom, preta ou vermelha e a subjugá-los através da força e de suas armas superiores".[5] Nada mal para um político cujo império era dono de uma faixa de terras que ia do delta do Nilo, ao norte, até a Cidade do Cabo, no sul da África.

Mussolini chegou ao poder na Itália quase uma década antes de Hitler alcançar a chancelaria na Alemanha. Os dois se conheceram pessoalmente em 1934, em uma viagem de Hitler a Veneza, mas o encontro não foi muito amistoso, pois os dois divergiram sobre os destinos da Áustria. Hitler era um novato em política internacional. Mussolini estava no poder desde 30 de outubro 1922, quando o rei italiano o nomeou primeiro-ministro depois da "Marcha sobre Roma". A marcha se transformou no mito fundador do Estado fascista, mas na verdade ela nem chegou a acontecer, não passou de um blefe. Os "camisas negras" do Partido Nacional Fascista, criado por Mussolini em 1919, só desfilaram pela cidade depois que o rei Vítor Emmanuel III convidou seu líder para formar um novo governo.[6] O Exército teria facilmente esmagado a oposição se fosse necessário, mas com medo do comunismo – como aconteceria depois na Alemanha – o rei deu liberdade para Mussolini organizar um gabinete e as reformas administrativas que achasse pertinentes. Dois anos depois, em 1925, a Itália se tornaria um Estado totalitário e ele, Mussolini, *Il Duce*, o chefe.

A invasão da Etiópia e o afastamento da Itália da área de influência franco-britânica aproximaram Roma de Berlim; e, mais tarde, aproximaram-na de Tóquio. Em abril de 1939, Mussolini invadiu e tomou a Albânia, na costa do mar Adriático. O rei Zog I foi enviado ao exílio, e o país, incorporado à Itália. A Segunda Guerra, a partir de então, era uma questão de tempo.

Particularmente quanto a Hitler e a Mussolini, eles desenvolveram uma amizade verdadeira. Quando o *Duce* foi deposto e preso no Gran Sasso, em 1943, um grupo da SS liderado por Otto Skorzeny o libertou. Mussolini assumiu, então, o governo da República Social Italiana na região ocupada por tropas alemãs no norte da Itália.

A amizade funesta dos dois ditadores terminaria em 28 de abril de 1945, com a morte do italiano por guerrilheiros antifascistas. Hitler ficou chocado quando soube que os corpos de Mussolini e de sua amante Clara Petacci foram expostos à execração pública, tendo sido pendurados pelos pés, na Piazza Loreto, em Milão.

A VEZ DE HITLER (1935-1939)

Em 1935, depois de dois anos como chanceler, Hitler restabeleceu o recrutamento formal e deu início ao seu plano de levar a Alemanha às glórias do passado, de destruir o Tratado de Versalhes e de conquistar o que ele denominou de "espaço vital" para o povo alemão. No ano seguinte, ele ocupou a Renânia, parte do território germânico às margens do rio Reno, na fronteira com a França, desmilitarizada desde 1919. Essa foi sua primeira grande aposta. Suas tropas haviam recebido ordens de recuar caso franceses e ingleses se levantassem em protesto.

Em março de 1938, ele anexou a Áustria e concretizou o antigo sonho alemão de formar um Estado que reunisse os dois grandes países de língua alemã na Europa. O *Anschluss* (união) foi confirmado por plebiscito, em abril do mesmo ano, com 99% de aprovação.

O passo seguinte foi reivindicar a anexação da região dos Sudetos, na Tchecoslováquia, um país criado em 1920 pelas convenções do Tratado de Versalhes. Nos Sudetos viviam cerca de três milhões de alemães étnicos. A união dos povos alemães ainda servia como desculpa. A questão foi decidida na Conferência de Munique, em setembro de 1938. Depois de três viagens à Alemanha, o primeiro-ministro britânico Neville Chamberlain cedeu às exigências alemãs acreditando que seria o último pedido de Hitler e que, portanto, estaria finalmente selando a "paz de nossos dias". "Estamos determinados a continuar nossos esforços para remover possíveis diferenças e, assim, contribuir para assegurar a paz na Europa", dizia o acordo.[7] Conforme o documento, o líder alemão manifestara o desejo de que os dois países jamais voltassem a entrar em guerra um contra o outro. Ainda que, havia muito tempo, tanto o Serviço Secreto Britânico quanto Chamberlain, muitos conservadores e a opinião pública britânica soubessem das intenções de Hitler, em geral confiaram piamente nele.[8] Talvez porque quisessem acreditar que a Alemanha nazista pudesse ser uma barreira protetora contra um inimigo considerado muito mais perigoso: o comunismo de Stálin.[9] Pela França, Édouard Daladier endossou o acordo. Apostaram em um louco tirano para barrar a ascensão de outro.

Certo de sua genialidade diplomática e da debilidade das democracias ocidentais, Hitler não via mais limites para suas ambições. Nem a casta de militares e políticos alemães que se opusera à sua política expansionista (e até mesmo projetara um golpe) podia reclamar. "Capitulação total", escreveu Carl Goerdeler, prefeito de Leipzig e membro da resistência alemã.[10] Hitler estava destruindo todas as cláusulas impostas aos alemães em Versalhes sem disparar um tiro sequer. Churchill recordou mais tarde em suas memórias: "Foi assim que Hitler se tornou o senhor inconteste da Alemanha, abrindo caminho para o grande projeto."[11] O líder britânico foi um dos poucos a se levantarem contra o acordo assinado por Chamberlain. "Sofremos uma derrota completa e absoluta", disse ele. Churchill estava certo, mas na época poucos tiveram essa opinião.

Com o consentimento do presidente tcheco Emil Hácha, em março de 1939, o exército de Hitler invadiu o que sobrara da Tchecoslováquia, que foi incorporada à Alemanha com o nome "Protetorado da Boêmia e Morávia". Algumas regiões tchecas foram entregues à Hungria e à Polônia. A Eslováquia passou a ser governada por uma marionete alemã.[12]

A exigência alemã seguinte foi a anexação de Dantzig e do corredor polonês, que também fora retirado da Alemanha em 1919. Hitler não iria parar. Mas nunca imaginou que França e Inglaterra realmente entrariam em uma nova guerra por causa de uma minúscula fração de terra habitada por alemães encravada em território polonês. Como um apostador, uma vez mais ele jogou com a sorte. Antes, no entanto, assinou um tratado de não agressão com Stálin. O Pacto Molotov-Ribbentrop ou Nazi-Soviético chocou o mundo: nele, os dois ditadores acordaram um período de paz de cinco anos. Hitler estava livre para uma guerra contra o Ocidente.

Stálin e Joachim von Ribbentrop depois da assinatura do Pacto Nazi-Soviético, em agosto de 1939. Alemanha e URSS acordaram repartir a Polônia.

A DIVISÃO DA POLÔNIA (1939)

Quando a Alemanha invadiu a Polônia em 1º de setembro de 1939, dando início à Segunda Guerra, Hitler tinha acordado secretamente com Stálin que a parte oriental do país ficaria com a União das Repúblicas Socialistas Soviéticas (URSS). Os poloneses, surpreendidos pelo ataque e impotentes diante da superioridade da máquina de guerra alemã, recuaram para a parte oriental do país na esperança de que ingleses e franceses cumprissem a promessa de que lhes prestariam ajuda. A declaração de guerra veio em 3 de setembro, mas a ajuda da França e da Inglaterra nunca chegou. Os aliados da Polônia haviam prometido o que não podiam cumprir. Eles haviam jogado o jogo de Hitler e caído como amadores.

No dia 17 de setembro, os russos também invadiram o país. Sem muita cerimônia e sem nenhum constrangimento o ministro do Exterior de Stálin, Vyacheslav Molotov, o mesmo que assinara o Pacto Nazi-Soviético e a quem Churchill chamou de "cabeça de bala de canhão", disse ao embaixador polonês em Moscou que, como a república polonesa não existia mais, o Exército Vermelho precisava "proteger cidadãos russos na Bielorrússia e na Ucrânia ocidentais".[13]

Essas regiões polonesas haviam sido retiradas da União Soviética na Guerra Soviético-Polonesa, em 1921. O ódio de Stálin pelos poloneses remonta a essa época, uma vez que ele foi acusado de ser o responsável pela derrota soviética na Batalha de Varsóvia, em 1920. Quando, às vésperas da Segunda Guerra, durante o "Grande Terror", ele deu início aos expurgos dentro do Exército Vermelho, mais de 111 mil pessoas foram executadas por espionagem. Stálin elogiou o trabalho de Nikolai Yezhov, o então chefe da NKVD (acrônimo russo para "Comissariado do Povo para Assuntos Internos", um eufemismo para polícia secreta): "Muito bem! Continue buscando e limpando essa imundície polonesa. Elimine-a no interesse da União Soviética."[14]

Stálin apossou-se rapidamente da parte da Polônia que lhe cabia, assim como dos Estados bálticos (a Letônia, a Lituânia e a Estônia), da Bessarábia romena e, sem qualquer intervenção franco-britânica, também invadiu a Finlândia. Hitler e a opinião pública mundial estavam certos de que a aliança franco-inglesa declararia guerra também à União Soviética, o que não se confirmou. Para o Ministério das Relações Exteriores da Grã-Bretanha, as garantias dadas à Polônia depois da Conferência de Munique, em 1938, eram somente contra a agressão alemã. Stálin safara-se.

O casamento entre o nazismo e o comunismo durou dois anos. Até a Operação Barbarossa, em 1941, quando a aliança Hitler-Stálin chegou ao fim, a União Soviética foi a principal fornecedora de grãos, minérios e petróleo da Alemanha nazista — no caso do petróleo, a importação alemã correspondia a 37%.[15] Sem o poderoso auxílio econômico de Stálin, a vitoriosa campanha militar alemã de 1940, contra Bélgica, Holanda, Luxemburgo, Dinamarca, Noruega e França, teria sido um desastre. Um historiador resumiu a relação russo-germânica do seguinte modo: "A dádiva de Hitler foi generosa, assim como o que recebeu em troca."[16]

NEUTROS, MAS NEM TANTO

Poucos países se beneficiaram tanto com a Segunda Guerra como a Suíça. A pequena confederação com quase trinta cantões encravados nos Alpes da Europa Central provavelmente não gastara um único dólar com a compra de munições, mas lucrou milhões com os fundos depositados em seus bancos tanto por nazistas quanto por judeus ricos. A Suíça não aceitou prestar ajuda aos judeus que fugiam da Alemanha, mas depois da guerra lucrou com os fundos não resgatados porque seus titulares estavam, em sua maioria, mortos. A filha de uma vítima do Holocausto declarou: "Meu pai conseguiu proteger seu dinheiro contra os nazistas, mas não contra os suíços."[17] Crítico da "participação" suíça na guerra, o professor de sociologia da Sorbonne, em Paris, e parlamentar da Assembleia Federal em Berna, Jean Ziegler lembrou que o dramaturgo Friedrich Dürrenmatt comparava a Suíça a "uma mulher que trabalha num bordel, mas que quer permanecer virgem".[18]

Os países "neutros" da Península Ibérica, Espanha e Portugal, embolsaram cem milhões de dólares do Reichsbank somente com as transferências da conta do banco alemão para o Banco Nacional da Suíça como "capital de giro".[19] A desculpa pela colaboração era a mesma para os três países neutros: a recusa acarretaria uma invasão alemã. (Depois da guerra, Hjalmar Schacht, o presidente do Reichsbank, foi absolvido em Nuremberg devido a sua participação no atentado contra Hitler em 1944.)

Os portugueses forneciam ainda quase que 100% do wolframato utilizado pela Alemanha. O mineral era essencial no processamento de tungstênio para ligas de aço usadas em ferramentas, máquinas e armamentos, especialmente nas munições contra os carros blindados.

A Suíça ainda lucrou com as exportações. Em 1941, quando a Alemanha invadiu a União Soviética, os suíços tiveram um aumento de vendas para a Alemanha de 250% em produtos químicos e um acréscimo de 500% em metais.[20]

Os cofres suíços também engordaram no final da guerra, quando, tentando salvar sua pele, o cruel líder da SS, Heinrich Himmler, negociou com o ex-presidente da Suíça, Jean-Marie Musy, a vida dos judeus dos campos de concentração. Com dinheiro vindo dos Estados Unidos, garantiu aos alemães vinte milhões de francos suíços em troca da libertação dos prisioneiros. Himmler garantiu, por sua vez, o envio de 1.200 judeus para Suíça por quinzena ao custo de mil dólares cada. Em fevereiro de 1945, o primeiro trem com prisioneiros de Theresienstadt chegou a Suíça e cinco milhões de francos suíços foram depositados na conta de Musy.[21] Himmler foi denunciado a Hitler, e o trato com o presidente suíço, desfeito.

Tanto Portugal quanto a Espanha nunca entregaram os judeus refugiados às autoridades alemãs e facilitaram a ação de organizações como a Comissão de Distribuição Conjunta. Na Espanha, os judeus de origem sefaradita tiveram permissão para tirar passaporte espanhol, o que, somente na Hungria, salvou 23 mil vidas. Mas o ditador espanhol Francisco Franco, que recebera apoio de Hitler para vencer a Guerra Civil na Espanha (1936-1939), provavelmente não o fez por caridade. Os ingleses pagaram milhões de dólares aos generais espanhóis em um suborno gigantesco para manter a Espanha neutra na guerra.[22]

A Suécia, outro país neutro, também facilitava muito a vida dos alemães. Segundo o subsecretário para Assuntos Econômicos dos Estados Unidos, Stuart Eizenstat, o país não apenas forneceu à Alemanha suprimentos de guerra vitais (como minério de ferro e esferas para rolamentos), como permitiu trânsito livre em seu território para que os alemães pudessem chegar à Finlândia a fim de lutar contra as forças de ocupação soviéticas (facilitando a ocupação da Noruega), além de receber "quantidades substanciais de ouro pilhado".[23] Até 1943, quando os Aliados interromperam os transportes de minérios e tropas, os suecos já haviam autorizado mais de 250 mil viagens alemãs.

A Suécia negociava com os dois lados, fornecendo equipamentos necessários à construção tanto dos foguetes V2 alemães quanto do avião Mosquito inglês. Em 1943, o país havia exportado para a Alemanha não menos que 9,5 milhões de toneladas de minério de ferro. Quando os suprimentos foram finalmente cortados, em novembro do ano seguinte, mais sete toneladas do ferro sueco haviam chegado aos portos da Alemanha. Em 1944, na Bélgica, os Aliados encontraram nos estilhaços das bombas alemãs a inscrição "*Made in Sweden*".

Ao final da guerra, o governo sueco devolveu às organizações internacionais de ajuda cerca de 14 toneladas de ouro roubado e mais noventa bilhões em títulos, que os alemães mantinham na Suécia, que foram usados na reconstrução das cidades devastadas. No entanto, outras 7,5 toneladas de "ouro suspeito" permaneceram em Estocolmo.[24]

Até 1941, os Estados Unidos não se envolveram diretamente com a guerra na Europa e na Ásia. Mas a tão falada "neutralidade" norte-americana rendeu muitos frutos. O programa de empréstimo e arrendamentos, o *Lend-Lease*, criado para fornecer armas e outros suprimentos para Grã-Bretanha, União Soviética e outros aliados elevou a produção a níveis inimagináveis antes da guerra. A indústria norte-americana cresceu assustadoramente. Quando, em 6 de janeiro de 1941, Roosevelt se dirigiu ao Congresso, afirmando que os Estados Unidos deveriam "ser o grande arsenal da democracia", ele não estava falando por parábolas.[25]

Os números comprovam a previsão do presidente. Em 1939, apenas 29 estaleiros trabalhavam para a Marinha, três anos depois eram 322. Até 1945, mais de cem mil navios de vários tamanhos foram entregues. Os britânicos compravam 47% dos blindados e carros de combate e 60% dos aviões de transporte. Em 1945, dos mais de 665 mil veículos do Exército Vermelho, 427 mil haviam sido enviados pelos Estados

Unidos. Metade das botas usadas pelos soviéticos também era do *Lend-Lease* americano. Ainda foram entregues dois mil trens, 15 mil aviões, 247 mil telefones de campanha e cerca de quatro milhões de rodas de veículos.

A Coca-Cola, um dos grandes expoentes do "american way of life", o modo de vida norte-americano, estabeleceu 44 fábricas em áreas de combate, alcançando 95% dos refrigerantes comercializados em quartéis. Quando Roosevelt baixou os impostos e incentivou a indústria, apresentando um gigantesco mercado necessitado de quase tudo, os empresários entraram na guerra antes mesmo que os japoneses os obrigassem. O desemprego caiu de 5,5 milhões em 1939 para 670 mil em 1944. A renda média no país também cresceu, agricultores e criadores no interior dos Estados Unidos aumentaram seus lucros em 156%.[26]

O sucesso do *New Deal* de Roosevelt, o plano econômico que tinha como objetivo tirar o país da gigantesca crise financeira na década de 1930, foi consolidado com a Segunda Guerra. Ainda que de natureza político-militar, a Segunda Guerra também foi uma guerra de convenções e interesses geopolíticos sem precedentes.

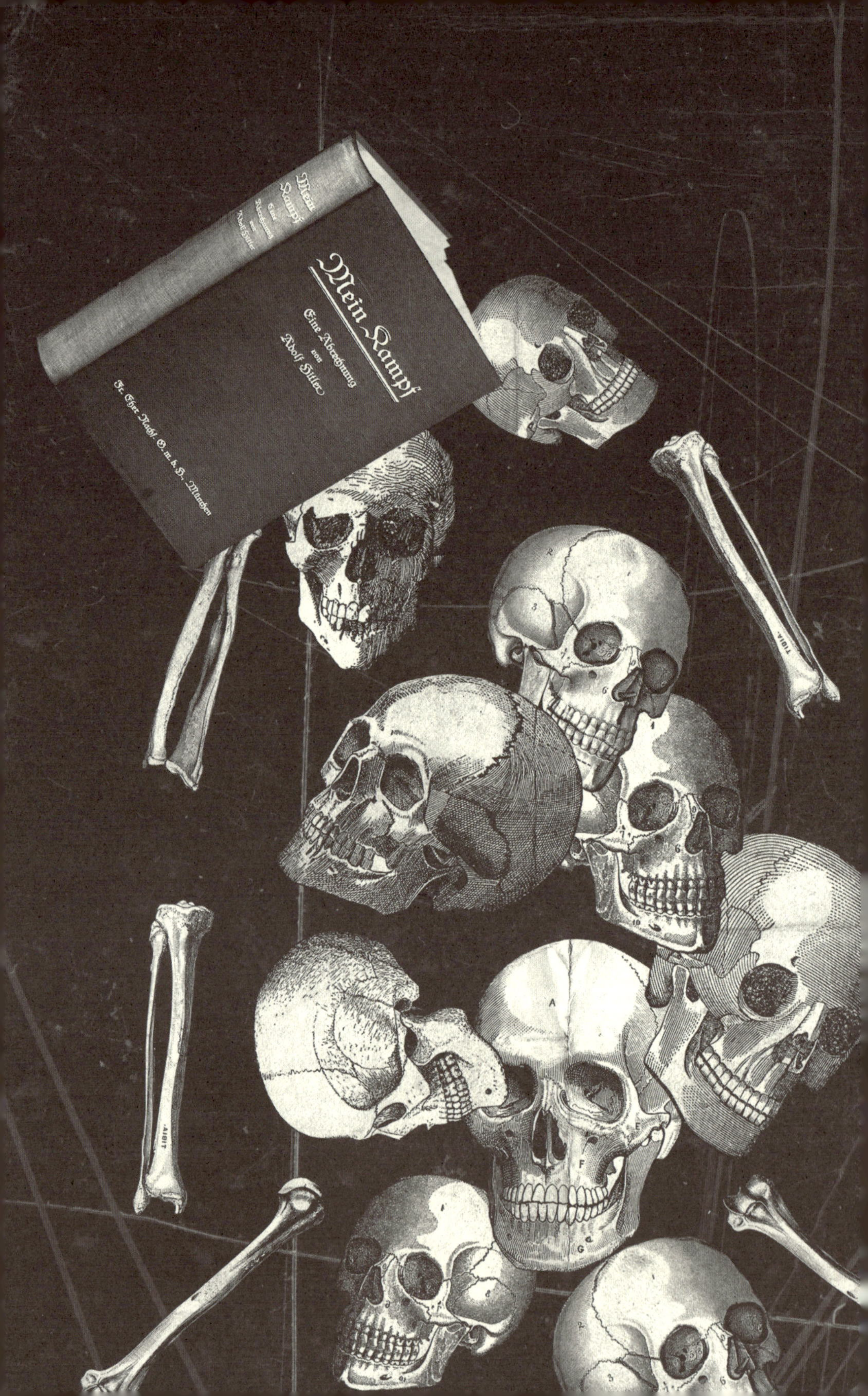
Mein Kampf
Eine Abrechnung
von
Adolf Hitler
Fr. Eher Nachf. G.m.b.H. München
TIBIA
TIBIA

2. HITLER, O LOBO

Hitler era vegetariano, abstêmio, amante dos cães e cordial e extremamente atencioso com as mulheres. Leitor voraz, mas também um artista frustrado; megalomaníaco, flatulento e viciado em drogas. Sua política racial desencadeou um dos maiores genocídios da história da humanidade e sua orientação sexual ainda é motivo de acalorados debates.

É muito provável que, se tivesse morrido em 1938, Hitler teria passado para a História como um dos grandes personagens políticos da Alemanha e da Europa. Afinal, apesar do militarismo e de seu antissemitismo visceral, assumira o poder de forma (aparentemente) legítima em uma ascensão quase meteórica. De sua fracassada tentativa de golpe — o *Putsch* de 1923, na Baviera — à liderança do país se passaram menos de dez anos.

Nesse ínterim, ele esteve preso, escreveu e publicou, em 1925, sua autobiografia de título pomposo e texto antissemita *Viereinhalb Jahre des Kampfes gegen Lüge, Dummheit und Feigheit* (Quatro anos e meio de luta contra mentiras, estupidez e covardia), abreviado para *Mein Kampf*, *Minha Luta*, o título pelo qual passou para a História. Espécie de relato biográfico autopromocional e manifesto político de ideias racistas, o livro de 650 páginas que se tornou a bíblia nazista, vendeu mais de 12 milhões de exemplares até o final da Segunda Guerra — a maioria comercializada depois de 1933, quando ele se tornou chanceler. O escritor George Orwell, escrevendo sobre o livro, afirmou que Hitler ofereceu "luta, perigo e morte" e ainda assim uma nação inteira se jogou aos seus pés.[27] Na verdade, poucos estavam inclinados a acreditar que ele realmente eliminaria judeus e tentaria destruir a Rússia soviética como descrito no *Mein Kampf*.

O nazismo recebeu apoio da imensa massa trabalhadora desempregada com a crise econômica da década posterior à Primeira Guerra. (Ainda que hoje os partidos de esquerda rejeitem categoricamente, na época, industriais e banqueiros alemães acreditavam mesmo que o NSDAP – *Nationalsozialistische Deutsche Arbeiterpartei* [Partido Nacional Socialista dos Trabalhadores Alemães] – era "excessivamente 'socialista'".)[28] E, conforme escreveu o historiador britânico Martin Kitchen, a Alemanha nazista foi tão horrível que poucos encontraram algo de positivo nela.[29]

Mas os números conhecidos hoje, assim como na época, não deixam dúvidas. Em meados da década de 1920, a taxa de desemprego na Alemanha chegava a 44%. Era mais fácil usar o dinheiro para alimentar o fogo no inverno do que comprar lenha. Para comprar um pão, era preciso encher um carrinho de mão com marcos alemães. Hitler conseguiu mudar radicalmente o panorama econômico. Na década de 1930, enquanto a média de desemprego na Europa ainda girava em torno de 20% (na Grã-Bretanha era de 17%), a Alemanha nazista foi o único país a eliminar o desemprego. A produção industrial do país em 1938 cresceu 25% em relação a 1929.[30] Inegavelmente a economia alemã havia encontrado crescimento e prosperidade, motivo que permitiu a Hitler controlar quase sem resistência a opinião pública alemã diante da perseguição aos judeus.

HITLER, JUDEU?

O suposto avô judeu de Hitler sempre esteve entre os enigmas favoritos dos adeptos das teorias da conspiração, frequentemente aparecendo nos noticiários e causando sensacionalismo. Alois, o pai de Hitler, nasceu em 1837 em Döllersheim, no Império Austro-Húngaro, filho de mãe solteira, a criada Maria Anna Schicklgruber. O registro de nascimento não informou quem era o pai do menino. Anos depois, Maria Anna casou-se com Johann Georg Hiedler e confiou a criação do filho a um irmão do esposo, Johann Nepomuk Hüttler. (As grafias dos sobrenomes nessa época realmente não tinham padrão, assim, Hiedler, Hidler ou Hüttler têm a mesma origem. Fest apontou para uma "origem tcheca": Hidlar ou Hidlareck.)[31]

Quem seria o avô de Hitler, então? Uma versão antiga da família, e levantada diante do tribunal de Nuremberg depois da guerra, dava conta que Alois seria filho de um judeu de Graz chamado Frankenberg, em cuja casa Maria Anna trabalhava como doméstica. Em 1942, a Gestapo fez uma pesquisa sobre a ancestralidade do Führer, mas não chegou (ou não quis chegar) a uma conclusão definitiva. Certo é que Alois Schicklgruber só se tornou Alois Hitler quase trinta anos depois da morte de Maria Anna, quando Johann Nepomuk solicitou ao padre que alterasse o registro de nascimento. Assim, Adolf, nascido em 20 de abril de 1889, em Braunau am Inn, na rua Vorstadt, 219, fruto do segundo casamento de Alois com Klara Polzl, é registrado como Hitler, e não como Schicklgruber. (Uma piada comum na época da guerra agradecia a alteração; se ela não tivesse sido feita, os alemães teriam que saudar "Heil Schicklgruber!".)

Em agosto de 2010, uma revista belga publicou um estudo genético em que o jornalista Jean-Paul Mulders e o historiador Marc Vermeeren sugeriam que Hitler realmente tinha ancestrais judeus e africanos. O estudo teria sido realizado com amostras de DNA de parentes do ditador e teria apontado como haplogrupo (a identidade genética de populações humanas) da família o E1b1b.[32] Pouco comum na Europa Central e mais comum entre os berberes do Norte da África e os judeus sefaradim e ashkenazim, a informação de que o DNA da família Hitler era o E1b1b serviu para que se tomasse como certa a ancestralidade judaica do Führer — a informação passou a circular inclusive em diversos livros. No entanto, 15 dias depois da afirmação da revista, o Family Tree DNA, uma empresa líder no mundo em pesquisas de ancestralidade genética, declarou em nota oficial que o estudo realizado era "altamente questionável". O E1b1b é o DNA de menos de 9% de pessoas na Alemanha e Áustria e, destas, mais de 80% não têm ligação com ancestrais judeus. O cientista chefe do FTDNA, o geneticista Michael Hammer, afirmou que "estudos científicos, bem como os registros do nosso próprio banco de dados, deixam claro que não se pode chegar à conclusão" encontrada por Mulders e Vermeeren.[33] O mistério permanece.

NA INTIMIDADE: DROGAS E EXCENTRICIDADES

Seja como for, na época, Hitler não tinha ideia de quem era realmente seu avô. Depois da fracassada tentativa de se tornar pintor (ele foi reprovado duas vezes no exame de admissão da Academia de Belas-Artes de Viena, mas viveu certo tempo vendendo aquarelas dos prédios históricos da cidade) e de uma vida errante de quase mendicância, ele serviu na Primeira Guerra Mundial ao Exército da Alemanha, país que admirava. A derrota em 1918 e os equívocos do Tratado de Versalhes despertaram-lhe o interesse político; o que se tornou uma obsessão.

Desde a década de 1920, Hitler era conhecido dentro de seu círculo como "*Wolf*", o lobo. Segundo escreveu um de seus biógrafos, ele acreditava que essa era a forma germânica primitiva de *Adolf* e que "correspondia à sua representação do mundo como uma selva; e inculcava, ademais, uma ideia de força, de agressividade, de solidão".[34] Por isso, seu principal quartel-general e muitos quartéis secundários eram denominados com a terminologia Wolf. Além de *Wolfsschanze* (Toca do Lobo), em Rastenburg — à época na Prússia Oriental e hoje na Polônia —, o mais importante dos quartéis-generais de Hitler, havia *Wolfsschlucht I* (Desfiladeiro do Lobo), em Bruly-de-Pesche, na Bélgica, *Wolfsschlucht II*, em Margival, na França, e ainda *Werwolf* (Lobisomem), em Vinnytsia, na Ucrânia. No final da guerra ele também deu o nome de Werwolf às unidades que combatiam atrás das linhas inimigas ou em território alemão ocupado e tinham como missão sabotar a ação dos invasores. O nome dado à cidade alemã de Wolfsburg também foi uma homenagem a Hitler, criada para ser a sede da Volkswagen, em 1938.

Hitler realmente tinha o hábito noturno dos lobos, "o sol lhe fazia mal". Depois de alcançar o poder e pouco antes da guerra, suas reuniões duravam a noite inteira e terminavam durante a madrugada, depois dos monólogos que obrigava seu séquito a ouvir quase diariamente. "Na verdade era necessário um poderoso controle dos nervos para assistir àquelas reuniões intermináveis, diante do cenário imutável de toras queimando dentro da grande lareira" do Berghof, escreveu uma secretária.[35]

Por causa desse hábito, ele acordava geralmente por volta das onze horas e a dieta do desjejum incluía um copo de leite e pão sem sal, maçã ralada, nozes, flocos de aveia e limão. Desde o início de sua atividade política, Hitler tornara-se vegetariano, motivo pelo qual sua alimentação principal consistia em "pratos únicos", como feijões, ervilhas e lentilhas. Segundo sua secretária Christa Schröder, "recusava-se até a beber um caldo de carne ou gordura". Seu horror à carne era tanto que ele tinha o péssimo hábito de falar à mesa sobre como ela representava matéria morta e podre, detalhando aos convidados o trabalho sanguinolento nos abatedouros e o esquartejamento dos animais. Sua sobremesa favorita era torta de creme e chocolate. Detestava álcool e fumaça de cigarro. Não bebia nem café, nem chá preto. E embora costumasse fazer os outros rirem (era um bom imitador), ele próprio raramente ria. Sua secretária particular só o viu rir por duas vezes.[36]

Um grupo bem pequeno de pessoas tinha acesso a Hitler e outro menor ainda conhecia sua intimidade; a bem poucos ele dedicava atenção e confiança. (Com a guerra, apenas o Alto-Comando da Wehrmacht tinha permissão para se aproximar dele e, depois do atentado de 1944, somente uns poucos oficiais.) Esse pequeno grupo era formado por seus ajudantes Otto Günsche, Julius Schaub, Heinz Linge e Hans Junge, as secretárias Johanna Wolf, Gerda Daranowski Christian, Christa Schröder e Traudl Humps (mais conhecida como Traudl Junge), sua cozinheira Constanze Manziarly, seu piloto particular Hans Baur e seu motorista Erich Kempka. Nas palavras do historiador norte-americano Timothy Ryback, "anônimos e insignificantes para a história, mas indivíduos que Hitler considerava sua 'família'".[37] Chegou-se mesmo a afirmar que seu único amigo era Blondi, sua cadela alsaciana a quem dedicava um carinho especial.

A música de Wagner, carros grandes e velozes, cães e flores eram suas paixões, assim como os livros. Sua coleção, dispersa entre Munique, Berlim e Obersalzberg, é impressionante: cerca de 16 mil exemplares. Além de obras dos grandes escritores alemães, havia livros sobre literatura, arquitetura e arte, uma grande quantidade de livros sobre equipamentos, campanhas e biografias militares e uma coleção das obras de Shakespeare, a quem Hitler considerava "superior a Goethe e Schiller em todos os aspectos". Frederick Oechsner, jornalista norte-americano que se deteve em estudos sobre a biblioteca particular de Hitler, estima que sete mil volumes da coleção eram dedicados a questões militares. Nada do que se espera de um estadista, nem mesmo algo expressivo sobre direito, religião, filosofia, economia ou história mundial foi encontrado em sua biblioteca.

Hitler e a cadela Blondi, no Berghof. (Do Álbum de fotos de Eva Braun.)

Ryback, autor de uma pesquisa sobre os 1.200 livros restantes da coleção original de Hitler, hoje guardados na Biblioteca do Congresso, em Washington, acredita que "dois terços de sua coleção consistem em livros que ele nunca olhou, muito menos leu".[38] Motivo pelo qual o jornalista alemão Hans Beilhack, escrevendo para o jornal *Süddeutsche Zeitung*, em 1946, foi categórico: "É a típica biblioteca de um diletante."[39] "A biblioteca de Hitler", escreveu Beilhack, "é a de um homem que nunca procurou obter sistematicamente conhecimentos e aprendizado amplos em qualquer área específica." Kershaw tem outra opinião: "embora seus conhecimentos fossem incompletos, unilaterais e dogmaticamente inflexíveis, ele era inteligente e sagaz".[40] Realmente, Hitler tinha uma memória extraordinária para detalhes técnicos e fatos de seu interesse. Seu amigo de juventude, August Kubizek, citado em *Mein Kampf*, afirmou que "os livros eram todo o seu mundo".[41]

Hitler tinha o que muitos afirmavam ser "dominação carismática" sobre os que o cercavam e sobre o povo em geral. Mesmo depois da guerra, a secretária favorita de Hitler, Christian, conservou boas lembranças do "chefe": "bondoso e justo."[42] Baur também acreditava nisso, mesmo depois de passar anos como prisioneiro dos russos e perder uma perna por causa da guerra. Para ele, Hitler ainda era "um homem realmente notável, gentil e atencioso".[43] Seus grandes olhos azuis, o lendário "olhar do Führer", exerciam grande magnetismo. Outra de suas secretárias, Traudl Junge, revelou que Hitler "era um homem excitante, embora de aparência não exatamente atraente. Mas tinha um brilho. Os olhos eram interessantes. E possuía uma espécie de charme — todos sabem que existe uma fascinação natural por pessoas extraordinárias, independente de quem sejam".[44] A fascinação pelo Führer fez com que "as mulheres que eram dominadas por uma exaltação sentimental extraordinária ao contemplarem Hitler no tumulto das manifestações noturnas" legassem, por testamento, todas as suas posses ao Partido Nazista.[45] É inegável o magnetismo que ele exercia sobre as pessoas. Otto Rudolf Hensheimer, um estudante judeu de 25 anos, ao ouvir um discurso de Hitler no rádio em 1933, considerou "chocante, esmagador — e, no entanto, ao mesmo tempo, edificante". "Não existe realmente nenhuma possibilidade de um judeu tomar parte nesta coisa aqui?", se perguntou.[46] Martin Heidegger, o maior dos filósofos alemães, também enalteceu o regime e nunca se desculpou por sua posição.

O historiador britânico John Lukacs tem uma explicação. Hitler "possuía o grande talento profissional que se aplica a todas as questões relacionadas ao ser humano: uma compreensão da natureza humana e a compreensão das fraquezas de seus adversários. Isso foi suficiente para levá-lo muito longe".[47]

Seu magnetismo hipnotizava multidões e até mesmo filósofos, mas sua saúde era frágil. Se Hitler precisasse realizar um discurso em dias frios ou chuvosos, Theodore Morell, um de seus médicos particulares, lhe aplicava injeções com complexos vitamínicos no dia anterior, no dia do discurso e no dia seguinte. A resistência natural do corpo foi, assim, gradualmente sendo substituída por um meio artificial. Hitler recebia grandes quantidades das "pílulas de ouro" do doutor Morell. Tais comprimidos eram feitos à base de dextrose, vitaminas e hormônios animais, como "extrato de testículo de touro". Ao todo, segundo Morell, Hitler tomava 28 medicamentos, parte deles diariamente. Alguns eram ministrados pelo próprio Hitler, como enemas de camomila (o que contribuiu para a divulgação de uma suposta obsessão anal do Führer).[48] Até mesmo o Pervitin dado aos soldados parecia fraco demais para o desejo que Hitler tinha de se tornar invulnerável e eufórico diariamente. Acabou viciado em Eukodal, um derivado do ópio, intimamente relacionado à heroína e aos esteroides.[49]

O pesquisador polonês Lukasz Kamienski acredita que o excesso de drogas causaria insônia severa em qualquer pessoa normal. Mas Hitler já sofria de distúrbios do sono. Então, para que ele pudesse dormir à noite, Morell administrava doses igualmente potentes de sedativos hipnóticos, principalmente barbitúricos, e bromo. O resultado era que muitas vezes Hitler simplesmente não conseguia acordar pela manhã. Kamienski supõe que isso seja um dos motivos pelo qual ninguém tinha permissão para acordá-lo; o que explicaria, por exemplo, a atitude do Estado-Maior da Wehrmacht diante do Dia D, quando os alemães levaram horas para reagir ao ataque Aliado. Estavam aguardando Hitler acordar do seu sono entorpecido. Além da insônia, o Führer tinha outros problemas graves: dores crônicas de cabeça e no estômago e mau funcionamento do intestino. Baur afirmou que ele sofria de "exaustão intestinal", enquanto Kershaw fala em "espasmos intestinais".[50] Resumindo, Hitler tinha sérios problemas de flatulência.

SEXO: AMORES, HOMOSSEXUALIDADE E CRIPTORQUIA

Além da possível origem judaica, poucos temas sobre Hitler são mais polêmicos do que sua vida sexual. As opiniões variam de um elevado número de amantes mulheres e parceiros homossexuais, sexo oral e anal (o que era visto como depravação na década de 1930) com a sobrinha até esquisitices como a coprofilia e a zoofilia — o prazer sexual por fezes e por animais, respectivamente.[51]

Segundo Christa Schroeder, a secretária particular de Hitler, que o acompanhou por 12 anos, de 1933 a 1945, "desde muito jovem, Hitler se interessava pelas meninas".[52] Schroeder, que fora estimulada a escrever sobre o chefe enquanto prisioneira no campo de Augsburg, em 1947, relatou que Hitler contara a ela que "à noite, em Linz, quando via uma garota que lhe interessava, ia direto para junto dela".

Mas o amigo Kubizek parece contrariar a opinião de Schroeder. Segundo ele, as mulheres se sentiam atraídas pelo futuro Führer, mas "era natural que Adolf ignorasse namoricos e flertes e repelisse as tentativas de aproximação das moças". Tanto em Linz quanto em Viena, Hitler "sempre conseguiu driblar essas tentativas de aproximação". O relato de Kubizek deu margens às especulações de que Hitler esconderia sua verdadeira orientação sexual. Em um livro polêmico, *O segredo de Hitler*, o historiador alemão Lothar Machtan afirma que Hitler era homossexual reprimido e que na sua juventude ele não teria se interessado por mulheres, mas por homens. Para Machtan, o Führer e parte da elite nazista eram "homossexuais ou, no mínimo, apresentavam fortes inclinações homoeróticas".[53] Alguns, de fato, eram homossexuais assumidos, como o líder da SA Ernst Röhm, morto por ordem de Hitler antes da Segunda Guerra. Mas a lista incluiria ainda nomes como Rudolf Hess e Albert Speer (o que nenhum outro historiador jamais cogitou). "Diferentemente do que se presumia até hoje, suas amizades com homens eram, na realidade, 'amores entre homens'", resumiu.

Sobre o livro de memórias de Kubizek, publicado em 1953, Machtan destacou um trecho que resumiria o tipo de amizade que uniu Hitler e seu amigo. Surpreendidos por uma forte chuva durante uma caminhada pelas montanhas, os dois jovens refugiaram-se em uma cabana. Com as roupas molhadas, Kubizek preparou uma cama com linho cru sobre o feno, onde dormiram: "Adolf, no entanto, parecia indiferente a tudo. Não fazia questão que houvesse mais alguém ali. Divertia-se com nossa aventura e aquele final romântico lhe agradava bastante."[54]

Kubizek, no entanto, revela em outra passagem o ardente desejo de Hitler por uma bonita loira de Linz de nome Stefanie que ele chegou a pensar em "raptar". "Adolf não via que existiam outras moças além de Stefanie", escreveu Kubizek, "não me lembro de nenhuma que lhe tenha despertado seu interesse."[55] Para alguns, Stefanie seria a primeira de uma série. O jornalista Erich Schaake, que escreveu sobre as mulheres na vida do Führer, sequer cogita a homossexualidade. Entre os muitos casos, relata até mesmo a história do envolvimento com a cozinheira Héléna Leroy, que supostamente teria gerado um filho durante a Primeira Guerra Mundial, enquanto Hitler era cabo do Exército alemão em Wavrin, na França. E os diários pessoais do ministro da Propaganda nazista, publicados em 2006, revelaram também outra paixão de Hitler do começo da década de 1930: Magda, a futura esposa de Joseph Goebbels.

A historiadora Angela Lambert também é uma ardente defensora da heterossexualidade de Hitler. Em seu livro *A história perdida de Eva Braun*, ela não apenas refuta as ideias de Machtan como apresenta detalhes da vida sexual e sentimental do ditador com várias mulheres, principalmente com Eva e a sobrinha Geli Raubal, a grande paixão do ditador. Segundo Lambert, Geli e Eva chegaram mesmo a viver um triângulo amoroso com Hitler.

Apaixonado pela sobrinha, sua "princesa", Hitler fez da meia irmã Angela Hitler a governanta em Obersalzberg para ter a jovem sobre seu teto e controle. Mais tarde a levou para o apartamento em Munique. Para Lambert, Hitler exigia que as mulheres não chamassem a atenção para si em companhia masculina e jamais fossem vulgares. Mas Geli era jovem, conhecia bem as sensações que causava nos homens e quebrava as duas regras. Putzi Hanfstängl a descreveu como "uma putinha cabeça-oca sem cérebro nem caráter". Como a campanha política tomava tempo demais do tio, Geli, sozinha em Munique, começou a ter amantes, como o motorista de Hitler, Emil Maurice, e as fofocas começaram a circular.

Em setembro de 1931, Geli foi encontrada morta no apartamento de Hitler na Prinzregentenplatz. A versão oficial foi de que ela cometera suicídio, mas as evidências são contraditórias e inconclusivas. Hitler teria matado a sobrinha por ciúmes de seus casos amorosos? Ou Geli não suportara a pressão de um obsessivo *Onk Alf*, o tio Adolf? Um psicanalista chegou a afirmar que Geli não teria suportado o sexo coprófilo e sadomasoquista de Hitler, o que nunca foi provado. Um suposto "Arquivo do Führer", elaborado por Himmler e muito citado por sensacionalistas, daria conta dessa atividade desde antes do romance com Geli e incluiria nomes de jovens como a judia Rosa Edelstein, Jenny Haug e até uma freira "robusta" de nome Eleonora Bauer, com quem Hitler praticaria atos de sadismo para manter a ereção.[56]

Seja como for, com a morte de Geli, Eva Braun entrava em cena definitivamente. Para a secretária Schroeder, Eva não fazia o tipo de mulher preferido por Hitler. "Ele preferia o tipo das mulheres da Alemanha do sul, morenas robustas, de cor natural."[57] Mas seu mordomo pensava diferente. Eva correspondia às expectativas, ainda que não fosse brilhante intelectualmente: era bela, loira, olhos azuis, "boas pernas, seios firmes e quadris redondos".[58]

Eva nasceu em Munique, mas viveu e estudou em uma escola primária na cidade de Simbach, uma aldeia bávara do outro lado do Inn, em frente à Braunau, cidade natal do ditador.[59] Os dois se conheceram em setembro de 1929, quando Eva tinha apenas 17 anos e ele já passava dos quarenta. Foi no estúdio de Heinrich Hoffmann, o fotógrafo oficial de Hitler, onde ela trabalhava como assistente. "Eu tinha subido uma escada para alcançar os arquivos que estavam nas prateleiras do alto [quando] naquele momento meu patrão entrou acompanhado de um homem cuja idade não pude avaliar; percebi que ele tinha um bigode engraçado, vestia um casaco claro no estilo inglês e segurava um chapéu de feltro. Os dois se sentaram e eu senti que aquele homem estranho estava olhando para minhas pernas. Naquele dia, eu havia encurtado minha saia", relatou Eva à irmã.[60] Ela não sabia, mas selara seu destino.

Muitos historiadores afirmaram que o relacionamento do casal não passou de convenção, sem relação sentimental ou sexual. Os relatos do círculo íntimo de Hitler, no entanto, apontam que eles faziam sexo e com certa frequência, como em qualquer "relacionamento normal". Heinz Linge relatou depois da guerra que certa vez flagrou Hitler e Eva em uma "posição nada convencional", mas não explicou o que seria. Otto Günsche, secretário pessoal de Hitler, também declarou que os dois tinham atividade sexual normal. O mesmo disseram Albert Speer e Traudl Junge. A ajudante de Eva, Liesl Ostertag, afirmou anos depois da guerra que o romance "não tinha a intensidade latina, mas podia ser definido como natural".[61] Por fim, o doutor Morell sustentou, em 1945, que o casal mantinha relações sexuais a ponto de Hitler solicitar drogas que "aumentassem a libido". Mas sexo não significa amor e, para Junge, ele jamais teria pronunciado tal palavra.

De qualquer forma, mesmo na época da guerra, a intimidade do ditador alemão era um dos temas prediletos em rodas de conversas entre os combatentes inimigos. Os soldados britânicos adoravam cantar *Hitler has only got one ball* (Hitler só tem uma bola), uma paródia da popular *Colonel Bogey March* (Marcha do coronel Bogey).

Em 2015, o historiador alemão Peter Fleischmann, diretor do Arquivo Estadual de Nuremberg, publicou o livro *Hitler als Häftling in Landsberg am Lech 1923/24* [Hitler como prisioneiro em Landsberg am Lech 1923/24], no qual detalha o caso que se tornou público em 2010: um documento certificava que Hitler, de fato, sofria de criptorquia. O relatório médico, assinado por Josef Brinsteiner e datado de 12 de novembro de 1923, confirmou que o "preso número 45" apresentava bom estado de saúde, mas padecia de "criptorquia do lado direito". Ou seja, só um de seus testículos havia descido à bolsa escrotal. Nunca uma paródia foi tão verdadeira.

Já em 2006, Lambert acreditava que a dificuldade de um relacionamento aberto com mulheres advinha da criptorquia: "Embora o problema não afetasse necessariamente sua potência, não era algo que teria gostado de expor sem a certeza de que a mulher o pouparia do ridículo."[62] É um fato curioso que poucos realmente tenham relatado intimidade com Hitler. Ele sempre dormia por trás de uma porta trancada a sete chaves, tinha "repulsa em se despir diante de alguém" e mesmo "seu criado jamais o viu trocar de roupa ou de robe".[63] "Ele não gostava de ser tocado", revelou uma secretária, "nem um médico podia tocá-lo durante um exame."[64]

Mais moderado, o historiador britânico Andrew Roberts acredita que a imagem de "homossexual insaciavelmente promíscuo e predatório que expressava suas paixonites por motoristas, colegas soldados, michês vienenses e parceiros casuais encontrados na rua" apresentada por Machtan vai longe demais porque as provas vêm justamente dos inimigos de Hitler durante as décadas de 1920 e 1930. Segundo Roberts, como os casos com Geli e Eva são aceitos por todos os pesquisadores, Hitler poderia ser no máximo bissexual. Em verdade, os biógrafos mais respeitados do ditador e a maioria dos historiadores acham pouco provável a homossexualidade do líder nazista. Para o professor Norman Stone, no entanto, Hitler era "semiassexuado": sua grande paixão seria a arquitetura.[65] "Ninguém sabia o que se passava na cabeça de Hitler, e ele nunca revelou nada", afirmou.

3. CHURCHILL E ROOSEVELT: SEXO, DROGAS E PODER

Churchill era um fumante inveterado com propensão ao alcoolismo. Roosevelt era um pai amável, mas um esposo infiel. Unidos na política durante os longos anos de guerra, eles ajudaram Stálin a derrotar a Alemanha de Hitler. Engana-se, no entanto, quem pensa que seus objetivos eram unicamente a luta pela liberdade e pela democracia.

Em junho de 1940, logo após a vexatória retirada das tropas franco-inglesas das praias de Dunquerque, no norte da França, o recém-empossado primeiro-ministro inglês proferiu seu discurso mais conhecido, considerado por muitos como o mais importante da guerra. Winston Churchill falou ao povo inglês e ao mundo: "Lutaremos nas praias, lutaremos nas pistas de aterrissagem, lutaremos nos campos e nas ruas, lutaremos nas montanhas; jamais nos renderemos."[66] Diante da iminente queda da França, que de fato caiu poucos dias mais tarde, e de uma invasão alemã às ilhas britânicas, o discurso foi a base do ideal dos Aliados de luta pela liberdade contra os regimes totalitários. Um ideal que seria propagandeado até o final da guerra.

Mas a questão é: liberdade? Para quem? Churchill era hipocrisia pura. Até 1939, o poderoso Império Britânico, onde o sol nunca se punha, tinha influência direta na vida de quatro quintos da população mundial. No mesmo discurso de 1940, ele mencionou que, se as ilhas fossem tomadas, o povo inglês continuaria lutando em "nosso Império além dos mares". Churchill surgia como sustentáculo da liberdade, mas aprisionava milhões nos quatro cantos do globo.

"É impossível que eu ajude a Grã-Bretanha. Como poderia lutar pela liberdade quando ela me é negada? A política britânica na Índia parece aterrorizar o povo para que, em nossa ansiedade, busquemos sua proteção", afirmou Jawaharlal Nehru, um dos líderes da luta pela independência da Índia durante a Segunda Guerra.[67] Mahatma Gandhi também pediu que a Grã-Bretanha deixasse a Índia a fim de evitar que ela se tornasse alvo dos japoneses. Em 1942, o movimento "Deixem a Índia" tornou-se popular, mas só conseguiu seu intento em 1947, quando a guerra havia acabado.

WINSTON CHURCHILL: ÁLCOOL E CHARUTOS

O mais ferrenho inimigo de Hitler era um inglês sisudo de trato difícil e gosto excessivo pelo álcool. Winston Leonard Spencer Churchill nasceu em 30 de novembro de 1874, em Woodstock, a cem quilômetros de Londres, na Inglaterra. De uma família com origens aristocráticas, era descendente do duque de Marlborough. Quando se tornou primeiro-ministro e assumiu o posto no número 10 da Downing Street, em maio de 1940, Churchill tinha 66 anos de idade e havia passado quase toda a vida servindo aos interesses do Império Britânico. Tinha experiência militar, como observador, soldado e comandante desde a guerra da independência cubana, em 1895. Atuou também na Índia, no Sudão, na África do Sul e na Primeira Guerra, quando sofreu seu revés mais duro, o frustrado desembarque em Galípoli, na Turquia. Como político, iniciou a carreira no Parlamento em 1900.

Até chegar ao cargo máximo da nação, foi secretário de diversas pastas, primeiro lorde do Almirantado e ministro quatro vezes. Ainda que tenha atuado durante a Segunda Guerra pelo Partido Conservador, aquele que o tornara um dos homens mais conhecidos de sua época, Paul Johnson, escreveu que Winston não tinha partido, "sua lealdade era devida ao interesse nacional e a si mesmo"; por isso, trocou de lado e "rótulo" seis vezes. Após o retorno ao Partido Conservador, em 1922, o próprio Churchill revelou seu caráter oportunista: "Qualquer um pode virar a casaca. Mas é preciso ser realmente um craque para virá-la duas vezes."[68]

Para Andrew Roberts, autor do livro *Hitler & Churchill: segredos da liderança*, em contraste com Hitler, "Churchill era um patrão severo", insolente, rude e sarcástico no trato com seus ajudantes e secretários.[69] "Tinha um gênio horrível, embora seu grande encanto geralmente lhe permitisse consertar as coisas depois."

Os charutos cubanos e a bebida eram sua marca pessoal. Quando esteve na Casa Branca, em 1942, certificou-se de que receberia um copo de xerez no "quarto antes do café da manhã, uns dois copos de uísque com soda antes do almoço e, à noite, champanhe francês mais um conhaque bem envelhecido" antes de se deitar.[70] Em 1943, na viagem para a Conferência de Quebec, no Canadá, Churchill consumiu em uma única refeição "ostras, *consommé*, linguado, peru assado, gelo com melão-cantalupo, queijo Stilton e grande variedade de frutas, *petit fours* etc., tudo regado com champanhe (Mumm 1929) e um Liebfraumilch excepcional, seguidos por um conhaque de 1870".[71] Outro historiador, John Lukacs, acredita que Churchill comia, de fato, muito, mas defendia que os oito ou dez charutos diários "raramente eram fumados até o fim" e que o copo de uísque que sempre estava em uma das mãos era diluído.[72] Pode ser, mas não foram poucos os que viram o lorde inglês bêbado. Roosevelt apostava muito no companheiro inglês, mas o secretário do Interior americano, Harold Ickes, escreveu em seu diário que "Churchill não merece muita confiança quando está sob a influência da bebida".[73]

Em questões de sexo, há quem diga que o primeiro-ministro era bissexual. Ainda que altamente questionável, é o que supõe o escritor inglês Michael Bloch em seu livro de título sugestivo *Closet Queens* [Rainhas do armário]. Bloch lembrou que, quando jovem, Churchill foi acusado de "atos de imoralidade do tipo de Oscar Wilde" (escritor inglês e homossexual famoso) com cadetes em Sandhurst.[74] O autor enumera ainda diversos homens com quem Churchill teria tido contato durante a vida e que revelariam sua "orientação sexual". "Intensamente narcisista e exibicionista, Churchill era atraído romanticamente por homens em vez de por mulheres, ainda que em suas relações tenha evitado o contato físico."

Já Sonia Purnell, em uma biografia sobre a esposa do político, afirma que ele estava longe de ser um "predador sexual", assim como de ser gay. Certo é que o casamento com Clementine Hozier não passou de um acerto financeiro e político, como era comum à época. Na noite de núpcias, para ter certeza de que atuaria bem, aconselhou-se com a própria mãe, que a história diz ter tido duzentos amantes.

O primeiro-ministro foi desde o início da década de 1930 um ardente crítico de Hitler, do nazismo e do imperialismo alemão: "Se Hitler invadisse o inferno, eu faria pelo menos um pronunciamento favorável ao demônio na Câmara dos Comuns", disse ele certa vez. Mas isso não quer dizer que ele próprio não tivesse interesses de domínio e de expansão imperialista.

Em Yalta, em 1945, preocupado que a criação das Nações Unidas pudesse limitar o poderio britânico, ele declarou a Roosevelt: "Enquanto eu for primeiro-ministro, não cederei um centímetro de nosso patrimônio." Um dos "patrimônios" do Império Britânico era a Índia, e a independência da grande colônia asiática causava calafrios em Churchill. Ele acreditava que os hindus eram um "povo bestial, com uma religião bestial" que servia aos interesses econômicos ingleses.[75] Churchill já havia manifestado ideias preconceituosas desse tipo em seu livro *Savrola*, publicado no final do século XIX. Muitas das ideias eugênicas comuns naquela época aparecem na obra, que ele depois tratou de ocultar.

O mesmo Churchill afirmou ao fim da guerra que a Carta do Atlântico, a declaração conjunta assinada por ele e Roosevelt na Conferência do Atlântico, a bordo do *HMS Prince of Wales*, em agosto de 1941, na Terra Nova, no Canadá, "não se aplicava ao Império Britânico". Ainda que na época da assinatura os norte-americanos não estivessem em guerra declarada com a Alemanha, o documento estabelecia a política dos Aliados no pós-guerra: não haveria ganhos territoriais e possíveis ajustes deveriam ser realizados de acordo com os interesses dos países diretamente envolvidos; os povos teriam direito à autodeterminação; barreiras comerciais seriam excluídas; haveria cooperação econômica global para o avanço do bem-estar social, desarmamento das nações agressoras e o "abandono permanente do uso de forças nas relações internacionais".[76] A carta beneficiava enormemente os norte-americanos, que passaram a ser os principais fornecedores de armas, petróleo, equipamentos e dinheiro para os países beligerantes, mas prejudicava franceses e ingleses, que tinham grandes impérios coloniais. A França era dona de quase toda a África Ocidental, e o Império Britânico se estendia da África Oriental até o Extremo Oriente.

Sobre Mussolini, o ditador italiano aliado de Hitler, Churchill tinha opinião diferente. Ele acreditava que o *Duce* era "o legislador italiano". "Ele alçou o povo italiano do bolchevismo em que ele poderia ter soçobrado, em 1919, para uma situação que a Itália nunca tivera antes na Europa."[77] Seu erro fatal, na opinião do inglês, foi declarar guerra à França e à Grã-Bretanha. O pragmatismo de Churchill era evidente: Mussolini teria recebido as boas-vindas dos Aliados, "extraindo uma riqueza e prosperidade incomuns das lutas dos outros países".

Churchill adorava usar números, principalmente os que revelassem seu poder. Antes do final da guerra, quando a Inglaterra negociava com Estados Unidos e Rússia a divisão do Terceiro Reich, sua assessoria propôs que 40% do território alemão, 36% da população e 33% dos recursos da Alemanha fossem entregues aos soviéticos, "para agradar Stálin". Em 1944, ele negociou um acordo com o líder soviético em que repartiu, por exemplo, a Bulgária em "75% Rússia, 25% Aliados", "Grécia 90% Aliados, 10% Rússia" ou "Hungria 50/50%".[78] O escritor inglês Ronald Lewin o definiu da seguinte maneira: "O traço marcante de Churchill como grande comandante é que ele gostava do poder — e da guerra — sem nenhum pudor."[79]

Quando foi derrotado por Clement Attlee nas eleições de 1945, em meio à Conferência de Potsdam, Churchill afirmou que o resultado "foi uma grande surpresa" para ele. Em um almoço, Clementine disse ao marido: "É bem possível que seja uma bênção disfarçada", ao que Churchill respondeu: "No momento, parece bem disfarçada mesmo."[80] Foi a derrota mais dura em sua longa vida pública. Mas ele retornou ao poder na década de 1950. Considerado o "maior britânico de todos os tempos", Churchill morreu em 24 de janeiro de 1965, antes de completar 91 anos de idade.

ROOSEVELT, O INDOMÁVEL

Para alguns, Franklin Delano Roosevelt era um político idealista, altruísta, de enorme autoconfiança; para outros, um político frio e calculista. Como Stálin, raramente permitia que inimigos e mesmo aliados políticos soubessem o que tinha em mente. "Nunca deixo que minha mão direita saiba o que a minha mão esquerda está fazendo", revelou ele.[81] E, assim como Churchill, sabia como lidar com as diversas exigências pertinentes ao cargo que ocupava. "Sou um malabarista", disse ele a Henry Morgenthau Jr.[82] Depois de uma entrevista reservada, o psicanalista suíço Carl G. Jung escreveu sobre Roosevelt, em 1936: "Não tenham dúvidas, ele é uma força da natureza — um homem dotado de uma mente superior, mas impenetrável, uma mente altamente versátil que não se pode entrever."[83] A ilustradora e escritora Peggy Bacon observou que o olhar franco e penetrante de Roosevelt era de alguém "inteligente como o diabo, mas tão inocente como o de um grande ator".[84]

Nascido em 30 de janeiro de 1882, em Hyde Park, 150 quilômetros ao norte de Nova York, o presidente norte-americano estava em seu quarto mandato consecutivo quando uma hemorragia cerebral o matou a poucos dias da rendição alemã. Era herdeiro de uma família rica e com vocação política. Seu parente Theodore Roosevelt havia sido presidente no começo do século e também o primeiro americano a receber o Nobel da Paz. "Teddy" e Franklin Roosevelt não eram primos em primeiro grau, informação que aparece em muitos livros. Eles tinham como ancestral comum Nicholas Roosevelt, que viveu entre os séculos XVII e XVIII. A confusão parece ocorrer porque Teddy era tio de Anna Eleanor, a prima em quinto grau com quem Franklin casou-se em março de 1905.

Roosevelt nunca foi religioso, pelo menos não carola. Embora membro da Igreja Episcopal em Saint James, Franklin preferia os sermões presbiterianos, metodistas ou batistas. "Quando vou e me sento lá, com todo mundo olhando para mim, não sinto a menor vontade de dizer minhas preces", afirmou certa vez. Tinha uma crença particular baseada na determinação e na força de vontade. "A única coisa que devemos temer é o próprio medo", revelou.[85] De fato, FDR, como é muito comumente mencionado, não era propenso a temeridades, mas a primeira década depois da Primeira Guerra foi particularmente difícil para ele. Um dos maiores escândalos sexuais da América (antes do caso entre o presidente Bill Clinton e a estagiária Monica Lewinski, em 1998) ocorreu enquanto Roosevelt era Secretário da Marinha, em um caso que ficou conhecido como "Escândalo Sexual de Newport". Em 1919, gays da força naval norte-americana foram acusados de formar um "círculo sexual" para seduzir jovens marinheiros e soldados para a prática de sexo oral na base da Marinha em Newport, Rhode Island. Os investigadores da Marinha enviaram jovens marinheiros como agentes secretos para comprovar a prática. Quando a ação tornou-se pública com os julgamentos, além de chocar a opinião pública, ela acabou com a carreira de muitos dentro da Marinha e quase sepultou a de Roosevelt na política.[86]

Dois anos depois, ele contraiu poliomielite, doença que limitou o movimento de suas pernas e o colocou em uma cadeira de rodas. Graças à mulher, Roosevelt pôde se retirar em um exílio político voluntário para tratamento médico. Eleanor manteve vivos os contatos dentro do Partido Democrático. Revigorado, em 1928 Roosevelt foi eleito governador de Nova York e em 1932 derrotou Herbert Hoover em uma eleição presidencial com a diferença expressiva de mais de sete milhões de votos.[87] Durante os primeiros e difíceis anos de presidência, ele apresentou ao mundo o *New Deal*, a política americana para recuperar a economia destroçada pela Quebra da Bolsa de Valores de Nova York, em 1929. Mas apesar do relativo sucesso que o governo fez questão de explorar e estimular na crença popular, a economia dos Estados Unidos não recuperou a potência de antes da crise. A fabricação de automóveis, por exemplo, principal setor da indústria americana, não alcançou os números anteriores até a Segunda Guerra. Foi o conflito europeu, depois mundial, que salvou e catapultou a economia norte-americana a uma liderança nunca vista antes.

Durante toda a campanha presidencial e ao longo da vida pública, FDR escondeu suas pernas atrofiadas. Mesmo com extrema dificuldade, sempre se preocupou em ocultar o uso que fazia de cadeira de rodas, das muletas e dos pesados suportes de aço que o faziam ficar de pé, embora isso lhe causasse dor extrema. Mesmo para se vestir, ele precisava da ajuda do fiel Arthur Prettyman, seu criado pessoal.

Roosevelt foi o primeiro presidente norte-americano a usar um avião. Foi em fevereiro de 1943, quando usou um hidroavião da Pan American para chegar até Casablanca, no Marrocos, para uma conferência com Churchill. Em 1945, em seu voo até Yalta, na Crimeia Franklin inaugurou a "Vaca Sagrada", a primeira versão do Air Force

Roosevelt e Churchill, durante a Conferência de Casablanca no Marrocos, em janeiro de 1943.

One atual, construído sob o codinome Projeto 51. O novo avião presidencial era mais uma forma de aliviar o tremendo esforço físico que Roosevelt fazia para continuar vivo e trabalhando. O presidente também fazia uso regular de cocaína para aliviar a inflamação nasal de que sofria. Em um dos dias mais importantes da guerra, o ataque japonês a Pearl Harbor, precisou usar a droga antes de aparecer em público.[88] Em 1944, uma avaliação médica feita pelo doutor Howard Bruenn lhe deu um ano a mais de vida – o que se concretizou. Roosevelt estava "muito mal". Tinha vinte quilos a menos, sofria de falta de ar, bronquite e o coração dilatado corria risco de parar. Bruenn indicou o uso de digitalis, cujos efeitos tóxicos poderiam ser graves e até letais. O médico principal de Roosevelt, Ross McIntire, era contrário, mas o presidente precisava se mostrar forte, otimista e "indomável". Nos últimos meses da guerra na Europa, no entanto, era um morto-vivo.

O homem de sucesso na vida pública teve uma ativa vida amorosa e sexual no plano pessoal. O casamento lhe rendeu seis filhos, mas esteve longe de ser amoroso e feliz. Uma frustrada Eleanor Roosevelt, que também era uma progressista e líder feminista, esteve envolvida com seu guarda-costas, o sargento Earl Miller, e, segundo alguns, com o administrador do *New Deal*, Harry Hopkins, com quem ela mantinha uma amizade muito próxima. A descoberta posterior de mais de duas mil cartas da primeira-dama também mostrou um romance nada casual com a jornalista Lorena Hickok. O caso lésbico da primeira-dama é um assunto controverso entre os historiadores norte-americanos, mas, em uma das cartas, Eleanor escreveu algo que parece definir sua paixão por Hickok: "Lembro-me... da sensação daquele lugar macio bem no canto da sua boca contra os meus lábios..."[89]

Enquanto isso, Franklin tinha um romance com "Missy" LeHand e com Grace Tully, suas duas secretárias pessoais na Casa Branca. LeHand, que manteve um caso amoroso com o embaixador americano em Moscou, também compartilhou Miller (e possivelmente Hopkins) com a primeira-dama. Sobre os romances do marido, Eleanor escreveu em seu livro de memórias: "Ele teria sido mais feliz com uma esposa que se abstivesse totalmente de críticas. Isso eu nunca fui capaz de ser, e ele teve que recorrer a outras pessoas."[90] Na verdade, Roosevelt e Eleanor já não viviam como marido e mulher desde 1918, quando ela descobriu cartas de amor trocadas entre o marido e sua secretária Lucy Page Mercer. A própria filha do casal, Anna Roosevelt, costumava levar mulheres inteligentes e menos rabugentas que a mãe até Warm Springs, a casa de campo da família na Geórgia, para "algumas horas de descanso extremamente necessário".[91] Mercer permaneceu próxima a Roosevelt até a morte do presidente, em 12 de abril de 1945; estava com ele em seu momento final, enquanto Eleanor estava em Washington.

A "GRANDE ALIANÇA"

A URSS não assinou a Carta do Atlântico (1941), mas assinou e nunca se dispôs a cumprir os acordos assinados em Teerã (1943), Yalta e Potsdam (1945). Tanto Roosevelt como Churchill notaram que os russos davam significados muito diferentes aos acordados. Na verdade, Stálin era uma incógnita política. Se por um lado financiou os partidos comunistas no Leste Europeu e mesmo na Europa Ocidental, por outro lado não fez o mesmo na China. Durante a guerra, a URSS prestou apoio aos nacionalistas do Kuomintang de Chiang Kai-shek, e não aos comunistas de Mao Tsé-tung. A verdade é que os Aliados acusavam Hitler de imperialismo em sua busca pelo "espaço vital" para o povo alemão, mas eles próprios eram exploradores de vários povos e países.

Durante a guerra, Aneurin Bevan, do Partido Trabalhista Independente, declarou na Câmara dos Comuns, o equivalente brasileiro à Câmara dos Deputados: "O Exército britânico não está lutando pelo Velho Mundo. Se os honrados membros da oposição acham que estamos passando por essa provação para preservar seus pântanos malaios, estão enganados."[92]

Não há justificativa para os horrores cometidos pelo nazismo, mas os Aliados não podiam atirar a primeira pedra. Os "Três Grandes" – como Roosevelt, Churchill e Stálin ficaram conhecidos – tinham pouca coisa em comum, e o que os uniu durante os longos anos de guerra e a Grande Aliança foi o objetivo de derrotar a Alemanha de Hitler. Engana-se, no entanto, quem pensa que seus objetivos eram unicamente a luta pela liberdade e pela democracia. Seus objetivos eram e continuaram a ser imperialistas.

Na Ásia, Manila foi retomada dos japoneses ao custo de cem mil civis filipinos apenas para voltar ao domínio americano. Quando os Estados Unidos finalmente reconheceram a independência do país, em 1946, haviam se passado cinquenta anos desde a primeira tentativa de liberdade. Ao todo, quinhentas mil pessoas morreram na batalha pelas Filipinas, vítimas dos combates, dos massacres perpetrados e da fome.[93]

Nos Estados Unidos, os negros ainda eram tratados como inferiores em muitos Estados. Até morrer, em 1945, Roosevelt relutou em tratar da questão racial, mas não podia negar o racismo latente na população branca norte-americana – curiosamente, Prettyman, seu criado pessoal, era negro. Diversos distúrbios ocorreram em 1941 e 1942, quando o país precisou aumentar a produção nas fábricas e a população negra passou a trabalhar com brancos. Houve um aumento de 6% em três anos, mas em 1945 os negros ainda eram malvistos e mal remunerados. No entanto, o preconceito racial não se restringia aos afrodescendentes.

Quando o Japão atacou Pearl Harbor forçado pelas circunstâncias – o embargo econômico e o congelamento de bens nipônicos impostos pelos americanos –, os japoneses e seus descendentes que viviam em solo norte-americano foram presos e internados em campos de concentração. Muitos não tinham mais nenhuma ligação com o Japão, mas um governador estadunidense declarou: "Os japas vivem como ratos, procriam como ratos e agem como ratos. Não queremos saber deles."[94] Os Estados Unidos viam a Ásia, assim como viam a América Latina, como o quintal de casa, passível de exploração – tal como os britânicos faziam há séculos. Consideravam, no entanto, mais importante derrotar primeiro a Alemanha, depois o Japão. Hitler era muito mais perigoso. E foi o que se viu: os norte-americanos atacados pelos japoneses empenharam-se mais para vencer na Europa do que para dar atenção ao que ocorria na Ásia. O interesse em "vingar" Pearl Harbor ficou em segundo plano quando os interesses geopolíticos se mostraram mais favoráveis e necessários na Europa. Na realidade, o Japão deu a Roosevelt a oportunidade de declarar uma guerra que de outra forma o povo americano não aceitaria. Roosevelt, escreveu Lewin, "conseguira vencer a poliomielite, mas a legalidade constituía uma forma mais sutil de paralisia".[95]

Dado o que se viu depois da guerra, o discurso do presidente Harry Truman, o sucessor do falecido Roosevelt, em 1947, soa irônico: "Creio que a política dos Estados Unidos deve ser a de apoiar povos livres que resistem às tentativas de subjugação por minorias armadas ou por pressões de fora." Mais uma vez, a falácia norte-americana de defender o "mundo livre". Com a Doutrina Truman, os Estados Unidos estavam ampliando seu império econômico.

4. TIO JOE, O CZAR VERMELHO

Nem o nazismo foi responsável por um número tão grande de perseguições, expurgos e assassinatos como o perpetrado pelo líder soviético. As atrocidades cometidas por Stálin eram pouco conhecidas na época da guerra, mas é certo que Churchill e Roosevelt sabiam que a URSS era governada por um ditador tão sanguinário e implacável quanto Hitler. Enquanto o povo russo morria de fome, Stálin colecionava carros e casas luxuosas.

Assim como hoje, as atrocidades cometidas por Stálin eram pouco conhecidas na época da Grande Aliança que destruiu o nazismo e venceu a Segunda Guerra. Muitos políticos norte-americanos na época das conferências de Teerã (1943) e Yalta (1945) acreditavam que Roosevelt havia sido ingênuo diante do ditador soviético. Mas o presidente americano sabia que, se tivesse dito ao público a verdade sobre Stálin (que a URSS era governada por um ditador tão sanguinário e implacável quanto Hitler), os Aliados não teriam atingido seu objetivo. A frase de um confidente do presidente resume bem essa ideia: "Roosevelt morrera sabendo que tinha utilizado Belzebu para lutar contra o Demônio."[96] Ao contrário de Stálin, que não via problema algum em sacrificar exércitos em favor do objetivo final, Roosevelt, que vivia em uma democracia e era pressionado pela opinião pública, tinha uma grande preocupação em poupar vidas, principalmente americanas.

O HOMEM DE AÇO

O mais impiedoso ditador do século XX nasceu em 6 de dezembro de 1878 na pequena Gori, uma aldeia a setenta quilômetros de Tíflis (Tbilisi), capital da Geórgia, fronteira com o Azerbaijão, como Iosif Vissarionovitch Djugachvil. Há muitas dúvidas sobre o verdadeiro pai de Stálin. (O oficial era um beberrão que espancava tanto o filho quanto a mãe.) Na opinião de uma neta do ditador, entre os muitos candidatos, o mais provável seria o conde Iakov Egnatachvili, para quem a mãe de Stálin trabalhava como faxineira e ama de leite. Seja como for, "Keke" Gueladze deu duro para possibilitar uma boa educação ao filho. "Sosso", como ela o chamava, entrou para o seminário de teologia ortodoxa russa em Tíflis, mas a rebeldia o impediu de terminar os estudos. Passou a ser operário e revolucionário; trocou o apelido para "Koba".

As manifestações e ações revolucionárias lhe renderam frequentes e longos períodos de exílio na Sibéria, o que possibilitou as leituras e estudos marxistas. Leu e também escreveu muitos artigos, principalmente em Viena. Transformou-se em teórico e redator do jornal *Pravda*. A Revolução Russa de 1917 transformou Koba em "Stálin" (o homem de aço), nome pelo qual passou para a história. (*Stal* significa aço em russo, mas uma das muitas lendas em torno do enigmático georgiano diz que o nome Stálin teria surgido de seu relacionamento com Ludmila Stahl.)[97]

Se Vladimir Lênin foi o cérebro e o personagem central do movimento revolucionário russo, Leon Trótski, criador do Exército Vermelho, foi o braço militar da revolução, o responsável por derrotar de vez os inimigos dos comunistas durante a Guerra Civil (1918-1921). A vitória vermelha e a morte prematura de Lênin, no entanto, não significaram a vitória de Trótski. Para o historiador norte-americano Bertrand Patenaude, Trótski "nunca adquiriu os hábitos necessários para trabalhar dentro de uma organização política, muito menos para manobrar nos corredores do poder."[98] Algo em que Stálin era mestre. Usando dessa habilidade incomum, ele conseguiu expulsar Trótski da URSS em 1929 e o perseguiu pela Europa até seu refúgio final em Coyoacán, no México. Trótski chamava Stálin de "coveiro da revolução", mas acreditava que existia um futuro glorioso para o comunismo, desde que livre da "revolução degenerada" de seu arquirrival. Em 1940, Trótski finalmente perdeu a batalha para Stálin, sendo assassinado por agentes do ditador.

A vitória marcou o início de uma nova era. Stálin agora era o *vozhd*, o líder. Começava o culto à personalidade. Uma biografia oficial foi publicada, praças receberam seus bustos e ruas foram batizadas com seu nome. Até uma cidade: Volgogrado passou a se chamar Stalingrado. Ele ordenou que os antigos companheiros de revolução fossem apagados da história, em livros e fotografias. Apenas Lênin permaneceu intocável. "Stálin é o Lênin de hoje", era o lema. Sua imagem estava em todos os lugares, livros e jornais. O *vozhd* tornou-se onipresente.

A propaganda escondia os crimes, e o primeiro deles ocorreu com o início da coletivização da agricultura, em 1929. A estatização da produção com o confisco dos grãos e a corrupção do sistema desencadeou uma enorme crise de abastecimento, principalmente na Ucrânia, o celeiro da URSS. A "deskulakização" expulsou mais de dois milhões de camponeses de suas fazendas e outros 1,8 milhão foram deportados para o *Gulag* — o acrônimo russo para "Administração Geral dos Campos de Trabalho Correcional e Coloniais". Cerca de quatrocentos mil foram fuzilados por serem classificados como "contrarrevolucionários".[99] Estima-se que entre 1932 e 1933 mais de 3,5 milhões de ucranianos morreram em decorrência da fome. Muitos historiadores consideram genocídio a política de Stálin aplicada na região, daí o episódio ser conhecido como "*Holodomor*", o holocausto ucraniano.

Enquanto perseguia Trótski e *kulaks*, Stálin iniciou uma caça às bruxas dentro do Partido Comunista e do Exército Vermelho. Principalmente entre os anos de 1936 e 1938, perseguições, execuções, deportações e trabalhos forçados no *Gulag* aconteceram em grande escala. Não há números precisos, mas havia cerca de nove milhões de pessoas presas no *Gulag* em 1938. Alguns historiadores modernos estimam que, somente entre 1935 e 1940, mais de oito milhões de "degenerados", "corruptos", "traidores" e outros "inimigos do povo" tenham morrido durante o que ficou conhecido como "terror vermelho".[100] Outros vinte milhões estavam presos em 1946. Stálin havia se transformado no "Czar Vermelho", e a NKVD — o "Comissariado do Povo para Assuntos Internos" —, na organização mais temida da União Soviética.

O responsável pela NKVD era Lavrentiy Beria, o Heinrich Himmler de Stálin. Beria era cruel, sádico e viciado em sexo, recorrendo frequentemente ao estupro para satisfazer seu prazer. Ele drogava jovens estudantes e abusava delas ou de quem quer que lhe agradasse. O escritor russo Alexander Soljenitsin relatou que, para não estragar o tapete persa de seu gabinete, "uma passadeira suja e manchada de sangue era desenrolada".[101] A filha de Stálin escreveu em suas memórias que Beria era uma "réplica soberba e contemporânea do tipo de palaciano insidioso e a encarnação da perfídia, da adulação e da hipocrisia orientais".[102]

A NKVD não era temida sem motivos. Sua prisão Lubianca era o terror de qualquer um que caísse nas mãos de Beria. Golpes violentos nas costas ou na cabeça com cassetetes de borracha eram apenas um aquecimento. Quebrar ossos e castrar homens era prática comum. Mulheres tinham os cabelos e as unhas arrancados, eram violentadas e tinham o rosto e a pele do corpo lacerados. Jovens, meninas e mulheres grávidas não eram perdoadas. Mergulhos em barris de urina também eram usados para ajudar presos a "lembrarem" e confessarem o desejado.[103]

O historiador polonês Moshe Lewin, especialista em história russa e na Era Soviética, resumiu: o terror stalinista não resultou da existência dos inimigos políticos; os inimigos políticos foram inventados para justificar o terror que Stálin exigia.[104] Uma verdadeira "paranoia institucionalizada". O escritor inglês Nikolai Tolstoy, aparentado com o grande escritor russo, afirmou que "a grande realização de Stálin consistiu em colocar uma população de quase duzentos milhões inteiramente nas mãos da polícia, enquanto ele exercia poder absoluto sobre essa mesma polícia".[105]

A "ilógica lógica" de Stálin pode ser explicada por um episódio narrado nas memórias de Valentin Berezhkov, seu intérprete, e que envolveu Molotov, um dos poucos homens no império soviético que passou ileso pelo Grande Terror, pela Segunda Guerra e pela Guerra Fria.[106] Quando algo não dava certo, Stálin exigia que "o culpado fosse encontrado e severamente punido". A única coisa a fazer era identificá-lo. Certa vez, o ministro do Exterior verificou que um telegrama do ditador para Roosevelt não havia sido respondido. Imediatamente Molotov ordenou que Berezhkov encontrasse o culpado pelo erro. Berezhkov não encontrou ninguém no lado soviético e concluiu que o erro era do Departamento de Estado dos EUA. Ao ler o relatório, Molotov riu dele, explicando que toda falha poderia ser atribuída a alguém. Um culpado foi encontrado no departamento de criptografia, afastado da função, expulso do partido, desaparecendo sem deixar rastro. A lógica insana de Stálin era clara: se não houvesse um culpado nos escalões inferiores, ele teria que ser encontrado entre os superiores, e isso não podia ser posto em questão. Para Tolstoy, o líder soviético tinha uma "mentalidade criminosa".[107]

A perseguição aos inimigos do povo atingiu a equipe doméstica de Stálin, que também "foi levada embora". Tanto no Kremlin quanto nas dachas em Moscou, cozinheiras, criadas e outros funcionários foram substituídos por serviçais escolhidos pela NKVD. Até mesmo as famílias Svanidze e Alliluyev, parentes das mulheres de Stálin, foram dizimadas. "Tudo isso vai além do que eu poderia imaginar para a desonestidade e vileza humanas", escreveu em seu diário Maria ("Mariko") Svanidze, a cunhada do ditador.[108]

Insensibilidade e indiferença eram uma marca stalinista. Quando sua mãe morreu em 1937, Stálin não foi ao enterro e proibiu que se divulgasse a notícia. A velha mãe do homem de aço foi sepultada ao som da "Internacional", o hino comunista, como mandava o rito soviético. Nem a religiosidade materna ele respeitou. A pesquisadora francesa Lilly Marcou escreveu: "Com Keke, Stálin enterrou a essência de sua vida humana."[109]

Ele tratou os filhos da mesma forma. Iakov Stálin, conhecido como "Iacha", era o primogênito de seu casamento com Ekaterina Svanidze, a quem o ditador chamava de "Kato". Iacha servia como tenente-major na 14ª Divisão de Tanques quando sua unidade foi cercada e ele foi feito prisioneiro da Wehrmacht próximo a Vitebsk, na Bielorrússia, em julho de 1941. Os alemães distribuíram folhetos com a informação e com uma foto do prisioneiro, bem como uma suposta mensagem escrita por Iacha pedindo a rendição russa.

Seguindo as regras vigentes, a mulher de Iacha foi presa pela NKVD como familiar de um "traidor da pátria" que se entregara ao inimigo – ela permaneceu presa por dois anos e a neta de Stálin foi entregue a outro membro da família. Destacamentos especiais foram realizados para libertá-lo, mas o precioso troféu permaneceu em um campo de prisioneiros alemães na Baviera junto com generais russos. Os alemães não conseguiram convencer Iacha a lutar com os voluntários russos de Vlasov que serviam na Wehrmacht. Depois de uma tentativa frustrada de fuga, ele foi transferido para o campo de concentração de Sachsenhausen. Quando a batalha de Stalingrado terminou, no começo de 1943, Hitler tentou trocar o marechal de campo alemão Friedrich von Paulus pelo prisioneiro importante. “Não troco um soldado por um marechal”, teria dito Stálin.[110] Iakov Stálin foi morto pelos guardas do campo em uma tentativa de fuga, em abril de 1943. Seu corpo foi cremado e as cinzas levadas a Berlim.

Como a mãe de Iakov morreu de tifo em 1907, o viúvo Stálin casou-se em 1919 com Nadeja Sergueievna Alliluyev. Nadia, como era mais conhecida, era secretária de Lênin e tinha apenas 18 anos de idade; Stálin tinha 41. Antes de cometer suicídio em 1932, Nadia lhe deu dois filhos, Vassili e Svetlana, a queridinha do pai. Nadeja foi encontrada no quarto com uma arma sobre a cama e com um tiro na cabeça, mas a versão oficial afirmou que uma apendicite fora a causa da morte. O caso nunca foi esclarecido. As relações com Stálin eram difíceis, mas as cartas trocadas entre o casal são as mais humanas escritas pelo líder soviético. “Tateka”, escreve à esposa, “os negócios que vão para o diabo... Quando tiver seis ou sete dias livres, venha diretamente para Sotchi”. Em outra carta, ele se refere a ela como “minha Totuchka”.[111] Quase todos que o viram afirmam que o suicídio da mulher abalou profundamente Stálin.

O filho Iakov também tentou suicídio antes de se alistar no Exército para tentar agradar o pai. O segundo filho, Vassili, era um playboy e, anos depois da guerra, acabou morrendo em uma bebedeira. A caçula Svetlana tinha uma relação melhor com o pai, mas depois de três casamentos infelizes e da morte de Stálin, terminou seus dias nos Estados Unidos.

Viúvo duas vezes, o líder soviético encontrou na cunhada Evguenia Aleksandrovna um novo amor. O romance iria durar quase uma década, até que Evguenia também foi presa pela NKVD. Era “uma amizade amorosa e cúmplice mais que uma paixão”, revelou uma biógrafa do *vozhd*, e o cunhado de Stálin, irmão de Nadeja, nunca suspeitou de nada. A “terceira mulher” de Stálin nunca passou de lenda, depois do suicídio da segunda esposa ele nunca voltou a casar-se oficialmente. Mas teve muitas amantes. Além de Evguenia, nomes como Rosa Kaganovich e a estrela do Bolshoi, Vera Aleksan-

Stálin e os filhos Vassili e Svetlana, em junho de 1935.

drovna Davidova, aparecem com frequência na lista de suas amantes. Mas provavelmente seu último relacionamento sexual foi com Valentina Vassilievna Istomina, a governanta da dacha de Blijniaia que o acompanhava em todas as viagens e passou a ser sua companheira durante a Segunda Guerra. Valetchka, como era mais conhecida, tornou-se a amante secreta de Stálin por quase vinte anos. Quando ele morreu, ela estava junto, chorou aos gritos, "como é de uso no campo", "custou a conter-se e ninguém a incomodou", revelou a filha do ditador.[112]

POLÍTICO PARANOICO

Stálin tinha um medo insano de ser assassinado. Ele jamais andou em meio ao povo e temia manifestações ou situações em que ficasse exposto. Poucas vezes utilizou o avião, por medo de acidentes aéreos ou de atentados; seu principal meio de transporte era um trem blindado. Jamais anunciava com antecedência viagens e destinos. Sua alimentação era rigorosamente controlada pela NKVD; cada pedaço de pão ou carne era examinado antes que ele o ingerisse, mesmo sendo toda a comida produzida em hortas destinadas especialmente para ele. Seu maior medo, no entanto, era o Exército Vermelho, criado por seu desafeto Leon Trótski.

O medo e a mania paranoica de perseguição de Stálin eram tamanhos que ele assassinou a elite militar do país às vésperas da Segunda Guerra. Ao todo, 35 mil oficiais do Exército Vermelho foram executados em 1937. Entre eles, havia um comissário do povo para defesa e três subcomissários, 16 comandantes de distritos militares, 33 comandantes de corpo, 76 comandantes de divisão, 40 comandantes de brigada e 291 comandantes de regimento. Muitos cientistas e projetistas de armamentos, como o famoso Tupolev, foram presos. Nem soldados rasos escaparam, pelo menos um milhão deles foram eliminados, a maioria por simples delação sem provas. Um historiador russo escreveu que "bastava alguém ser visto embrulhando peixe em um jornal onde estivesse impresso um retrato de Stálin para que fosse preso e desaparecesse da face da terra".[113]

Franklin Roosevelt acreditava que Stálin não era muito diferente dos políticos ocidentais. Quando o ditador invadiu a Finlândia, ele descreveu a União Soviética como "uma ditadura tão radical como qualquer outra ditadura no mundo". Mas o historiador Michael Dobbs afirmou que o *vozhd* "guardava mais semelhanças com Tamerlão ou Ivã, o Terrível, do que com George Washington".[114] Charles de Gaulle, o líder da França Livre, também deu sua opinião sobre Stálin: "Ditador dissimulado e astuto, conquistador com ar bonachão, de tudo fazia para iludir."[115] Por fim, o próprio líder resumiu seu perfil político: "Não há maior prazer que descobrir um inimigo, preparar a vingança, ver tudo feito e, depois, dormir sossegado."[116]

Stálin recebia dezenas de relatórios diários de Beria e ele tinha prazer em ler cada um deles até altas horas da madrugada. Apreciava cada detalhe sobre a vida pessoal e a intimidade de seus inimigos. Quando o QG de Hitler na Prússia Oriental caiu em mãos soviéticas, recebeu detalhes de cada milímetro quadrado da área. O mesmo ocorreu com o bunker em Berlim. Precisava saber de tudo sobre todos, para decidir quem iria morrer. E o *vozhd* fazia isso frequentemente, conferindo pessoalmente cada ordem de execução. Em 1938, antes de ir ao cinema do Kremlin "para relaxar", deixou anotada a lista com alguns nomes: "Todas essas 3.167 pessoas devem ser fuziladas."[117] Até a sua morte quinze anos mais tarde, Stálin teria mandado executar cerca de oitocentas mil pessoas, entre generais e políticos importantes na URSS.

Durante a Conferência de Yalta, em fevereiro de 1945, Roosevelt, tentando se aproximar do ditador soviético, confidenciou que Churchill e ele se referiam a ele como "Tio Joe" em suas mensagens e comunicados. Churchill já havia contado a história dois anos antes, em 1943, mas o líder soviético não gostou nem um pouco de ser insultado diante dos subalternos. A palavra russa para tio, "*dyadya*", também é usada para se referir a um velho inofensivo, que pode ser facilmente enganado.[118]

Mas Stálin podia ser tudo, menos um velho tolo que podia ser enganado. Quando a "Grande Guerra Patriótica", como os russos chamam a Segunda Guerra Mundial, começou, ele não teve o menor pudor em convocar o povo com a retórica czarista, o regime que a revolução derrubara. No famoso discurso de julho de 1941, dias após a invasão alemã da URSS, ele lembrou os heróis russos dos tempos dos czares, Aleksandr Niévski, Aleksandr Suvorov, Mikhail Kutuzov, entre outros (até o *Stavka*, o comando supremo das forças armadas, criado por Nicolau II, foi reativado). E para cooptar as graças do povo, reabriu a Igreja Ortodoxa, substituiu as imagens e as condecorações de Marx, Engels e Lênin pelas dos antigos heróis imperiais. Permitiu que antigas canções populares voltassem a ser cantadas e que a lite-

Stálin em seu escritório no Kremlin, em Moscou, em 1939.

ratura, o teatro e o cinema voltassem a exaltar o passado da grande Mãe Rússia.[119] Stálin também não teve problemas em se juntar com os novos aliados, ingleses e americanos, depois da traição de Hitler.

KATYN E OUTROS MASSACRES SOVIÉTICOS

Depois da invasão do lado oriental da Polônia, em 1939, os soviéticos levaram cativos para as proximidades de Smolensk, na Rússia, cerca de 22 mil prisioneiros poloneses, oficiais do Exército, policiais e a inteligência do país.[120] Com ordens diretas do Politburo do Partido Comunista Soviético, eles foram executados entre abril e maio de 1940. Em abril de 1943, os alemães descobriram o local das execuções e do sepultamento: a Floresta de Katyn, às margens do rio Dnieper. O local era um campo de extermínio dos opositores do comunismo desde 1918.

A propaganda nazista permitiu que representantes da Cruz Vermelha Internacional visitassem o local da exumação, mas os russos negaram veementemente e a ação foi encoberta após a retomada do território pelo Exército Vermelho. Churchill desconversou a respeito, "quanto menos se falar a respeito, melhor". Roosevelt acreditou em Stálin: tudo não passava de "propaganda alemã e conspiração nazista".[121] Em 1946, durante os julgamentos de Nuremberg, com a anuência dos Aliados ocidentais, os russos conseguiram jogar seus próprios crimes de guerra nas costas da Alemanha derrotada. A ordem das execuções assinada diretamente pelo próprio Stálin só foi tornada pública após a queda do regime soviético na década de 1990.

Não apenas oficiais do Exército polonês foram enviados para a Rússia. Nos primeiros meses de 1940, enquanto a SS de Hitler prendia judeus, os soviéticos deportaram quase 140 mil civis para a Sibéria acusados de ser "*kulaks*". "Vocês são senhores e nobres poloneses. Vocês são inimigos do povo", disse a uma família polonesa um oficial da NKVD.[122]

Nos primeiros meses após a invasão alemã, em 1941, mais de 1,3 milhão de pessoas foram julgadas e 67,4% delas enviadas para as prisões do *Gulag*. No Volga, onde havia uma grande colônia alemã criada na época da czarina Catarina, a Grande, no século XVIII, quatrocentos mil descendentes de alemães foram levados prisioneiros para a Sibéria e o Cazaquistão. Os prisioneiros supostamente destinados aos reformatórios eram na verdade enviados para lutar na frente de batalha, na maioria das vezes colocados em esquadrões suicidas, conhecidos como "batalhões penais". Entre 1942 e 1945, 975 mil prisioneiros serviram nesses batalhões.[123]

Com medo que a Wehrmacht libertasse prisioneiros "políticos" e descobrisse os horrores do *Gulag*, a NKVD ordenou que todos os campos fossem evacuados para as regiões inóspitas ao leste. A rapidez do avanço alemão fez com que os russos exterminassem campos inteiros. Em Smolensk, Minsk, Kharkov e em outros lugares, centenas de milhares foram fuzilados ou espancados até a morte. Só em Lvov, na Ucrânia, os alemães encontraram 3.500 pessoas mortas, a maioria mutilada, os homens sem os órgãos sexuais e as mulheres com os seios dilacerados; os olhos tinham sido arrancados.[124] Em Riga, na Letônia, os alemães encontraram na prisão evacuada pela NKVD instrumentos para quebrar ossos, amassar os testículos, furar a sola dos pés e arrancar unhas das mãos. Algo mais assombroso ainda os aguardava nas celas: os corpos pareciam "carne na vitrine do açougue".

O mesmo Stálin que a propaganda pintava como libertador da barbárie nazifascista não estava disposto a perdoar ninguém. Em 1943, pelo menos duzentos mil tártaros e 390 mil chechenos que mantiveram "relação amistosa" com o inimigo foram deportados para a Sibéria, para o trabalho escravo.[125] Milhares de pessoas morreram de sede nos vagões que os tártaros chamaram de "crematórios sobre rodas". Não foram os únicos. Os cossacos, por exemplo, viram na invasão nazista da União Soviética a oportunidade de reivindicar terras historicamente suas e apoiaram os alemães com a esperança de serem recompensados no pós-guerra. Com a derrota alemã, tornaram-se prisioneiros dos britânicos que, apesar dos pedidos em contrário, os devolveram aos soviéticos. Só de oficiais (como os generais Piotr Krasnov e Andrei Shkuro), 15 mil desapareceram em mãos russas. O povo cossaco foi dizimado e riscado do mapa.[126] Ao todo, 3,5 milhões de pessoas pertencentes a minorias étnicas foram deportadas para o *Gulag*.[127]

Depois da guerra, as obras de propaganda não cansaram de exaltar o "generalíssimo", o "maior líder dos tempos modernos". Stálin recebeu as medalhas de Herói da União Soviética, a Ordem de Lênin e a Ordem da Vitória, uma estrela de platina de cinco pontas cravejadas com 135 diamantes e cinco rubis. M. Kharlamov escreveu em 1949 que Stálin era o responsável pela "libertação dos povos da Europa do jugo fascista alemão, e a salvação da civilização europeia da destruição pelos bárbaros fascistas".[128] Foi a consolidação da política de culto à personalidade.

MANSÕES E CARROS DE LUXO

A propaganda escondia muitas outras verdades. Em 1 de março de 1953, o *vozhd* foi encontrado caído no chão do quarto, em sua dacha em Blijniaia, Kuntsevo, no subúrbio de Moscou. Seu médico particular, Vinogradov, estava preso, e uma equipe médica só foi chamada no dia seguinte, mais de 12 horas depois. O ditador agonizou até o dia 5, quando finalmente faleceu de "hemorragia cerebral". Pelo menos essa foi a versão oficial divulgada, o que na União Soviética não significava nada. Poucos dias depois, Beria teria revelado a Molotov quem o havia matado: "Salvei vocês todos!"[129] Assassino ou não, Beria foi detido quatro meses depois e executado em dezembro do mesmo ano. Se não houve envenenamento, o longo tempo que Stálin permaneceu sem atendimento médico pode ser caracterizado, no mínimo, como "assassinato por omissão de socorro".

Segundo Lilly Marcou, no inventário dos bens pessoais de Stálin, quase nada foi encontrado além de móveis baratos, poltronas revestidas com capas, nenhum objeto antigo, nada de valor. Ele dormia com um cobertor do Exército. Para Tolstoy e para a própria filha, no entanto, a fortuna de Stálin não era depositada em contas no banco. Ele tinha tudo que queria sem precisar de dinheiro. Para Svetlana, ele sequer sabia o real valor do dinheiro. Além de uma suíte no Kremlin, Stálin possuía várias dachas. Eram cinco próximas a Moscou (Blijniaia e Zubalovo eram as principais), mas havia ainda casas luxuosas às margens do Mar Negro, como Sotchi, na sua Geórgia natal. Abkhazia, próxima a Sokhumi, era uma cópia da casa de Hitler em Berchtesgaden. Nem mesmo seu arquiteto favorito sabia quantas eram ao todo, mas eram todas magnificamente decoradas e equipadas com salas de bilhar, salas de cinemas e estábulos com cavalos de raça. Todas mantidas em segredo, "para que o povo não tome conhecimento".[130] Além de casas, carros importados, como Rolls-Royces, Packards, Cadillacs e Lincolns. Tudo de que ele precisava era pago pelo governo: viagens, roupas, empregados, festas, ópera, absolutamente tudo. Uma "quantia astronômica", bilhões de rublos. A filha Svetlana comentou: "Só Deus sabe o quanto tudo isso custava." Nada mal para um comunista que obrigara seu povo à coletivização e à fome.

Três anos depois da morte de Stálin, durante o 20º Congresso do Partido Comunista, o novo líder da URSS Nikita Kruchtchev denunciou as atrocidades da ditadura stalinista ao mundo.

5. SHOAH, O HOLOCAUSTO JUDEU

Quando a Segunda Guerra começou, a comunidade judaica já estava em declínio há muito tempo. E os alemães não eram os únicos a persegui-los. Na década de 1930, vários países europeus criaram leis antissemitas. Os ingleses pensaram até mesmo em enviar todos para Uganda ou Madagascar. Para piorar, o Holocausto não foi arquitetado por loucos e alienados, mas por cientistas e juristas, e até mesmo por judeus.

"O grande problema da civilização é assegurar um aumento relativo daquilo que tem valor, quando comparado aos elementos menos valiosos e nocivos da população. [...] Eu desejo muito que se possa evitar completamente a procriação de pessoas erradas. E o que se deve fazer, quando a natureza maligna dessas pessoas for suficientemente flagrante? Os criminosos devem ser esterilizados, e aqueles mentalmente retardados devem ser impedidos de deixar descendência. A ênfase deve ser dada à procriação de pessoas adequadas."[131]

É bem provável que antes de terminar de ler o texto acima você já tenha imaginado o autor dele. Mas se pensou em Hitler, errou. Tais palavras foram proferidas por Theodore Roosevelt, presidente norte-americano no início do século XX e primo distante de outro presidente estadunidense provavelmente mais popular, Franklin Delano Roosevelt.

Teddy Roosevelt não estava dizendo bobagens, pelo menos não para a época. A reprodução seletiva de modo a aprimorar as características desejáveis da espécie humana era considerada uma ciência. Universidades, intelectuais e cientistas davam respaldo à teoria. Criou-se até um "comitê", fundado em 1906, para ressaltar as virtudes da "raça superior" (os ingleses e alemães, que haviam colonizado a América do Norte). E encontrou tanta receptividade que, em 1924, os Estados Unidos se tornaram o primeiro país no mundo a criar leis eugênicas.

Na Alemanha, a eugenia ganhava força nessa mesma época. Em 1900, a Fundação Krupp premiou a tese *Herança e seleção no curso da vida dos povos*, do médico bávaro Wilhelm Schallmayer. Em três décadas, as propostas voltadas para a higiene racial (a melhoria da raça por meio da seleção), o controle dos casamentos para pessoas de sangue puro e a criação de crianças pelo Estado defendidas por Schallmayer se transformariam na mola propulsora da ideologia racista nazista.[132]

JUDEUS À BEIRA DO COLAPSO

No começo da década de 1930, os judeus alemães estavam em rápido declínio demográfico. Em quase todos os cantos da Europa, comunidades judaicas passavam por uma crise existencial. O nazismo e o Holocausto ainda não eram uma realidade, mas a civilização judaica estava "à beira de um colapso terminal".[133] Estudos recentes, como o do doutor Bernard Wasserstein, professor emérito na Universidade de Chicago, nos Estados Unidos, confirmam dados já apresentados por Hannah Arendt, a célebre filósofa judeu-alemã, na década de 1970.

Em seu estudo, Wasserstein, que também é judeu e especialista em história judaica, afirma que, das 2.359 comunidades judaicas da Alemanha em 1899, restaram apenas 1.611 em 1932. A queda foi acentuada na última década pré-nazismo. Em apenas oito anos, entre 1925 e 1933, o ano da ascensão de Hitler ao poder, a população judaica havia encolhido 11%.[134] Os judeus viviam no país há mil anos e estavam tão adaptados à cultura e à história alemã que eram tão alemães quanto os próprios alemães. O casamento com não judeus alcançou índices elevados, e a mobilidade social e a modernização estavam alterando a situação da comunidade judaica no começo do século XX. Só nas três primeiras décadas do século houve 61 mil casamentos mistos na Alemanha.[135] Wasserstein chamou isso de "suicídio racial".

Os judeus, no entanto, não passavam por problemas apenas na Alemanha. Em 1905, o Congresso Sionista rejeitou uma proposta do governo britânico para que os judeus se estabelecessem no Leste da África, o "projeto Uganda". Em novembro de 1920, a Hungria criou uma lei de cotas para restringir o número de judeus nas universidades. Foi a primeira lei antissemita no período imediatamente anterior à ascensão do nazismo. Na década de 1930, vários países europeus criaram ou incentivaram leis antissemitas. Em 1934, a Romênia, onde vivia um número considerável de judeus, limitou o emprego deles em fábricas do país. Em quase todo o continente europeu, eles haviam sido destituídos dos diretos civis e estavam se transformando em párias. Na União Soviética, as comunidades judaicas entraram em rápido declínio depois da Revolução de 1917. Identificados como membros da "classe exploradora" (pequenos comerciantes e artesãos), eles foram rapidamente transformados em "destituídos".

Nem mesmo entre os judeus havia comunhão. A política judaica nesse período foi caracterizada por ser "altamente faccionada, turbulenta e intransigente". Não foram raras as vezes que os partidos políticos judaicos criaram milícias uniformizadas e usaram da força contra seus oponentes também judeus. Em 1923, quando os sionistas poloneses celebraram a inauguração da Universidade Hebraica, os judeus comunistas receberam instruções para tumultuar o evento. Moshe Zalcman, que estava com os comunistas, não entendeu por que deviam se opor a uma universidade judaica. "Emergimos da luta física e moralmente machucados", escreveu ele mais tarde.[136]

As ideias sionistas, aliás, não diferiam muito daquelas dos teóricos racistas alemães, como Hans Günther. O judeu-alemão Arthur Ruppin acreditava que o povo judeu era racialmente diferente e que não pertencia à Europa, assim como não deveria ser assimilado por ela. Para ele, os judeus, tal como os árabes, pertenciam à Palestina.[137] E foi para lá que ele direcionou seus esforços de emigração judaica. Ficou conhecido como "o pai do assentamento sionista".

Em 1939, às vésperas da Segunda Guerra, viviam na Alemanha, na Áustria e no Protetorado da Boêmia e Morávia — a "Grande Alemanha" de Hitler — apenas 345 mil dos mais de 9,7 milhões de judeus europeus. Na Polônia, estava a maior comunidade judaica da Europa, 3,2 milhões de pessoas. Somente na capital, Varsóvia, viviam 380 mil, mais do que todos os judeus da Alemanha juntos. E ainda que a maioria considerasse o país seu lar, os judeus estavam em um grau considerável de isolamento da população do ponto de vista religioso, socioeconômico e político. Mesmo que condenando os ataques a judeus, o Partido Socialista polonês apoiava a emigração judaica. E o Partido dos Camponeses declarou, em 1935, que os judeus eram uma "nação estrangeira". O líder do Partido Conservador, Janusz Radziwill, preconizou, em 1937, a "emigração forçada de judeus", e os social-democratas encaravam-nos como "sublocatários" do solo polonês, chegando a defender a completa eliminação da sociedade polonesa.[138] De fato, mesmo depois dos horrores do Holocausto, os poloneses realizaram atos antissemitas, como os de Kielce, em que foram assassinados sobreviventes de Auschwitz.[139]

Para Wasserstein, o antissemitismo nazista diferia do antissemitismo do restante da Europa por sua brutalidade radical e sistematização burocrática, mas não em suas origens. O sucesso do ataque nazista aos judeus requereu não apenas a participação ativa de uma minoria fanática, mas também a aquiescência de uma maioria indiferente. Os discursos de Hitler e a propaganda nazista divulgaram, ampliaram e justificaram a perseguição aos judeus, mas não criaram o antissemitismo; ele já existia, não somente na Alemanha, mas também em toda a Europa. Infelizmente para os judeus, Hitler plantou em solo fértil. "A estrada para Auschwitz", como definiu o historiador Ian Kershaw, "foi construída com ódio e pavimentada com a indiferença".[140]

INTELECTUAIS E CIENTISTAS NA SS

Quando Hitler prestou o juramento oficial como Chanceler da Alemanha, em 30 de janeiro de 1933, a *SS* (*Schutzstaffel*), ou Tropa de Proteção, de Himmler tinha mais de duzentos mil membros. Um número espantoso, se levado em conta que dez anos antes a SS não passava de um grupo menor dentro da *SA (Sturmabteilung)*, ou Tropa de Assalto. Himmler transformou a SS em uma máquina mortífera eficientíssima a serviço do partido, suplantou e derrubou a SA, transformando a organização dos Camisas Pretas, cujos símbolos eram a caveira e as runas sigel (que representavam o sol e a vitória), na mais poderosa organização político-militar do Terceiro Reich.

Mas ainda que a ideologia da superioridade racial germânica e todas as suas implicações para com alemães e não alemães partissem de Heinrich Himmler, os detalhes técnicos e a eficiência na organização da SS foram fundamentalmente estabelecidos por Reinhard Heydrich, um ex-oficial da Marinha que se juntara aos nazistas em 1931. O célebre romancista alemão Thomas Mann alcunhou Heydrich, não por simpatia, de "o carrasco de Hitler". Os tchecos, mais pragmáticos, o chamavam de "o açougueiro de Praga". Sua história e biografia, no entanto, têm recebido uma atenção incrivelmente modesta na extensa literatura sobre o Holocausto. Provavelmente porque seu assassinato, em 1942, o tenha livrado dos julgamentos no pós-guerra e da comoção popular com a descoberta dos campos de extermínio na Europa Central. A grande repercussão midiática do julgamento de Adolf Eichmann em Israel, em 1961, terminou por ofuscar a personalidade e a importância de Heydrich na organização e na logística da "Solução Final" para a questão judaica.[141]

Se os membros do alto escalão do Partido Nazista eram em sua maioria homens sem instrução formal, vindos das classes baixa e média da Alemanha pós-Primeira Guerra, a elite da SS e do SD, o Serviço de Segurança, responsável, entre outros setores, pela Polícia Secreta (a Gestapo), depois transformado em RSHA (Escritório Central de Segurança do Reich), era composta por homens com boa formação acadêmica, inteligentes, cultos, com doutorado em várias ciências humanas, como história, geografia, sociologia, etnologia e medicina.[142]

Segundo Christian Ingrao, diretor do Instituto de História do Tempo Presente de Paris, que estudou minuciosamente a trajetória pessoal e a formação intelectual de oitenta membros da organização mais temida do regime de Hitler, os cientistas membros da SS tiveram participação significativa na orquestração das políticas raciais e no Holocausto. Ou seja, ao contrário do que se pensa, os mentores de um dos maiores genocídios da história não eram alienados, tampouco um bando de loucos. Especialistas militantes e cientistas engajados, esses intelectuais encontraram "uma instituição que lhes permitia aliar rigor científico a exigências da militância nazista elitista encarnada na SS", definiu Ingrao.[143]

Muitos membros do alto escalão da SS tinham doutorado em suas áreas de pesquisa e ainda assim eram quase todos marcados pela atuação nos *Einsatzgruppen*, os grupos de operações especiais, responsáveis pela identificação e o extermínio de judeus no Front Leste. Entre eles, Otto Ohlendorf, que atuou impiedosamente contra os judeus na Ucrânia e na Crimeia, sendo responsável direto pelos assassinatos. Muitos fizeram o mesmo. Bruno Müller chegou a matar, com as próprias mãos, uma mulher e seu bebê à guisa de demonstração perante a tropa reunida. Alguns eram juristas, como Albert Rapp, outros, como Hans-Joachim Beyer, historiadores. E não foram raros os que escaparam da justiça e viveram até os noventa anos. Martin Sandberger, líder de um grupamento do *Einsatzgruppe* A, que atuou na Letônia, morreu aos 98 anos, em 2010, sem pagar pelos crimes cometidos.

Esses homens de ciência, filhos da Alemanha derrotada na Primeira Guerra, sistematizaram uma ideologia racista e preconceituosa e a transformaram no ideal de uma nação, colocando suas capacidades intelectuais a serviço do nazismo. A habilidade retórica de Hitler fez o resto.

SHOAH

Sob a proteção da ciência e aproveitando-se da fragilidade política dos judeus-alemães e europeus, os nazistas não esperaram muito para dar início a sua luta contra o que consideravam uma "praga". Em 1º de abril de 1933, apenas três meses depois de assumir o controle político da Alemanha, o governo nazista patrocinou um boicote nacional ao comércio de judeus que foi seguido pelo expurgo do serviço público. Em 15 de setembro de 1935, durante o congresso anual do Partido Nazista, que ocorria em Nuremberg, na Baviera, Hitler promulgou o mais importante conjunto de leis raciais e antissemitas, "As Leis de Nuremberg". Elas privavam o judeu da cidadania alemã, proibiam o casamento com alemães arianos, a raça pura e superior, conforme a doutrina nazista, e também definiam o que seria um "judeu pleno" e alguém com sangue judeu misturado (os mestiços ou meio-judeus).

Os judeus plenos eram, obviamente, aqueles com todos os quatro avós judeus. Para os mestiços, havia dois graus. No primeiro grau, estavam aqueles que tinham apenas dois avós judeus, que não eram casados com judeus plenos e não frequentavam uma congregação judaica. No segundo, quem tivesse apenas uma avó ou avô judeu.[144] Já com a Segunda Guerra em andamento, os nazistas ampliariam o conceito de meio-judeu, e mesmo os peritos da SS não concordavam com algumas definições ou questionavam até qual geração o sangue judeu ainda era considerado contaminador.

Em 1937, os peritos do Serviço de Segurança realizaram um estudo sobre a "desjudificação da Alemanha" por meio de emigração de judeus alemães para países fora da área de influência alemã e que tivessem "baixo nível cultural". Entraram na lista de possíveis áreas de assentamento Madagascar, na África, Equador e Colômbia, na América do Sul, e a Palestina, no Oriente Médio. E tal projeto não era maluquice alemã. Como visto antes, França, Polônia e Reino Unido também já haviam levantado hipótese semelhante para seus incômodos judeus.[145]

A CONFERÊNCIA DE WANNSEE E A SOLUÇÃO FINAL (1942)

Em 20 de janeiro de 1942, com a Alemanha vencendo a guerra em quase todas as frentes, Heydrich reuniu em um antigo palacete às margens do lago Wannsee, em Potsdam, duas dezenas de veteranos da burocracia nazista, funcionários do partido e oficiais de alta patente da SS. O objetivo da conferência era definir uma posição comum entre as diversas autoridades do Reich de Hitler e encontrar uma "Solução Final" quanto à questão judaica. Como deportar e assassinar com tiros mostrara-se um método moroso e insuficiente, além de traumatizante para os soldados envolvidos, era preciso encontrar uma maneira mais rápida e eficiente de eliminar os judeus e outros indesejáveis.

Em setembro de 1941, o Zyklon B, nome comercial do gás obtido a partir do ácido cianídrico, foi usado pela primeira vez em prisioneiros de Auschwitz. Segundo alguns historiadores, o gás letal já havia sido testado em crianças ciganas tchecas em 1940.[146] De qualquer forma, os experimentos prosseguiram. Em dezembro de 1941, um grupo de setecentos judeus da vila de Kolno, também na Polônia ocupada, foi transportado em caminhões para Chelmno, a trezentos quilômetros de Varsóvia. Oitenta deles foram transferidos para um veículo especial, que se dirigiu a uma floresta vizinha. Ao final da jornada, estavam todos mortos, gaseados pelo escapamento canalizado para o interior do veículo.[147] Os nazistas haviam inventado um novo método de matar.

Mas esses detalhes não foram tratados na conferência. A linguagem codificada e eufemística usada em Wannsee atentou para duas questões fundamentais: o destino dos judeus e se os meio-judeus e judeus em casamento privilegiado com alemães deveriam ou não ser incluídos na "Solução Final". Não houve consenso, mas definiram-se prioridades. Os judeus seriam deportados para o Leste e usados no trabalho escravo. Na indústria, eles seriam "eliminados por causas naturais", de exaustão e fome. ("O trabalho liberta", será a saudação de um dos mais famosos campos de concentração.) Os "elementos resistentes" a essa ação deveriam ter "tratamento especial": as câmaras de gás.[148] Heydrich estimou que 11 milhões seriam deportados para o Leste e a Europa seria "purificada dos judeus".[149] A Solução Final estava em andamento, mas seu principal arquiteto não veria os resultados. Quatro meses depois de Wannsse, dois tchecos assassinaram Heydrich em um atentado em Praga.

Em julho de 1942, Himmler visitou Auschwitz e presenciou todo o novo processo adotado nos campos da morte, desde a seleção nas rampas de acesso até as câmaras de gás e os crematórios. Satisfeito com os resultados, ordenou a expansão do complexo que a todo vapor deveria matar dez mil pessoas por dia.

Shoah, o Holocausto judeu, estava apenas começando. O maior campo de extermínio da Europa só seria libertado pelos russos em janeiro de 1945. Os soviéticos encontraram quase oito mil prisioneiros (outros cinquenta mil haviam deixado o campo), 368 mil paletós masculinos, 836 mil casacos e vestidos femininos e sete toneladas de cabelo. Estima-se que pelo menos 1,1 milhão de pessoas tenham morrido em Auschwitz. Destas, cerca de 960 mil eram judeus. Foram assassinados ainda 21 mil ciganos, setenta mil poloneses, 7,5 mil prisioneiros de guerra soviéticos e mais de dez mil prisioneiros políticos.[150]

Desde agosto de 1941, os ingleses sabiam que os nazistas estavam matando milhares de pessoas no leste — mensagens da máquina Enigma alemã, interceptadas e decifradas pelo projeto Ultra, não

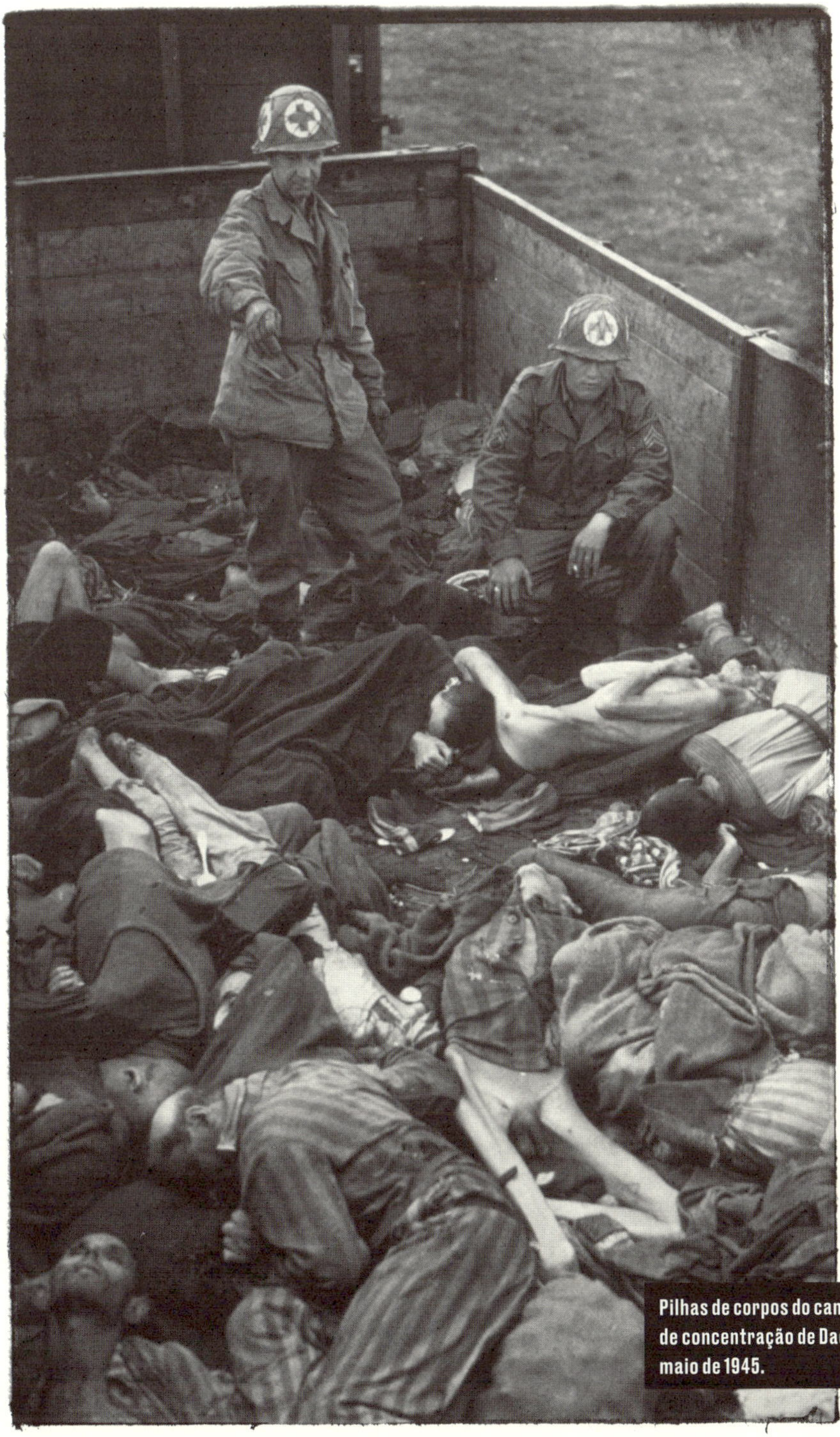

Pilhas de corpos do campo de concentração de Dachau, maio de 1945.

Prisioneiros do campo de concentração de Bergen-Belsen.

deixavam dúvidas do que ocorria. Churchill falou aos britânicos pelo rádio "que regiões inteiras estavam sendo despovoadas", e até Anne Frank, na Holanda, escreveu em seu diário sobre "os mortos por gás", mas nada foi feito para impedir a matança.[151] Parece que os judeus sempre foram um problema menor para os Aliados — o velho antissemitismo europeu. Desde o começo, quando as perseguições tiveram início, tanto a Grã-Bretanha quanto os EUA dificultaram ao máximo a entrada de refugiados em seus territórios. Mais tarde, quase ao final da guerra, nem mesmo alguns generais que tiveram contato direto com os campos e presenciaram os horrores perpetrados, como o celebrado Georg Patton, deram muita importância ao que ocorria com os judeus. "São inferiores aos animais", disse ele.[152] Em uma pesquisa de opinião pública realizada pelos norte-americanos no final de 1945, 20% dos entrevistados concordavam com Hitler quanto ao tratamento dado aos judeus. Outros 19% se diziam favoráveis, embora acreditassem que os alemães tivessem ido longe demais.[153]

O mais inacreditável, no entanto, é que judeus dentro da Alemanha conseguiram escapar à perseguição e à deportação nazista ajudando o regime de Hitler. Ao final da guerra, um pequeno grupo deles se encontrava em Berlim, no campo de triagem de Schulstrasse. Eram meio-judeus e judeus privilegiados, salvos por terem cidadania estrangeira de países neutros ou por terem organizado os Jogos Olímpicos de Berlim, em 1936.[154]

Os judeus não apenas financiaram as Olimpíadas, como também ajudaram a caçar e matar outros judeus. O responsável pela construção da Vila Olímpica e pela organização do evento foi o capitão judeu Wolfgang Fürstner. Atletas judeus como Helene Mayer e Rudi Ball também competiram pela Alemanha nazista e pela supremacia da raça ariana.[155] Outros participaram ativamente do Holocausto. A judia Stella Goldschlag era uma dos quase vinte "apanhadores" de Berlim, responsáveis por identificar e denunciar judeus escondidos às autoridades. Bonita, loura e de olhos azuis, era chamada de "veneno loiro". O tenente da SS Fritz Schweritz, judeu e membro do Partido Nazista, controlava o campo de concentração de Lenta, próximo a Riga, na Letônia. Assassinou centenas de judeus e estuprou várias mulheres. O meio-judeu e marechal de campo Erhard Milch não apenas sabia dos campos de concentração, como era ciente do que se passava neles, principalmente dos experimentos em Dachau, pelo quais tinha especial interesse.[156] Quando foi levado a julgamento, repetiu o que muitos afirmaram, jurou que não sabia de nada.

6. HOLOCAUSTOS ESQUECIDOS

Os judeus não foram os únicos. Ciganos, Testemunhas de Jeová, negros, gays e maçons também foram perseguidos e assassinados pelos nazistas. Milhões de civis chineses foram mortos com enorme brutalidade ou serviram de cobaias para os japoneses. E não menos do que cem mil mulheres chinesas foram estupradas pelo Exército Imperial durante a Segunda Guerra.

Em julho de 1933, Hitler promulgou a Lei para a Prevenção contra uma Descendência Hereditariamente Doente. A lei autorizava a esterilização compulsória de cegos, surdos e pessoas com deficiência física, que sofriam de depressão crônica ou consideradas prejudiciais à pureza racial alemã, como as com deficiência mental.

No mesmo ano das Leis de Nuremberg, em 1935, foi promulgada a Lei para a Proteção da Saúde Hereditária do Povo Alemão, que proibia os portadores de doenças hereditárias e infecciosas de casar-se e produzir "descendência doente ou antissocial" (uma velha ideia, já propalada por Teddy Roosevelt). A lei exigia ainda que todo indivíduo que desejasse o matrimônio precisava apresentar às autoridades responsáveis um "certificado de aptidão" assinado por agentes de saúde pública. Durante todo o regime nazista, estima-se que entre 350 e quatrocentas mil esterilizações tenham sido realizadas por médicos e especialistas alemães. Entre elas, cerca de 150 mil pessoas com algum tipo de deficiência intelectual, incluindo a Síndrome de Down.[157]

Negros e ciganos, considerados inferiores, também foram esterilizados e depois deportados e internados em campos de concentração. Heydrich, o chefe do RSHA, considerava os ciganos uma categoria criminosa (de "vagabundos"). Somente na Boêmia e na Morávia, 6.500 ciganos foram presos e pelo menos três mil foram assassinados em Auschwitz-Birkenau. Outros cinco mil ciganos do Protetorado, de Berlim e de Viena foram deportados para o gueto de Łódź e mais tarde enviados para o campo de concentração de Chelmno.[158] Como a maioria dos números relativos às mortes provocadas pelo regime nacional-socialista de Hitler, o número de ciganos mortos durante a Segunda Guerra também é controverso. Mas estima-se que pelo menos quinhentos mil deles pereceram em campos de concentração ou de extermínio.[159] Em 1950, o governo alemão negou reparações às vítimas ciganas, considerando "que os ciganos foram perseguidos pelo governo nazista não por motivos raciais, mas como elementos insociáveis e criminosos".[160]

A comunidade negra alemã também não era pequena. Estima-se que algo em torno de 25 mil afrodescendentes eram cidadãos com plenos direitos civis na Alemanha da década de 1930, e foram atingidos de alguma forma com as leis raciais. Além de emigrados das antigas colônias alemãs na África, havia muitos filhos de soldados dos regimentos coloniais franceses que ocuparam a Renânia pós-Primeira Guerra (senegaleses em sua maioria). Havia casos especiais, como o de Hans J. Massaquoi, neto do cônsul da Libéria. Nascido em 1926, ele era filho de pai africano e mãe alemã. Mas sua história foi mais feliz que a de muitos outros afrodescendentes. Ele sobreviveu para escrever um livro sobre os negros na Alemanha hitlerista, *Destined to Witness: Growing Up Black in Nazi Germany* [Destinado a testemunhar: crescendo negro na Alemanha nazista].[161] Também não há dados confiáveis sobre o número de negros esterilizados ou mortos durante a Segunda Guerra.

ENTRE CAMPOS DE CONCENTRAÇÃO E TRIÂNGULOS

Os nazistas tinham uma lista bem definida do que consideravam inimigos do Estado e do povo alemão. No topo dessa lista, estavam os marxistas, comunistas e judeus. Em seguida, vinham maçons, religiosos de igrejas cristãs, reacionários, "agitadores, descontentes e outros parasitas do povo". Uma miscelânea de critérios políticos, raciais, sociais e religiosos.[162]

A maçonaria, normalmente no topo das listas de teorias conspiratórias, era considerada pelos nazistas uma organização judaica, assim como o comunismo. Mas foi um problema menor para a SS. Já em meados da década de 1930, Heydrich acreditava que a influência dos maçons havia sido erradicada da Alemanha. Foi por esse motivo que ele ordenou que se criasse em Berlim, na sede da Gestapo no Prinz-

-Albrecht-Palais, o Museu dos Maçons. O museu reunia objetos do "culto desaparecido", bibliotecas, listas de participantes de todo o mundo e arquivos confiscados das lojas maçônicas alemãs (incluindo os da Loja dos Três Sabres, da qual seu pai havia sido membro).[163]

Depois de 1934, os maçons e os demais grupos considerados "inimigos do Reich" tinham um destino certo: os campos de concentração. Inicialmente, esses campos não tinham por finalidade o extermínio de seus prisioneiros, como se verá principalmente depois de 1939, mas sim manter preso determinado grupo. (Na verdade, o termo "campo de concentração" não era uma novidade. Fora criado pelos britânicos, muitas décadas antes da Segunda Guerra, quando os súditos da rainha Vitória construíram mais de cem deles durante a Guerra dos Bôeres, na África do Sul.)

Para os campos de concentração nazistas eram enviados presos políticos, antissociais, religiosos e judeus, que eram utilizados como trabalhadores compulsórios de empresas alemãs. Por isso, alguns campos também eram chamados de "campos de trabalhos forçados" ou de "trabalho escravo". Havia quase duas dezenas deles somente em território alemão. Entre os mais conhecidos, estavam Bergen-Belsen, Sachsenhausen, Ravensbrück, Flossenbürg e Dachau, que foi o primeiro campo de concentração construído na Alemanha, em 1933, e também onde se cremaram os corpos dos principais líderes nazistas enforcados em Nuremberg, em 1946. Até 1938, no entanto, os prisioneiros judeus correspondiam a uma minoria nesses campos.[164]

Com a Segunda Guerra em curso, deu-se início à construção dos campos de extermínio. Chelmno, próximo a Łódź, na Polônia, foi o primeiro campo criado pelos nazistas com a finalidade de assassinar em massa os indesejáveis do regime. Na sequência, outros cinco foram erguidos em território polonês com essa finalidade: Auschwitz-Birkenau, Treblinka, Bełżec, Majdanek e Sobibor.[165] Havia dezenas de outros menores, que serviam de reserva para os campos de trabalho escravo ou de triagem para os de extermínio.

Com uma enorme massa de prisioneiros e um grande número de campos e guetos espalhados por toda a Europa, identificar as diferentes classes de prisioneiros passou a ser necessário dentro da grande máquina burocrática nazista. Em 1941, os judeus passaram a ser obrigados a prender às suas roupas dois triângulos sobrepostos e invertidos (a "Estrela Amarela"), uma alusão à Estrela de Davi já usada na identificação do comércio judeu desde 1933 e com uso intensificado a partir de 1938. Esse é o símbolo mais conhecido e associado aos campos de concentração nazistas. Mas havia outros, todos tendo como base os triângulos. No caso dos judeus, por exemplo, se o prisioneiro fosse incluído em outra categoria, um dos triângulos da estrela seria amarelo e o outro seria da cor correspondente à infração. Um prisioneiro que fosse judeu e também estivesse preso por questões políticas usaria um triângulo amarelo e outro vermelho.

O triângulo vermelho invertido era a identificação dos dissidentes políticos, como comunistas, social-democratas, liberais, anarquistas e maçons. O verde era usado por criminosos e o roxo era a identificação dos presos por motivos religiosos, como as Testemunhas de Jeová, que se recusavam a participar do esforço de guerra da Alemanha e a renegar sua fé — as mulheres Testemunhas de Jeová, ou "papa-Bíblia", eram usadas como criadas domésticas pelos oficiais da SS. A cor azul era usada por imigrantes, e o triângulo rosa era destinado aos homossexuais masculinos. O triângulo negro identificava os demais antissociais, como alcoólatras, grevistas, feministas, entre outros. Os alemães que eram casados com judeus recebiam um triângulo negro sobre um amarelo. Letras maiúsculas sobre os triângulos indicavam a nacionalidade e, para completar a identificação, um número de série era tatuado no antebraço.[166]

TRIÂNGULOS ROSA

Perdidos no meio da lista confusa de inimigos do Estado alemão estavam os homossexuais; essencialmente os masculinos. Para eles não havia uma definição clara de "crime", eram considerados "antissociais".[167]

Como a ideologia nazista acreditava que as raças inferiores se reproduziam em maior número, qualquer elemento que diminuísse o potencial reprodutivo dos alemães superiores era considerado perigoso. A "recusa à procriação" dos homossexuais era um bom motivo para a perseguição e o internamento nos campos de concentração ou de trabalhos forçados. "Aqueles que praticam a homossexualidade privam a Alemanha das crianças que eles lhe devem", declarou Himmler em 1938. Qualquer membro da SS que mantivesse relações sexuais com outro homem seria punido com a pena de morte. Em alguns casos, os nazistas faziam "uso de experimentos científicos, a fim de descobrir a origem desses 'males' e 'desvios' e a busca de uma possível cura", escreveu o pesquisador brasileiro Tiago Elídio.[168]

Em maio de 1933, estudantes liderados pela SA, criada por Ernst Röhm no início do movimento nazista na década de 1920, invadiram o Instituto de Ciências Sexuais, em Berlim. A maior parte do acervo do instituto, com mais de 12 mil livros e 35 mil fotos, foi destruída. Pouco tempo depois, Magnus Hirschfeld, um dos pioneiros do estudo científico sobre a sexualidade humana e fundador do instituto, foi assassinado pela Gestapo na França, onde se refugiara. Além de ser bissexual, Hirschfeld era judeu. Hitler não tinha nenhum apreço por ele: "O que esse velho porco judeu oferece é um escárnio da mais baixa espécie contra o povo."[169]

A destruição do instituto e o assassinato de seu idealizador deram início à perseguição aos homossexuais e à erradicação da cultura gay na Alemanha. Em pouco tempo, a Gestapo conseguiu fechar todos os bares e casas noturnas destinadas ao público homossexual e eliminar as publicações especializadas.

O que não deixa de ser curioso nessa história é que a primeira grande perseguição aos gays na Alemanha de Hitler tenha sido levada a cabo pela SA. Apesar da amizade com Hitler e com muitos dos

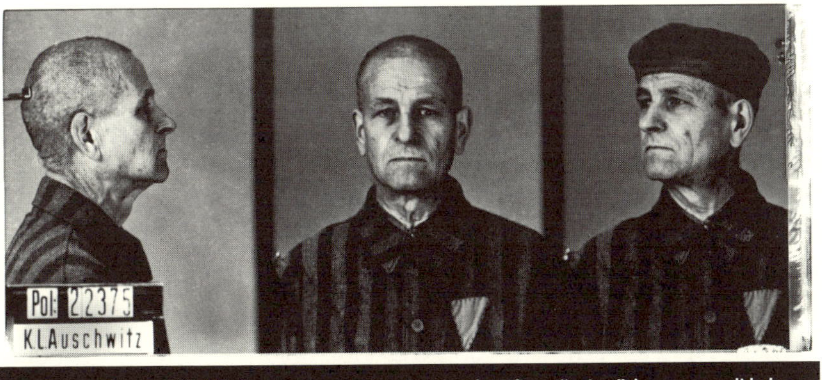

Prisioneiro número 22375 de Auschwitz. O triângulo rosa identifica o "crime": homossexualidade. 100 mil homossexuais foram presos e 10 mil morreram até o final da Segunda Guerra.

altos escalões do Partido Nazista, o fundador da tropa de choque do ditador era um homossexual notório e assumido. Acusado de alta traição, em junho de 1934, na Noite dos Longos Punhais, Röhm foi preso pelo próprio Hitler em um hotel nos arredores de Munique e levado à prisão de Stadelhein, onde foi assassinado.[170]

Durante o regime nacional-socialista, estima-se que cerca de cem mil homens acusados de homossexualidade tenham sido presos. A maioria dos cinquenta mil condenados pelos tribunais passou por um período em prisões comuns e pelo menos dez mil encontraram a morte em campos de concentração.[171] Após o fim da guerra, devido às leis e ao preconceito que ainda vigoravam na maior parte do mundo, os que sobreviveram não puderam prestar seu testemunho ou contar o que haviam passado nos campos nazistas.

Só recentemente histórias de perseguição, deportação e discriminação como as do alsaciano francês Pierre Seel e do alemão Rudolf Brazda puderam vir à tona. Seel, preso em 1941, foi levado para o campo de Schirmeck-Vorbrück, próximo a Estrasburgo, onde sofreu torturas e abusos durante seis meses, antes de ser "alistado" no Exército alemão e forçado a lutar no Front Oriental. Sobre o campo de trabalho onde esteve, relatou: "No universo dos detentos, eu era um elemento completamente desprezível, uma minúcia ameaçada de ser sacrificada a todo o momento, sem alma, segundo as exigências aleatórias dos nossos carcerários."[172] Brazda teve a vida menos movimentada, mas não menos triste. Por manter relações homossexuais, havia sido detido duas vezes em prisões alemãs até ser exilado na Tchecoslováquia em 1938 e deportado para o campo de Buchenwald em 1942, onde permaneceu até ser libertado pelos russos em 1945. Era provavelmente o último sobrevivente dos "Triângulos Rosa" quando morreu em 2011.

HOLOCAUSTO CHINÊS

Quando os japoneses invadiram a Manchúria em 1931, eles esperavam transformar a região em produtora de alimentos para a economia doméstica. O governo em Tóquio enviou colonos para o continente, principalmente camponeses, e projetava criar um milhão de fazendas nos vinte anos seguintes.[173] Além de plantar, os japoneses também

Bebê chinês na Estação Ferroviária de Xangai após o bombardeio japonês, em 1937. Mais de 15 milhões de chineses morreram na guerra com o Japão.

estavam preocupados com experimentos bacteriológicos e meios de eliminar a população chinesa.

O Japão foi o único país a usar armas biológicas durante a Segunda Guerra. Em 1936, os japoneses instalaram em Pingfang, distrito de Harbin, uma unidade especial muito semelhante aos campos de extermínio alemães. A Unidade 731, cujo nome oficial era "Unidade de Proteção Epidêmica e Abastecimento de Água do Exército Kwantung", operava sob o comando do general Shiro Ishii e contava com um exército de três mil cientistas e doutores das escolas de medicina japonesas, além de vinte mil funcionários nos estabelecimentos subsidiários.[174]

O microbiologista Misaji Kitano realizou diversas experiências em seres humanos, inoculando peste bubônica, cólera, sífilis e outras doenças infecciosas. Milhares de chineses capturados foram submetidos aos mais terríveis experimentos. Verdadeiras cobaias, os prisioneiros eram expostos ao frio congelante ou postos de cabeça para baixo até entrarem em choque, tinham seus corpos cortados sem anestesia e órgãos internos removidos.

Com a guerra em sua fase final, em abril de 1945, havia três milhões de ratos alimentados e 4.500 máquinas funcionando 24 horas por dia para produzir bilhões de pulgas infectadas com a peste bubônica. Nobuo Kamadan, membro da Unidade 731, relatou o que os japoneses fariam com os ratos: "Nós injetaríamos as bactérias mais poderosas nos ratos. Em um rato de quinhentos gramas, aplicaríamos três mil pulgas. Quando os ratos fossem libertados, as pulgas iriam transmitir a doença."[175] Colocados em recipientes de porcelana, os animais seriam jogados de paraquedas em cidades chinesas. Às vésperas da rendição do Japão, o campo foi desativado e os ratos se espalharam pelos campos causando a morte de mais de vinte mil manchus e chineses.

A crueldade de Ishii não tinha limites. Entre 1939 e 1940, ele contaminou mil poços na região de Harbin com o bacilo tifoide. Em Changchun, informou aos moradores locais que uma epidemia de cólera era iminente e que eles precisavam ser vacinados. A "vacina" produzida pela Unidade 731 continha a própria cólera. Em Nanquim, o general japonês usou outro ardiloso artifício: forneceu guloseimas aos seis mil prisioneiros de guerra chineses e os libertou para que voltassem para casa e espalhassem a doença.[176] Não há números precisos quanto aos mortos. Historiadores modernos acreditam que pelo menos três mil morreram em consequência direta dos experimentos da unidade japonesa em Harbin. Mas somente na província de Yunnan, em 1942, uma epidemia de cólera provocada pelos japoneses teria matado mais de duzentos mil chineses.

Assim como muitos cientistas e intelectuais nazistas, Ishii e Kitano escaparam da justiça. Ishii convenceu os americanos da utilidade de suas experiências com humanos para o Exército dos Estados Unidos.[177] Depois da guerra, Kitano, o braço direito de Ishii em Harbin, tornou-se diretor do *Green Cross Corporation* (Corporação Cruz Verde), o primeiro banco de sangue do Japão.

As atrocidades japonesas cometidas na China não se restringiram à região da Manchúria. Em 26 de julho de 1937, o Japão invadiu o território ao sul de Manchukuo, e Pequim caiu em três dias. Os nacionalistas de Chiang Kai-shek recuaram à medida que os japoneses avançavam pelo litoral em direção a Nanquim, a capital. Em agosto, a Marinha Imperial deu início ao bombardeio de Xangai. A luta pelo importante porto durou três meses, e a resistência chinesa surpreendeu o exército japonês. Mesmo assim, em dezembro os invasores se encontravam às portas de Nanquim. No dia 13, os nacionalistas evacuaram a cidade, deixando a população civil à mercê da fúria nipônica. As tropas japonesas entraram na capital com ordens de matar todos os prisioneiros. Uma das unidades executou sozinha quinze mil chineses e outra degolou 1,3 mil. Seguiram-se degolas, estupros e todos os tipos de atrocidades.

Diversas fontes históricas divergem, os chineses alegam algo em torno de 430 mil, mas é provável que pelo menos duzentos mil civis tenham sido executados na cidade. Curiosamente, um dos heróis do massacre, responsável pela organização de uma zona de segurança internacional em Nanquim, era John Rabe, um executivo alemão da Siemens e membro do Partido Nazista. Para Iris Chang, jornalista norte-americana e filha de imigrantes chineses, Rabe foi "o Oskar Schindler da China".[178] Chang é autora do best-seller *The Rape of Nanking* [O estupro de Nanquim], como a ação japonesa ficou conhecida na China. Duas semanas depois da tomada da cidade, Rabe escreveu em seu diário: "Não se consegue respirar devido à repugnância ao se deparar com os corpos de mulheres com varas de bambu enfiadas em suas vaginas. Até mulheres com mais de 70 anos estão sendo constantemente estupradas."[179]

Depois do massacre e dos estupros coletivos, pelo menos cinco mil chinesas foram recrutadas pela polícia militar Kempeitai para a "Casa de Alívio do Grande Exército Imperial". Cerca de 360 casas de alívio foram espalhadas pela China, onde cem mil mulheres foram aprisionadas e forçadas a manter relações sexuais para satisfazer os prazeres dos soldados nipônicos. Uma vítima de 19 anos, Lin Yajin, confidenciou: "Mesmo quando eu estava menstruada eles queriam me foder."[180] O cabo Nakamura do Exército Imperial relatou como eles procediam: "Atacamos a aldeia e vasculhamos todas as casas. Tentamos capturar as moças mais interessantes. (...) Niura atirou e matou uma delas porque era virgem e feia e foi descartada por nós."[181]

Até 1945, a ocupação da China pelo Japão de Hirohito custou a vida de 15 milhões de pessoas. Mas é um holocausto pouco conhecido no Ocidente, em parte porque os norte-americanos ocultaram no pós-guerra os crimes de seu novo aliado na Ásia.

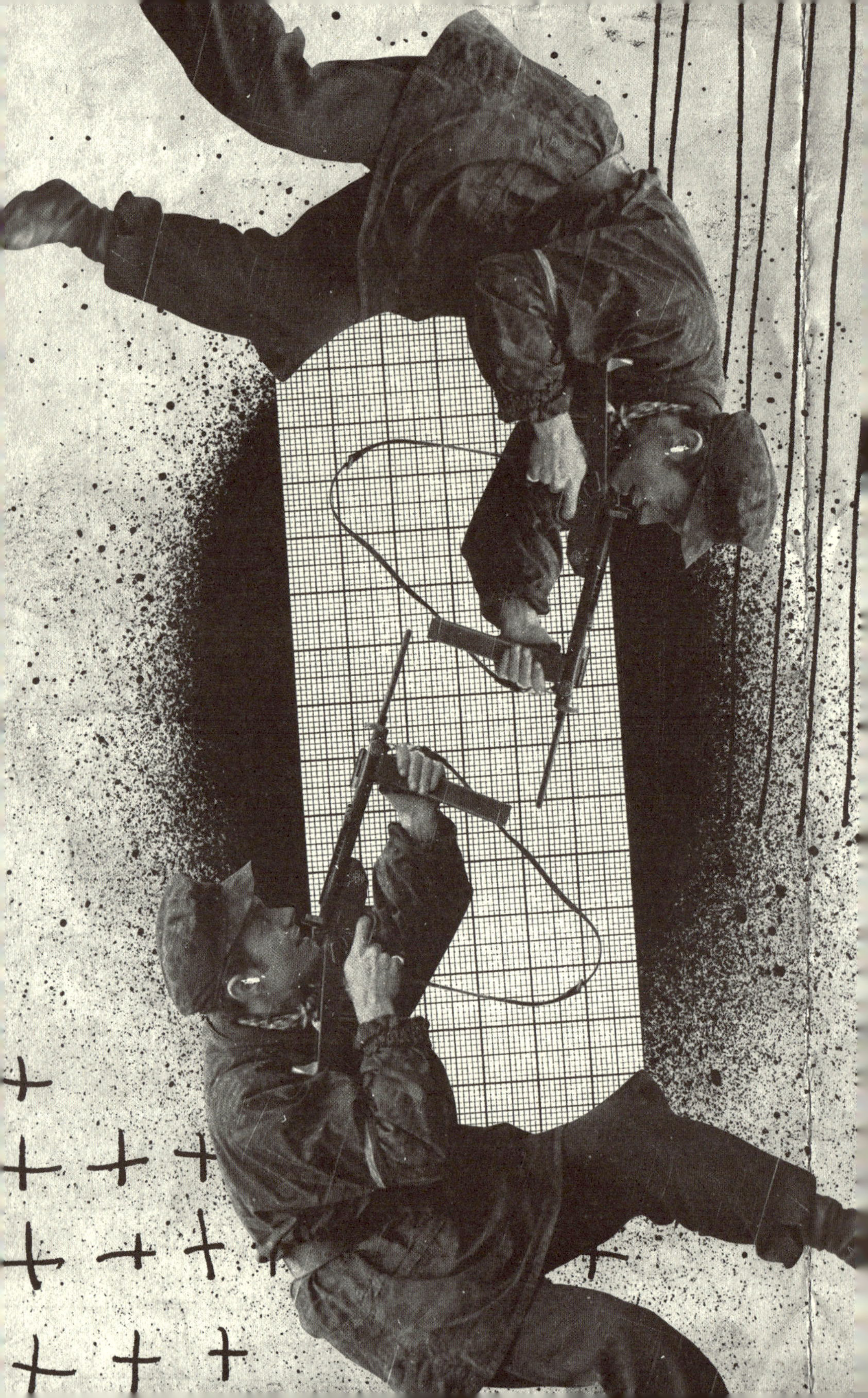

7. SOLDADOS VIRA-CASACAS E DROGADOS

Os norte-americanos achavam que soldados negros eram incapazes de lutar como os brancos; na Aeronáutica eles eram ridicularizados e na Marinha eram proibidos. Judeus lutaram na SS, assim como soldados russos também lutaram no Exército Alemão. E não apenas os russos. A Espanha, que era um país neutro, enviou soldados para lutar ao lado dos alemães, assim como fizeram os franceses e os holandeses.

Durante a Segunda Guerra, uma imensa força-tarefa foi mobilizada pelos exércitos em luta. Em alguns casos, como a Alemanha, mais de um quarto da população total do país, mas a maioria dos beligerantes, permaneceu próximo dos 20%.[182] A fronteira entre quem era aliado ou inimigo, porém, era tênue, ambígua e confusa. O surpreendente caso do soldado coreano Yang Kyoungjong representa muito bem a situação extrema a que muitos homens foram submetidos.[183] "Alistado" pelo Exército japonês em 1938, Kyoungjong lutou na Manchúria (ao norte da China) até ser preso pelos russos e enviado a um campo de trabalho forçado. Em 1942, com os alemães prestes a derrotar a União Soviética, ele foi "alistado" pelo Exército Vermelho. No ano seguinte, em 1943, Kyoungjong foi preso pelos alemães que o forçaram a lutar pela Wehrmacht na França ocupada. O jovem coreano foi preso pelos Aliados na invasão da Normandia, em junho de 1944, e levado à Inglaterra, de onde partiu para os Estados Unidos. Kyoungjong lutou em três teatros de operações e em três exércitos distintos; com o Kwantung, com os comunistas e, por último, com os nazistas. Não foi caso único, ainda que o mais singular de todos.

NA WEHRMACHT

Para Hans Günther, o perito em "raça nórdica" e mentor de Himmler, o alemão autêntico devia ser "louro, alto, dolicocéfalo, rosto estreito, queixo bem desenhado, nariz fino e bem alto, cabelos claros e não cacheados, olhos claros e fundos, pele de um branco rosado".[184] Era algo irreal. Mesmo alemães que tinham ancestrais há séculos vivendo na Alemanha não eram todos louros de olhos azuis. Nem mesmo a elite do Partido Nazista correspondia a essas características raciais. Esse estereótipo, no entanto, permaneceu sendo perseguido no Exército alemão e principalmente na SS, até a eclosão da guerra. A necessidade de se ter soldados fez com que os 18 milhões de homens que vestiam o uniforme alemão no auge da Segunda Guerra viessem de países e povos muito diferentes das características exaltadas pelos nazistas. Só para a invasão da União Soviética em 1941, os alemães mobilizaram mais de quatro milhões de soldados, dos quais cerca de 950 mil eram aliados (exércitos formados por divisões romenas, italianas, húngaras, eslovacas e finlandesas).

A partir de 1940, a Wehrmacht passou a ser um exército de espanhóis, russos, franceses, portugueses e até mesmo de judeus; louros, morenos e amarelos. Quando a França caiu em maio daquele ano, os soldados franceses, que o oficial alemão Tassilo von Bogenhardt disse serem admiradores e respeitadores da pátria francesa "tanto quanto detestavam os comunistas", alistaram-se em grande número em favor da Alemanha. A primeira manifestação de apoio surgiu com a *Légion des Volontaires Français contre le Bolchévisme* (Legião dos Voluntários Franceses contra o bolchevismo), ou simplesmente LVF, com cerca de 6.500 membros. Mais tarde surgiu a Divisão SS Charlemagne. Em 1945, quando Berlim caía diante do Exército Vermelho, uma das últimas condecorações da Cruz de Cavaleiro da Cruz de Ferro foi concedida a um voluntário francês da SS, Eugene Vaulot, que destruíra seis tanques russos.[185]

Com seus países ocupados, belgas, flamengos e holandeses também se alistaram, servindo como voluntários nas Legiões SS Wallonie, Flamand e Westland. Na Divisão Panzergranadier SS Wiking, serviram dinamarqueses, noruegueses, suecos, finlandeses, estonianos. E até a neutra Espanha enviou voluntários para lutar ao lado

Voluntário do Cáucaso (na URSS), alistado na Wehrmacht, em 1942.

dos alemães. A *División Azul* espanhola, composta por voluntários partidários de Francisco Franco, foi criada logo após a invasão da Rússia em 1941. Os dezoito mil primeiros voluntários da divisão eram, em sua maioria, estudantes universitários falangistas e veteranos da Guerra Civil (1936-1939), mas até uns poucos portugueses se alistaram. Franco reafirmava assim sua luta contra o comunismo e retribuía o apoio de Hitler à causa fascista na Espanha. Comandados pelo general Agustín Muñoz Grandes, os espanhóis foram treinados na Baviera, incorporados à 250ª Divisão de Infantaria e enviados à frente de Novgorod, na Rússia. Defendendo o setor sul de Leningrado, junto ao rio Izhora, a *División Azul* perdeu mais de 2.500 homens em um único dia.[186] O general Esteban Infantes substituiu Muñoz Grandes, tendo mais tarde recebido a Cruz de Cavalheiro da Cruz de Ferro.

No estágio final da guerra, metade das divisões Waffen-SS era formada por estrangeiros: cinquenta mil holandeses, quarenta mil belgas, vinte mil franceses e cem mil ucranianos.[187] Duas divisões, a 13ª e a 23ª, eram compostas principalmente por muçulmanos. A 13ª Divisão de Montanha Waffen-SS, a Handschar, criada em outubro de 1943 na Iugoslávia, era constituída por mais de vinte mil muçulmanos bósnios.[188] Foi a maior divisão da SS na guerra. Himmler os descreveu como "alguns dos mais honrados e sinceros seguidores do Führer Adolf Hitler, devido ao seu ódio contra o inimigo comum judeu-anglo-bolchevique".[189] Duas escolas chegaram a ser abertas

Soldados da División Azul, voluntários espanhóis que lutaram junto com os alemães no Front Oriental, em 1941.

em Dresden e Berlim com a finalidade de aproximar os ideais nazistas e islâmicos.

Até mesmo do grande inimigo dos nazistas, o Exército da União Soviética, apareceram colaboradores; os *hiwis*, como eram chamados (de *Hilfswilliger*, voluntários). O major-general Andrey Vlasov, condecorado como herói da defesa de Moscou em 1941, foi abandonado por Stálin em meio a uma batalha nas proximidades de Damyansk, em julho de 1942. Ressentido, ele se rendeu aos alemães em Vinnytsia. Vira-casaca, "traidor da pátria", Vlasov aceitou organizar um exército russo antistalinista, o *Russkaia Osvoboditelnaia Armia* (Exército Russo de Libertação). Ele sonhou comandar seis ou até mesmo dez divisões de voluntários soviéticos que eram prisioneiros em campos de concentração. Não logrou sucesso por influência direta de Hitler, mas reuniu cerca de 150 mil homens. Ao todo, os "soldados orientais" da Wehrmacht compunham 176 batalhões e 38 companhias independentes, uma miscelânea só: além de russos e ucranianos, havia "turcos da Rússia", tártaros, armênios, azerbaijanos, georgianos, letões, estonianos, lituanos, finlandeses e kalmyks.[190] Os cossacos, hábeis cavaleiros das estepes da Ucrânia e do sul da

Rússia, também lutavam "contra o bolchevismo", sob a liderança do general Helmuth von Pannwitz, mas se negaram a ter qualquer relação com as tropas de Vlasov.

Por ideia de Himmler, a 1ª Divisão do Exército Russo de Libertação foi enviada para a frente do Oder, na tentativa de conter o Exército Vermelho, que se aproximava de Berlim. Em fevereiro de 1945, o comandante de um batalhão e mais quatro homens receberam a Cruz de Ferro, de segunda classe, e o líder da SS enviou congratulações aos russos que haviam "lutado extremamente bem", com "entusiasmo e fanatismo", ao lado dos alemães. Em maio, enquanto dava apoio aos tchecos em uma luta por libertar Praga de mãos alemãs, Vlasov foi aprisionado. Seu ato de arrependimento de nada lhe valeu; ele foi enviado para a prisão de Lubianca, onde foi longamente torturado e executado a mando de Viktor Abakumov, o chefe da SMERSH, o serviço de contraespionagem soviético. Mais de vinte mil *vlasovtsi*, como eram chamados seus soldados, também foram deportados para a Rússia.[191] Von Pannwitz e seus cossacos da 15ª Divisão tiveram o mesmo fim.

Em 1943, quando o Exército Vermelho começou a expulsar a Wehrmacht da Rússia, um soldado escreveu à esposa sobre a "gangue de Hitler": "Enquanto marchamos sempre encontramos enormes grupos de húngaros, romenos, italianos e alemães capturados. (...) Eles usam botas do exército, alguns com galochas de palha, uniformes de verão, só uns poucos vestem sobretudos, e por cima de tudo usam as roupas masculinas e femininas que roubaram. Na cabeça portam bonés com xales de mulher enrolados por cima. Muitos têm os membros enregelados; estão sujos e com piolhos."[192]

O mais surpreendente dos casos, no entanto, foi a presença de judeus na Wehrmacht. Muitos eram mestiços e sequer sabiam do passado judeu, mas outros o faziam por convicção. Não era apenas por uma questão de "única maneira de sobreviver". Antes da guerra muitos queriam, de fato, participar do movimento nazista. Werner Warmbrunn, um adolescente judeu (e homossexual) de Frankfurt, era apaixonado por seu amigo da Juventude Hitlerista e também pelo teólogo judeu ultranacionalista Hans-Joachim Schoeps. Apesar da ambiguidade, Warmbrunn escreveu mais tarde que "teria dado muita coisa para [se] tornar um oficial do Exército alemão". Max Naumann, ex-oficial do Exército e advogado em Berlim, líder de uma organização judaica criada em 1921 que tentava conciliar judaísmo e o nacionalismo alemão, acreditava que os judeu-alemães faziam parte de uma das antigas tribos germânicas. Em 1935, quando os judeus foram excluídos da nova Wehrmacht, Schoeps e Naumann ficaram chocados. E, mesmo depois da promulgação das Leis de Nuremberg, Schoeps escreveu que se sentia mais perto de Hitler que de Mussolini, Laval ou Baldwin, políticos de Itália, França e Inglaterra.[193]

Mesmo que a maioria dos judeus tenha sido expulsa das Forças Armadas alemãs e fosse malvista no país, um grupo fez de tudo para continuar atuando. Outros fizeram esforço para entrar nas instituições militares; e, apesar das dificuldades, muitos conseguiram. Um pequeno grupo com a anuência do próprio Hitler, que concedia autorização especial às "pessoas arianizadas", a "judeus protegidos" ou aos "arianos honorários". O historiador norte-americano Bryan Rigg afirmou que mais de 150 mil militares judeu-alemães lutaram na Wehrmacht, na SS ou na Waffen-SS durante a Segunda Guerra. Destes, 1.671 foram muito bem documentados em seu livro *Os soldados judeus de Hitler*. Nada menos que 15 tenentes, três capitães, cinco majores, um coronel e um almirante eram judeus; e 38 tenentes, nove capitães, cinco majores, 15 coronéis, 11 generais, três almirantes e um marechal de campo eram meio-judeus. Havia ainda muitos oficiais um quarto judeus (com um avô judeu). O mais incrível é que 44 deles receberam a Cruz de Ferro, um, a Cruz de Prata Alemã, 19, a Cruz de Ouro Alemã, e nada menos que 15, a Cruz de Cavaleiro da Cruz de Ferro, uma das mais altas condecorações alemãs.[194]

No Exército, o meio-judeu Werner Goldberg foi, inclusive, usado como propaganda em jornais, em 1939: "O soldado alemão ideal." A morte do capitão Klaus von Schmeling-Diringshofen na Polônia foi descrita como a "morte de herói", e ele foi enterrado com honras militares e com a suástica sobre o caixão. Na Marinha, "o mais loiro que qualquer ariano" Helmuth Schmoenckel foi comandante de submarino U-802, enquanto o almirante Bernahrd Rogge comandou o "grupo Rogge", que incluía o couraçado *Schlesien*, o cruzador *Leipzig* e o cruzador pesado *Prinz Eugen*, em que tremulava seu estandarte.[195]

Na Força Aérea, o piloto Sigfried Simsch derrubou 95 aeronaves inimigas, tornou-se ás e recebeu a Cruz de Cavaleiro. Erhard Milch, filho de pai judeu e mãe alemã, chegou ao posto de marechal de campo na Luftwaffe, a mais alta patente alcançada por um alemão de origem judaica durante a guerra. Quando da tentativa de assassinato de Hitler, em 1944, Milch enviou um telegrama ao Führer agradecendo "a misericordiosa Providência" pela vida do ditador.[196] Outros, mesmo servindo ao nazismo, foram mais humanos. O cabo da Wehrmacht Fritz Steinwasser, um quarto judeu, revelou o que sentiu ao assistir a SS assassinar um grupo de judeus letões: "Olhei nos olhos do meu povo. Ali, nos últimos minutos de suas vidas. Fiquei chocado. Meu coração sangrou."[197]

Outro grupo perseguido pelos nazistas também "colaborou" com o esforço de guerra alemão. O homossexual Pierre Seel, que vivia em Mulhouse, na Alsácia-Lorena, foi preso em 1941 e levado para um

Marechal do ar da Luftwaffe, o meio judeu Erhard Milch (ao centro durante seu julgamento em Nuremberg, 1947) sabia dos crimes cometidos nos campos de concentração.

campo de concentração próximo a Estrasburgo. Com a necessidade cada vez mais crescente de soldados, os alemães libertaram o jovem francês com a promessa de que ele não cometesse mais o "delito" e o "alistaram" no Exército alemão, com o qual foi enviado para o Front Oriental.[198]

John Amery, cujo pai trabalhava no corpo administrativo de Churchill e o irmão junto dos guerrilheiros na Albânia, também lutava pela causa alemã. Ele foi acusado depois da guerra e condenado à forca por persuadir prisioneiros ingleses a lutar no Corpo de Voluntários Britânicos, que atuava a serviço da Alemanha.

O EXÉRCITO VERMELHO

O historiador russo Constantine Pleshakov escreveu que o poderoso Exército Vermelho era formado por soldados "recrutados na urbana Leningrado, na arrogante Moscou, na modesta Bielorússia, na belicosa Chechênia, no islâmico Uzbequistão e na budista Buriática".[199] De fato, a União Soviética era a união de várias repúblicas de etnias diferentes, reunidas em torno de Moscou e de um regime totalitário ocultado sob a capa do socialismo pregado por Lênin durante a Revolução Bolchevique de 1917. Desde 1927, no entanto, a União Soviética era Stálin.

Quando a Alemanha invadiu o país, o Exército Vermelho era composto de quase sete milhões de soldados, mas até o fim da guerra já eram mais de trinta milhões, o maior exército em operação no mundo. Mas, assim como os alemães, os soviéticos aproveitaram o material humano existente, ainda que em número muito menor. Dos mil soldados tchecos que fugiram para a Polônia em março de 1939, seiscentos foram levados presos para os campos de trabalho forçado quando os russos invadiram o país em setembro do mesmo ano. E lá permaneceram até 1942, quando foram "solicitados" para lutar. Os outros quatrocentos foram imediatamente incorporados às divisões soviéticas. Em 1943, estavam todos lutando em Kharkov.[200]

O problema soviético estava em manter os soldados no Exército Vermelho. O regime implacável de Stálin não perdoava deslizes ou demonstrações de fraqueza. Não menos de 13,5 mil execuções foram realizadas durante a luta por Stalingrado. O que provavelmente fez com que setenta mil *hiwis* lutassem do lado alemão na batalha do Volga.[201] Em 1944, cerca de 10% dos soldados da Wehrmacht capturados na França, depois da invasão da Normandia, eram ex-soldados vermelhos. Esses soviéticos, que em sua maioria não falavam uma só palavra em alemão, estavam felizes e aliviados de se renderem aos britânicos e norte-americanos. Não lutavam movidos pela causa de Hitler, mas, como se renderam aos alemães em 1941, seu retorno à União Soviética, onde agora eram considerados traidores da pátria, significava escravidão e morte no *Gulag* – os campos de "trabalhos correcionais" de Stálin.

Eles tinham bons motivos para temer o líder soviético. Quando os russos libertaram a Crimeia, duzentos mil tártaros que haviam recebido bem os alemães foram deportados para a Sibéria. Destes, pelos menos vinte mil haviam servido no Exército alemão.[202] Os ucranianos e os bálticos também serviram na Wehrmacht e na SS por antipatia ao regime de Stálin. A maioria dos guardas em campos de concentração e de extermínio alemães era de ucranianos. Até 1942, o número de ucranianos no Exército alemão era superior a 270 mil. Em 1945, no campo de concentração de Dachau, na Alemanha, 339 cidadãos soviéticos lutaram desesperadamente com todas as forças contra os soldados Aliados que tinham ordens de repatriá-los.[203] Eles temiam voltar e encarar a vingança pela "traição". Não estavam errados: mais de 135 mil oficiais e pelo menos três milhões de membros do Exército Vermelho foram enviados por Stálin para campos de trabalho forçado na Sibéria.

OS ALIADOS OCIDENTAIS

Os norte-americanos achavam que soldados negros eram incapazes de lutar como os brancos; na Força Aérea eles eram ridicularizados e na Marinha eram proibidos, serviam apenas como cozinheiros, faxineiros ou assumiam postos considerados degradantes. Só por necessidade e questões de propaganda, os americanos permitiram o recrutamento de negros e de afrodescendentes. Uma minoria, no entanto, pôde participar de combates na linha de frente. Até a Cruz Vermelha estadunidense fazia uso da segregação entre bancos de sangue "mestiços" e de "brancos". As tropas que foram enviadas para a frente de batalha com a 92ª Divisão de Infantaria Americana, conhecida por *Buffalo Soldiers* (soldados búfalos), sofriam com a discriminação. Apesar de uma valorosa atuação na campanha italiana, apenas dois soldados da divisão receberam a *Medal of Honour*, a condecoração máxima do Exército americano.[204]

As colônias africanas da Grã-Bretanha e o Caribe, por sua vez, contribuíram com não menos de quinhentos mil soldados negros, a maioria destinada a fazer trabalhos pesados. Pelo menos três divisões africanas serviram na Birmânia. Em Adis Abeba, na Etiópia, quando duas companhias dos "Fuzileiros Africanos do Rei" chegaram aos arredores da capital em 1941, foram impedidas de entrar na cidade. O quartel-general britânico achou melhor usar tropas brancas da África do Sul. "Presunções e afirmações de superioridade racial estavam implícitas, quando não explicitas", escreveu o historiador britânico Max Hastings.[205]

A Índia enviou para os campos de batalha mais de 2,5 milhões de "voluntários". Mas também se levantou contra o domínio colonial britânico. Um exército de 55 mil soldados indianos foi formado pelo

líder esquerdista Subhas Chandra Bose e se aliou aos japoneses. Em 1943, uma "Assembleia das Maiores Nações Asiáticas Orientais" chegou a ser organizada em Tóquio.[206]

Muitas outras colônias britânicas lutavam por liberdade, como a Birmânia (onde milhares morreram de fome na crise de 1943) e o Egito. O capitão Anwar Sadat, futuro presidente egípcio, defendia a invasão alemã no Norte da África. Sadat escreveu: "Nosso inimigo era basicamente, e talvez exclusivamente, a Grã-Bretanha."[207] Não foi por menos que tanto o rei egípcio como o povo aguardava a vitória do Eixo; em janeiro de 1942, manifestantes saíram às ruas da capital aos gritos de "Avante, Rommel! Viva Rommel" para saudar o *Afrika Korps*. A Birmânia, assim como a Índia, também chegou a se aliar aos invasores japoneses.

SOLDADOS VICIADOS

Provavelmente um dos temas menos discutidos na vasta bibliografia da Segunda Guerra seja o uso indiscriminado de drogas entre os soldados combatentes. E uma nova droga sintética, o Pervitin, foi amplamente usada e distribuída principalmente durante a primeira fase da guerra. Isso porque tinha como substância ativa a metanfetamina, um estimulante que atua no sistema nervoso central, aumentando o estado de alerta, a autoestima e até mesmo o desejo sexual, diminuindo o apetite, a fadiga e a necessidade de dormir.

Desde as Olimpíadas de Berlim, em 1936, o Terceiro Reich adotara a prática de usar drogas estimulantes. Hitler permitiu que seus atletas fizessem uso deliberado de *doping* – esteroides ou anfetaminas – para obterem vantagens nas competições. O passo seguinte foi usar o Pervitin na Guerra Civil Espanhola. Os combates na Península Ibérica permitiram que os alemães fizessem os primeiros testes com seus soldados em linha de frente. Às vésperas da Segunda Guerra, o doutor Otto Ranke, da Academia Militar de Medicina, testou a substância em estudantes universitários e chegou à conclusão de que o uso da droga ajudaria a Alemanha a vencer a guerra.

Com o aval médico, entre abril e setembro de 1939, a indústria farmacêutica Temmler forneceu ao exército alemão 29 milhões de comprimidos de Pervitin, a "pílula do assalto". A Polônia caiu rapidamente, e a droga transformou-se em um vício entre as tropas. Nas campanhas seguintes da Wehrmacht contra Holanda, Bélgica, Luxemburgo e França, os soldados alemães consumiram 35 milhões de comprimidos de Pervitin e de uma versão modificada chamada Isophan, fabricada pela Knoll. Não foi à toa que o historiador francês Nicolas Rasmussen escreveu que "a Blitzkrieg alemã era alimentada por anfetaminas, tanto quanto era alimentada por máquinas".[208]

Como os tabletes de metanfetamina eram distribuídos em forma de barra de chocolate, entre os pilotos da Luftwaffe a droga ficou conhecida como *Fliegerschokolade* (chocolate de aviador) e, entre as Divisões Panzer, como *Panzerschokolade* (chocolate Panzer). Muitas vezes, os soldados também recebiam o Pervitin por injeção intravenosa. O ás alemão Ernst Udet tomava "punhados" do remédio, embora a dosagem normal fosse de apenas três miligramas por comprimido e com recomendação de cautela no uso.[209] Outro viciado no medicamento era Heinrich Böll, que depois da guerra se tornaria um escritor famoso, ganhador do Nobel da Literatura de 1972.

Böll estava tão dependente da droga que escrevia frequentemente para casa solicitando dosagens extras.

Mas os efeitos do uso prolongado de Pervitin logo se fizeram sentir. Além de uma necessidade de consumir doses constantes e cada vez maiores, mudança no humor, insensibilidade, perda dos padrões morais e oscilações entre euforia e depressão extremas começaram a aparecer. O uso indiscriminado transformava os soldados em "heróis verdadeiramente arianos", lutando sem cansar ou dormir por mais de 24 horas, mas tinha efeitos colaterais. Durante o cerco de Leningrado, apática, uma companhia inteira da SS entregou-se aos soviéticos sem lutar. Em 1943, o general Gerd Schmückle, da 7ª Divisão Panzer, depois da batalha de Zhytomyr, na Ucrânia, relatou "um estranho estado de intoxicação em que uma profunda necessidade de dormir duelou com o claro estado de alerta".[210]

Em 1944, os cientistas alemães já trabalhavam em uma droga mais potente. O professor Gerhard Orzechowski criou um novo estimulante chamado D-IX, um poderoso coquetel com cocaína, metanfetamina e Eukodal — um análogo sintético da morfina. Mas com a derrota alemã, a droga não pôde ser usada em larga escala.[211] É notório, no entanto, que os líderes nazistas, entre eles o próprio Hitler e o bonachão Hermann Göring, comandante da Força Aérea alemã, também faziam uso indiscriminado de drogas fortes. Göring era viciado em morfina.

O uso de estimulantes e drogas sintéticas não ficou restrito aos nazistas. Os finlandeses distribuíram a seus soldados nada menos que 250 milhões de tabletes de heroína entre 1941 e 1944. Japoneses, norte-americanos e ingleses também consumiram drogas estimulantes, principalmente a heroína, que era usada quase como aspirina. Na época não havia restrições quanto ao uso de drogas.

Segundo o pesquisador polonês Lukasz Kamienski, autor do livro *Shooting Up* [Atirando para o alto], o Exército Vermelho foi o único grande exército durante a guerra que não fez uso de drogas estimulantes, exceto o de uma bebida popular conhecida por "coquetel de trincheira", uma mistura de vodca e cocaína.[212] A vodca, aliás, fazia parte da ração diária distribuída aos soviéticos, principalmente no inverno. Quando os soldados de Stálin invadiram a Alemanha em

1945, quantidades imensas de álcool foram consumidas. O acesso às adegas e aos estoques de bebidas alemãs transformou-se em um problema sério para o comando da NKVD. Os soldados ingeriam até mesmo produtos químicos perigosos, retirados de fábricas e oficinas. "Os russos são absolutamente loucos por vodca e bebidas alcoólicas", afirmou um oficial alemão.[213] Não se admira que tenham cometido estupros coletivos e diversas outras atrocidades em Berlim e em demais cidades da Prússia Oriental e Pomerânia.

Zur Beachtung!

8. GUERRA DE INTELIGÊNCIA

Os Aliados usaram a BBC para transmitir mensagens ocultas e a língua dos navajos para seus códigos militares. A decifração do código da Enigma alemã, no entanto, foi fundamental para o esforço de guerra Aliado, mas tornou-se segredo mesmo depois do fim do conflito. Alan Turing, um dos responsáveis pela decodificação das mensagens Ultra, nunca entrou na lista dos heróis ingleses da guerra: ele era homossexual.

Na véspera do Natal de 2013, o matemático britânico Alan Turing recebeu o "perdão real", quase seis décadas após sua morte, ocorrida em 1954. O perdão da rainha Elisabeth II, garantido pela Prerrogativa Real de Compaixão, havia sido solicitado pelo ministro da Justiça britânico Chris Grayling, por considerar que o trabalho de Turing salvara milhares de vidas durante a Segunda Guerra.

Turing realmente fora um notável cientista, mas sua atuação em Bletchley Park, onde a Grã-Bretanha trabalhava na decifração dos códigos secretos nazistas durante a guerra, era totalmente desconhecida até meados da década de 1970. Ele era um problema para o governo britânico, e não apenas pelos segredos da Enigma que ele detinha e poderia revelar: ele era assumidamente gay, o que era crime no país. Depois da Segunda Guerra, ele foi condenado por atentado ao pudor e obrigado a tratar de sua "doença". Na época de sua morte, a polícia inglesa divulgou que ele cometera suicídio, mas é quase certo que sua morte foi causada por intoxicação devido à medicação usada na "castração química" imposta ao cientista.

GUERRA CLANDESTINA

Quando Churchill assumiu o governo da Grã-Bretanha em 1940, em meio à invasão da França pelos alemães, ele criou a Agência de Operações Especiais, o SOE. A ideia era um organismo que auxiliasse o Serviço Secreto Britânico (o SIS, também chamado de MI6)[214] a fomentar e a apoiar as ações antialemãs na Europa ocu-

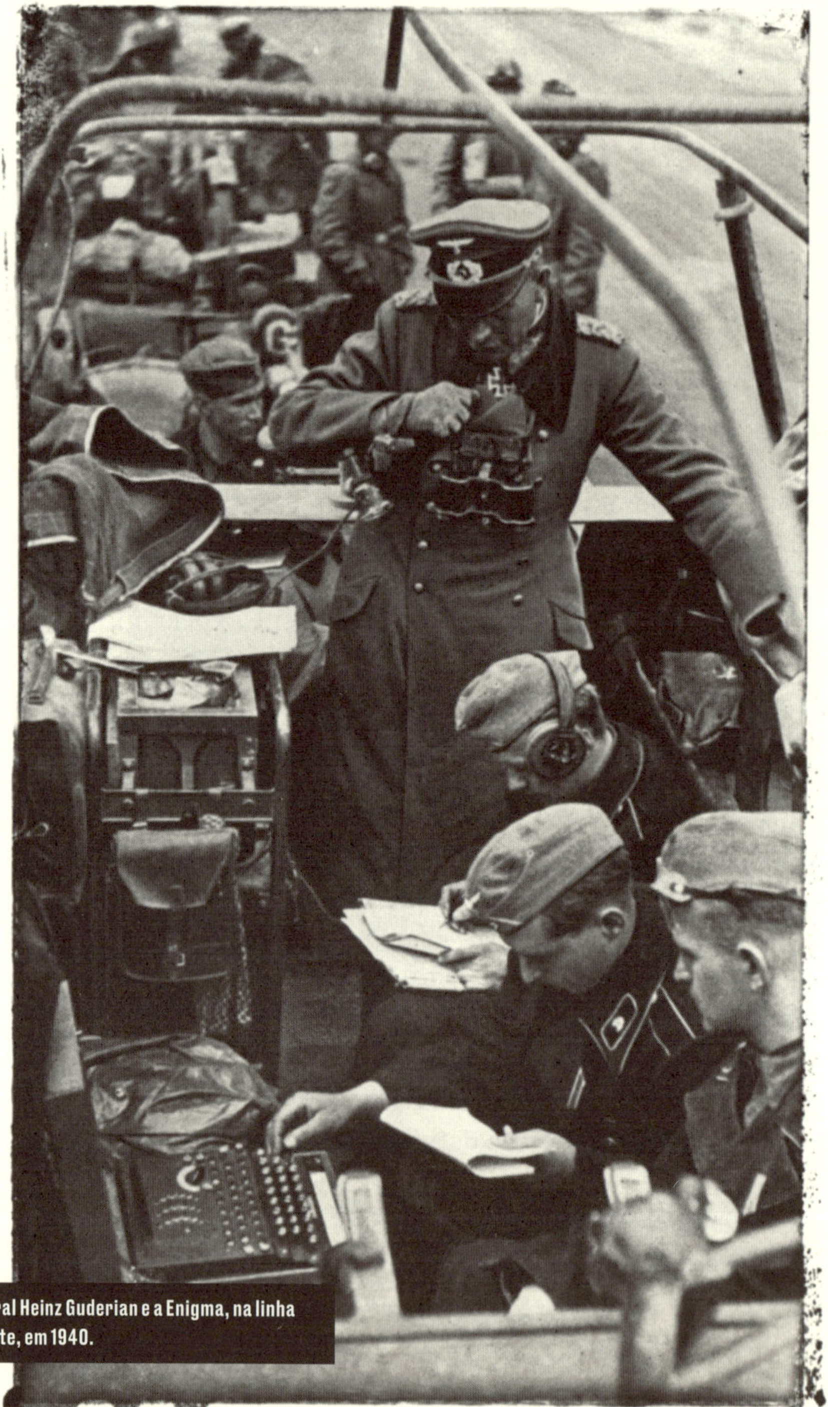

O general Heinz Guderian e a Enigma, na linha de frente, em 1940.

Alan Turing, o cientista homossexual que ajudou no esforço de guerra Aliado trabalhando em Bletchley Park, na decifração dos códigos da Enigma.

pada e criar uma guerra clandestina que captasse informações importantes do inimigo.

O SOE empregou aproximadamente 13 mil funcionários durante a guerra, sendo que cinco mil deles estavam infiltrados em países ocupados — um número bem alto se comparado às 837 pessoas que trabalhavam no quartel-general do SIS.[215] O trabalho exigia coragem e habilidade para sabotagem, combate sem armas, conhecimento de comunicação e códigos, fluência na língua nativa e, essencialmente, capacidade de aguentar prisões e torturas. Não era fácil encontrar pessoas com tantas qualidades, e as que eram recrutadas passavam um tempo em escolas preparatórias na Grã-Bretanha ou no Canadá. Aprender táticas de guerrilha e fuga, montar e disparar metralhadoras e explosivos e beber grande quantidade de bebida alcoólica sem se tornar um linguarudo era fundamental. Além do celebrado criador de James Bond, Ian Fleming, até mesmo um brasileiro "campeão de mergulho, especialista em judô e, acima de tudo, um don Juan" passou pelo SOE.[216]

Todas as provas, no entanto, não significavam êxito, as missões eram extremamente difíceis. Dos 144 agentes infiltrados nos Países Baixos entre 1940 e 1944, por exemplo, somente 28 sobreviveram. Havia também muitas traições e agentes duplos, que serviam aos dois lados combatentes. De toda sorte, o SOE obteve sucessos importantes, como o assassinato do líder da SS, Reinhard Heydrich, em Praga, em 1942, além de ações de sabotagem na Itália, na França e até mesmo na Alemanha. Também forneceu armamento aos mais de duzentos mil guerrilheiros comunistas iugoslavos que lutavam para expulsar os nazistas.

Um dos meios de comunicação entre o SOE e esses grupos de resistência foram as transmissões radiofônicas da BBC de Londres. As mensagens iam ao ar na programação noturna da emissora, às sete e meia da noite e às nove quando a rádio tocava como tema de abertura os primeiros acordes da Quinta Sinfonia de Beethoven (que correspondiam à letra V, de vitória, no código Morse: ponto-ponto-ponto-traço) e uma voz anunciava "Aqui estão algumas mensagens pessoais." Seguia-se a mensagem em código, com fraseologia estranha, como "A cadela de Barbara terá três cachorrinhos" ou "Romeu abraça Julieta", que apenas a resistência europeia tinha conhecimento do que se tratava (que três prisioneiros de guerra chegariam a Barcelona e um mensageiro chegaria à Suíça vindo de Toulouse, na França).[217]

A Agência de Operações Especiais também esteve envolvida em um dos maiores mistérios da Segunda Guerra: o voo do vice-Führer Rudolf Hess até a Inglaterra, em 10 de maio de 1941. Oficialmente, Hitler declarou que ele sofria de "perturbação mental" tão logo os ingleses noticiaram que o número dois da Alemanha nazista caíra de seu Messerschmitt Me-110 na Escócia. A maioria dos historiadores acredita na ideia de que Hess fosse um emissário de Hitler com uma proposta de paz, mas rejeita a atuação do Serviço Secreto Britânico. Negociações políticas nesse sentido já vinham acontecendo desde 1940, sem o sucesso esperado pelos alemães.[218] O historiador inglês Martin Allen, autor do livro *A missão secreta de Rudolf Hess*, no entanto, tem uma ideia bem diferente a respeito: a Grã-Bretanha usou Hess como isca.

O SO1, um braço do SOE, atraiu o líder nazista para uma suposta reunião com membros da oposição ao governo Churchill dispostos a negociar a paz. A missão tinha o codinome "Operação Srs. HHHH" (de Hoare, Halifax, Hess e Hitler, os principais envolvidos). O que os ingleses queriam, no entanto, era fazer Hitler acreditar na possibilidade de um acordo com os Aliados e atacar Stálin. Com Churchill fora do jogo e com a paz no Ocidente, Hitler poderia destruir a União Soviética e concretizar seu sonho de ser o maior alemão da história. "Antes de perder a Segunda Guerra Mundial, Adolf Hitler perdeu a guerra intelectual contra Winston Churchill", afirmou Allen.[219] O que é certo é que Hess estava longe de ser louco. Poucos dias antes, ele participara com Hitler e com o marechal do ar, Hermann Göring, de uma celebração no Reichstag, na qual o Führer prometeu um Reich de "mil anos". Preso pelos ingleses, Hess foi condenado à prisão perpétua, vindo a morrer em 1987, também em circunstâncias misteriosas: foi encontrado enforcado na cela da prisão de Spandau, em Berlim; oficialmente cometera suicídio.

O correspondente norte-americano do MI6 era o Escritório de Serviços Estratégicos, o OSS, criado por Roosevelt para coordenar as ações de inteligência durante a guerra e que mais tarde seria transformado no que se conhece hoje por CIA.[220] Tinha praticamente as mesmas funções, mas estava proibido de agir no hemisfério ocidental, que era área de ação do FBI. O OSS também financiou e deu apoio logístico a grupos guerrilheiros. Na luta contra os japoneses, o Escritório de Serviços Estratégicos municiou o líder vietnamita Ho Chi Minh e também o chinês Mao Tsé-tung, ambos comunistas declarados. Depois da guerra, os dois tornaram-se inimigos dos Estados Unidos.

O OSS também desenvolveu varias operações secretas de alto risco. Uma delas foi desempenhada pelo judeu-alemão Frederick Mayer. Em 1945, o sargento Mayer, junto com o radio-operador holandês Hans Wynberg, também judeu, e Franz Weber, ex-oficial da Wehrmacht, foram lançados de paraquedas próximo a Innsbrück, na Áustria, na Operação Greenup. A finalidade da Greenup era encontrar a *Alpenfestung* (Fortaleza Alpina), que os Aliados acreditavam ser um reduto escondido nos Alpes de onde Hitler e os líderes nazistas comandariam uma resistência final. Como era alemão, Mayer se passou por um oficial da Wehrmacht e conseguiu muitas informações, como detalhes do bunker de Hitler, em Berlim, e da fábrica que produzia os aviões a jato alemães. Wynberg transmitiu as informações ao OSS, assim como a notícia de que o "reduto" era um mito.[221]

Outro fato importante na guerra de inteligência militar dos Estados Unidos foi a ideia do engenheiro Philip Johnston de usar mensagens codificadas com base na língua da tribo indígena navajo. Como a língua era falada apenas em uma área restrita do continente norte-americano, por menos de cinquenta mil pessoas, ela por si só transformou-se em um código indecifrável para alemães e japoneses. Algo semelhante já havia sido usado com os chotaws na Primeira Guerra, mas por via telefônica. Até o final do conflito, o exército americano recrutou e treinou 420 navajos. Eles criaram um código com cerca de duzentos termos militares e um alfabeto para soletrar outras palavras. Assim, um submarino era descrito como "Besh-lo", peixe de ferro, e um comboio como "Tkal-kah-o-nel", andando sobre a água, entre outras excentricidades linguísticas. O major Hower Conner confirmou o sucesso do código: "Se não fosse pelos navajos, os fuzileiros jamais teriam tomado Iwo Jima."[222] A pequena ilha japonesa custou a vida de quase sete mil americanos, ferindo outros 19 mil.

A ENIGMA ALEMÃ

A máquina de criptografia mais famosa do mundo foi inventada na Alemanha em 1918 por Arthur Scherbius, inicialmente para que os bancos mantivessem em segredo transações financeiras. Dez anos depois, antes de Hitler assumir como chanceler, a Marinha e o Exército alemães já usavam a "Enigma", mas nessa época a máquina ainda era falha e não oferecia a segurança esperada.

Em 1933, já com os nazistas no poder, a Alemanha montou uma unidade de inteligência ligada a Luftwaffe, coordenada por Gottfried Schapper, que fora operador de rádio na Primeira Guerra e tinha experiência com criptografia e comunicações militares. Depois de inúmeras alterações, o modelo Enigma de 1937 passou a ser considerado seguro o suficiente para ser utilizado em uma guerra.

No tamanho e na forma, a Enigma lembrava muito uma máquina de escrever. Até o teclado era igual. Porém, as semelhanças acabavam por aí. Acima do teclado, em uma placa de madeira, havia um conjunto de luzes que correspondia às letras do alfabeto; dentro havia três tambores (ou rodas), cada um com letras do alfabeto ou os números de 1 a 26. Quando uma tecla era pressionada, uma luz na placa acendia e a letra era cifrada, então o primeiro tambor girava uma posição. Depois de um determinado número de voltas do primeiro tambor, o segundo girava uma posição, depois o terceiro e assim por diante. As versões militares mais complexas, com fiação interna e placas de conexões, podiam ter 160 trilhões de combinações cifradas que só podiam ser decifradas por outra máquina Enigma.[223]

O código começou a ser "quebrado" pelos poloneses em 1929, depois que uma versão civil foi parar, por engano, em Varsóvia. Pouco depois, o serviço secreto francês conseguiu de Hans Schmidt, que trabalhava no Ministério da Defesa, em Berlim, documentos que ensinavam a cifrar a máquina militar. Isso ajudou o engenheiro polonês Marian Rejewski a descobrir como decifrar o código em 1932. Durante os anos seguintes, os alemães continuaram a criar mecanismos mais complexos, e os poloneses a decifrá-los. No entanto, a Polônia não informou nada a seus aliados até 1939.

Nesse meio-tempo, Alan Turing entrou em cena. Eric Hobsbawm o descreveu como um "gênio de ar desajeitado e rosto pálido, então um professor assistente com queda pelo *jogging*".[224] Em 1937, Turing descreveu como um problema matemático podia ser resolvido por um "autômato universal" desde que lhe fornecessem informações apropriadas. A teoria da "Máquina de Turing" provou ser matematicamente viável, tornando-se uma das precursoras do computador. No ano seguinte ele se alistou na "Escola de Códigos e Cifras", em Bletchley Park, que ficava nos arredores de Londres e reunia a nata dos cientistas e matemáticos que trabalhavam na decifração dos códigos de guerra usados na Alemanha nazista.

Com a guerra em andamento, os decifradores Aliados que trabalhavam em Bletchley Park passaram a fazer parte de uma enorme corrente, tão complexa quanto os próprios códigos e mensagens cifradas. As informações decodificadas, chamadas de "Ultra" (de ultrassecreto), eram analisadas e enviadas ao MI6 inglês e daí encaminhadas para os comandantes de campo por meio das SLU, as Unidades Especiais de Ligação. Essas unidades acompanhavam de perto vários exércitos, não apenas britânicos, mas também de seus aliados norte-americanos. A tensão, a monotonia e a euforia ocasionais vividas por quaisquer soldados também eram realidade para os homens e mulheres em Bletchley Park. Era um trabalho extremamente cansativo, um jogo de gato e rato. No auge do conflito, Bletchley Park decifrava dez mil mensagens por dia. Elas eram classificadas em quatro categorias, conforme o grau de importância. O material mais urgente era despachado imediatamente. Um material de segunda categoria era repassado em até oito horas, enquanto o de terceira, apenas no dia seguinte. A quarta e última categoria não era repassada, mas arquivada como "bobagens".

Porém, nem sempre as mensagens eram decifradas e chegavam aos comandantes militares a tempo de serem utilizadas. Quando a campanha alemã contra a França teve início, em 1940, os Aliados já haviam quebrado o código "amarelo" da Enigma para a operação, mas o avanço da Wehrmacht foi tão rápido e desconcertante, e o processamento ainda lento, que nada pôde ser feito efetivamente. Muitas mensagens decifradas continham planos estratégicos detalhados, mas se tornavam obsoletas. Ann Harding, que trabalhou na decifração do código naval alemão, escreveu: "Nossa primeira grande descoberta foi que os alemães invadiriam a Noruega. Não foi de grande ajuda, pois eles já estavam invadindo."[225]

Algumas mensagens podiam ser obsoletas, mas ainda assim tinham utilidade. Uma delas era entender como o inimigo pensava e agiria, o que possibilitava prever os passos seguintes e antecipar operações. Henry Graff, oficial americano e tradutor das mensagens cifradas japonesas, afirmou que se sentia no "centro do universo" lendo a correspondência trocada entre embaixadas inimigas: "As mensagens de Oshima, transmitidas de Berlim, e sempre refletindo suas conversas com Hitler e Albert Speer, pareciam vir do coração do inimigo maligno que estávamos combatendo."[226]

Em março de 1940, Turing construiu a primeira "bomba", máquina que podia ler e analisar inúmeras configurações da Enigma, que foi chamada de "Vitória". Com a rapidez e a eficiência da complicada máquina de decodificação, os resultados apareceram imediatamente. Cinco meses depois, outra bomba ficou pronta, e logo haviam dezenas delas funcionando. Frederick Winterbotham, capitão responsável por Bletchley e autor de um dos primeiros livros sobre a Enigma, em 1974, declarou: "O milagre havia acontecido." Winterbotham chamava as bombas de Turing de "Deusas de Bronze", devido à cor delas.[227]

Mas ler e interpretar os códigos era extremamente difícil, pois não se tratava de decifrar um único código. Por questões de segurança, a Luftwaffe, a Marinha, o Exército e o Ministério do Exterior alemão tinham configurações diferentes e frequentemente alteradas — mais de duzentas ao todo.[228] Em 1942, o volume de mensagens recebidas era tão grande que a "Station X", como Bletchley era chamada pelo SIS, transformou-se em um "centro industrial" com seis mil pessoas trabalhando em casas geminadas denominadas "cabanas". No ano seguinte, surgiu a Colossus, projeto do engenheiro Tommy Flowers com base nas ideias propostas por Turing em 1937. Com 1.500 válvulas, o computador programável de Flowers-Turing podia processar cinco mil caracteres por segundo e decifrar o código da Enigma em menos de meia hora, o que era extremamente importante para os exércitos Aliados.[229]

Manter as mensagens Ultra em segredo era essencial para o esforço de guerra Aliado. Churchill conseguiu que somente 31 pessoas soubessem que os agentes de Bletchley tinham decifrado o código da Enigma, dando ao fato o codinome "Boniface" para induzir o inimigo a pensar que todas as informações provinham de um único agente ou de um grupo de agentes específico. O segredo foi tal que uma das pessoas não informadas sobre o projeto Ultra foi Hugh Dalton, ninguém menos do que o próprio diretor do SOE.[230]

Apesar do sucesso alemão em desenvolver a Enigma, o erro fatal nazista foi desdenhar da possibilidade de que os Aliados estivessem lendo suas mensagens e continuar repetindo operações que facilitavam a decodificação. O historiador inglês Michael Paterson escreveu que "por tradição, a mente militar alemã não aprovava, ou apreciava, tais artimanhas. Por isso, ao longo da guerra, muitos oficiais ignoraram oportunidades em que poderiam fazer uso valioso da inteligência".[231] O lado Aliado não teve o mesmo pudor. A possibilidade de saber antecipadamente das ações do inimigo era sua maior arma contra o Eixo, e não havia motivos para descartá-la. Churchill deliciava-se com elas. Certa vez, em uma visita à frente de batalha, ele sentou-se com A.L. Thompson, membro da SLU, colocou as mãos sobre o ombro do oficial e disse: "Vamos lá, meu amigo, conte-me como está indo a guerra."[232]

No final do conflito na Europa, em maio de 1945, a pedido do primeiro-ministro, Winterbotham enviou uma mensagem a todos os comandantes Aliados em todos os teatros de operações: todos deveriam manter segredo sobre a "fonte mais secreta" de Churchill.[233] O governo britânico proibiu qualquer referência às mensagens Ultra até 1974, o que formou heróis sem merecimento. Muitos generais Aliados foram elevados à categoria de gênios militares, mas ocultaram que suas estratégias baseavam-se no conhecimento prévio das ações do inimigo. É o caso do marechal Bernard Montgomery, que derrotou Rommel no deserto africano. A "Raposa do Deserto" caiu mais por eficiência de Bletchley do que pela habilidade do arrogante "Monty". Não há dúvidas de que o trabalho dos decifradores dava ótimos resultados para os Aliados. O grande encouraçado alemão Bismarck, orgulho da *Kriegsmarine*, foi afundado e a rota de suprimentos da Europa foi mantida a salvo dos U-boats graças a Bletchley. O oficial da RAF, John Slessor, não tinha dúvidas: "Os verdadeiros vencedores da batalha do Atlântico foram Ultra e o radar."[234] Fato confirmado pelo almirante Karl Dönitz depois da guerra, quando se soube que os nazistas haviam quebrado o código da Marinha Real entre 1942 e 1943 e os submarinos alemães voltaram a afundar navios Aliados em grande quantidade. Um novo ajuste e Bletchley retomou o controle da situação. As mensagens Ultra também revelaram todas as posições alemãs na Normandia, permitindo que o Dia D, em 1944, fosse um sucesso com reduzido número de baixas.

Os ingleses também tentaram enviar informações a Moscou sobre a invasão alemã que ocorreria na primavera de 1941. Depois da queda da França, Churchill enviou uma mensagem a Stálin na tentativa de aproximação e na esperança de que o ditador soviético desfizesse o acordo com Hitler. Relatava a ameaça da hegemonia alemã no continente europeu e preconizava destruir Hitler e "libertar a Europa". O próprio embaixador inglês em Moscou, Stafford Cripps, entregou a mensagem, mas Stálin não via o perigo alemão "sob a mesma luz que Churchill".[235] Na verdade, Stálin já tinha em mente um plano para invadir a Alemanha antes que Hitler tomasse a iniciativa contra a União Soviética. Foi provavelmente o segredo mais bem guardado da Segunda Guerra, tornando-se público e detalhado somente na década de 1990. A ideia provavelmente surgiu no começo do ano, mas a primeira versão do plano só ficou pronta em agosto de 1940 e levava as assinaturas dos generais Boris Shaposhnikov e Semyon Timoshenko.[236] A diretiva número 21 de Hitler, quando ele ordenou a preparação da Barbarossa, é datada de quatros meses depois, 18 de dezembro de 1940. Stálin estava prestes a invadir a Alemanha quando Hitler atacou primeiro, em 22 de junho de 1941. De qualquer forma, o MI6 continuou a repassar informações sobre as movimentações das tropas alemãs para os russos.

A última mensagem de Hitler interceptada por Ultra foi enviada em 15 de abril de 1945: "Mais uma vez o bolchevismo sofrerá a mesma sorte da Ásia: soçobrará na capital do Reich. Berlim continua alemã, Viena será alemã outra vez e a Europa jamais será russa."[237] Em menos de um mês, a guerra na Europa tinha terminado.

PEARL HARBOR

A "Bletchley americana" ficava em Arlington Hall, uma mansão nos arredores de Washington. Mas havia diversas Bletchleys espalhadas ao redor do globo. Havia bases em Nova Déli, na Índia, em Anderson, no Ceilão, em Mombaça, no Quênia, e em Brisbane, na Austrália, entre muitas outras.

Se os alemães tinham certeza de que os códigos da Enigma eram seguros, os japoneses não tinham tanta convicção e faziam uso de uma infinidade incrível de códigos (que eram aplicados em Enigmas alemãs que haviam sido compradas pelo Japão). O agente norte-americano Alan Stripp, que trabalhou em Brisbane, afirmou que em determinado momento da guerra "havia pelo menos 55 sistemas diferentes usados pela Marinha, Exército e diplomacia, dos quais 24 navais e 21 do Exército tinham sido identificados."[238] Para cada um desses códigos havia necessidade de livros correspondentes, usados tanto pelos transmissores quanto pelos receptadores. Para surpresa americana, quando um submarino japonês foi capturado em 1942, descobriu-se que transportava "duzentos mil livros de códigos".

A decifração dos códigos japoneses, principalmente o JN25, o código mais importante, permitiu aos norte-americanos derrotar facilmente as forças japonesas. Em abril de 1942, o almirante Nimitz, comandante-chefe do Pacífico, recebeu a informação de que a frota japonesa se dirigia para Port Moresby, na Nova Guiné, de onde atacaria a Austrália. Nimitz preparou uma emboscada, e a batalha do Mar de Coral foi travada apenas por aviões, sem que os navios se avistassem. Foi a primeira desse tipo na história. Em junho, foi a vez de Midway, batalha decisiva em que o Japão perdeu quatro porta-aviões e as chances de vencer a guerra. Um ano depois, em 1943, os americanos interceptaram uma mensagem sobre a rota de voo do almirante Isoroku Yamamoto, o homem que havia projetado o ataque a Pearl Harbor. Dezoito caças Lightning P-38 partiram de Guadalcanal e abateram o avião de Yamamoto. Os japoneses nunca desconfiaram que o código JN25 havia sido decifrado.[239]

O ataque japonês à base americana no Havaí, em dezembro de 1941, também não foi uma surpresa completa. Havia um ano que os Aliados tinham o código japonês. Em 9 de outubro, dois meses antes do ataque a Pearl Harbor, Washington decifrou uma mensagem-código de Tóquio enviada ao almirante Kita sobre os porta-aviões da esquadra americana no porto havaiano. Antes ainda, em setembro, os ingleses em Bletchley já haviam interceptado mensagens do embaixador japonês em Berlim. Hitler garantira a ele que, no caso de um confronto entre Japão e EUA, a Alemanha declararia guerra aos americanos.[240] No entanto, segundo informou mais tarde o general Georg Marshall, a mensagem com as informações sobre o ataque (deliberadamente ou não) só chegou ao Havaí no dia seguinte à ação japonesa.

Foi mais fácil e útil responsabilizar os defensores da base do que revelar o conhecimento dos códigos. Churchill e Roosevelt esperavam ansiosamente por uma oportunidade como a dada pelos japoneses. Depois da guerra, em 1953, o almirante Husband Kimmel, comandante-chefe da Frota do Pacífico na época do ataque, ainda se defendia da acusação de incompetência que Washington lhe fez. Seu colega de farda o defendeu, sem sucesso: "Se tivéssemos acesso às mensagens Magia que revelavam claramente as intenções japonesas (...) a esquadra não se encontraria, nessa data, em Pearl Harbor."[241] Kimmel afirmou que "aqueles que dispunham de toda a autoridade" na capital seriam julgados pela história como "quaisquer outros criminosos".

A/110

9. MULHERES NA GUERRA

Enquanto os Aliados levaram o sexo feminino à guerra, atuando em fábricas, enfermarias, escritórios e, até mesmo, como soldados, a ideologia nazista ainda considerava que as mulheres deveriam permanecer longe de questões políticas e militares. A mulher alemã deveria ser o alicerce da família, cuidar da casa e gerar filhos.

Quando a Segunda Guerra teve início, em poucos países do mundo as mulheres tinham direitos civis e cidadania plena. A participação na vida política era uma conquista recente. Nos Estados Unidos, o direito ao voto fora concedido às mulheres maiores de 21 anos (apenas em alguns estados) em 1913. Na Europa, países como Finlândia, em 1906, e Noruega, em 1913, foram os pioneiros no direito feminino ao sufrágio. A Nova Zelândia foi o primeiro país a conferir esse direito político em termos nacionais, em 1893. Depois da Primeira Guerra, Alemanha, Áustria, Dinamarca, Holanda e Canadá fizeram o mesmo. Na Inglaterra, as mulheres puderam votar a partir de 1918, mas somente as casadas, as chefes de família com nível universitário e as maiores de trinta anos. Apenas dez anos depois é que o Parlamento inglês aprovou igualdade de condições com o voto masculino.

Na Rússia, a Revolução de Outubro, em 1917, não só concedeu o direito ao voto, como também estabeleceu a igualdade entre os cônjuges, a legalização do divórcio e do aborto e a licença-maternidade. Segundo Carla Bassanezi Pinsky e Joana Maria Pedro, historiadoras da USP, tais leis "promoveram uma transformação profunda nas relações familiares e possibilitaram a cidadania e autonomia das mulheres de uma maneira como até aquela data não havia ocorrido".[242] O problema para as russas foi que, logo em seguida, Stálin aboliu a maioria dos direitos femininos — e também os masculinos. O mesmo aconteceu com as espanholas com a ditadura de Franco. Em alguns países, como a Itália e a França, as mulheres só conseguiram direito ao voto com o final da Segunda Guerra. E o sempre carola Portugal só concedeu esse direito às mulheres em 1976.

LOURAS DESLUMBRANTES, DE ANCAS LARGAS

Na Alemanha, os nazistas retiraram todos os avanços feministas do período entreguerras. Na ideologia de Hitler, a mulher alemã devia ser, antes de tudo, dona de casa e mãe. A velha teoria dos três K: *Küche, Kinder und Kirche* (cozinha, filhos e igreja). Por essa razão, uma lei de 1937 proibiu que mulheres fossem empregadas na administração. O historiador inglês Martin Kitchen afirma, no entanto, que "o Terceiro Reich não era exatamente o inferno misógino retratado por alguns historiadores feministas, mas tampouco era o paraíso".[243] Pouco antes da guerra, metade das mulheres alemãs trabalhava fora, um número alto comparado aos Estados Unidos (25%) e à Grã-Bretanha (45%). Em 1941, havia 15 mil creches no país. E as mulheres que tinham emprego fixo recebiam seis semanas de licença-maternidade remunerada, algo que não ocorria em nenhum outro lugar. Tudo porque a reprodução era considerada uma bênção para o regime, sendo extremamente estimulada pelo governo. O aniversário de nascimento da mãe de Hitler, 12 de agosto, foi escolhido para celebrar a "Festa das Mães Alemãs". Nesse dia, as mães de famílias numerosas eram condecoradas com a Cruz de Honra da Mãe Alemã: a de bronze era dada às que tivessem de quatro a seis filhos; a de prata, de seis a oito filhos; e a cruz de ouro, àquelas que dessem ao Reich mais de oito filhos.[244] Na primeira premiação, no Dia das Mães de 1939, três milhões de alemãs receberam medalhas.

O ideal nacional-socialista de beleza da mulher alemã era a "loura deslumbrante, de ancas largas, com cabelos amarrados atrás da nuca ou trançados e formando uma coroa na cabeça" – o que caracterizou tanto a *Nationalsozialistische Frauenschaft* (Liga das Mulheres Nazistas) quanto a *Bund Deutscher Mädel* (Liga das Jovens Alemãs). O corpo atlético era exaltado, enquanto a maquiagem era considerada "não alemã". Quem insistisse em usar corria o risco de ser tachada de prostituta.

O sexo não seria mais uma atividade pessoal, mas um "dever sagrado", voltado para fins mais elevados: a reprodução de seres superiores. Por isso, para se casar, o soldado da SS, a elite guerreira do regime nazista, precisava de autorização especial, que deveria vir diretamente de Heinrich Himmler, conforme uma lei de 1932, a Ordem A65. As mulheres "candidatas" se enquadravam em três categorias: "perfeitamente adequadas para a seleção", "medianamente adequadas" ou "totalmente inadequadas". E a "autorização matrimonial" só vinha depois do preenchimento adequado de vinte itens de ordem fisionômica, como a estatura dos candidatos, "em pé e sentados", a forma do crânio, a cor e a disposição dos olhos, a curvatura do nariz, o comprimento dos membros, a dimensão do tórax dos homens e da bacia das mulheres etc.

Himmler fazia questão de cumprir uma antiga tese defendida pelo doutor Schallmayer, de que "os guerreiros que voltam do front deveriam ter a possibilidade de dispor de várias mulheres".[245] Por isso, a SS criou os *Lebensborn* (fonte de vida, literalmente), com a ideia de reproduzir arianos perfeitos por meio do relacionamento entre indivíduos "aptos". O historiador Marc Hillel chamou a instituição de "espécie de haras nacional", onde as mulheres "perfeitamente adequadas" geravam filhos com arianos típicos, dentro dos padrões exigidos. A direção da instituição coube ao médico da SS Gregor Ebner. Mais de trinta *Lebensborn* foram criados na Alemanha, Áustria, Bélgica, Holanda, Luxemburgo, Noruega, Dinamarca e Polônia. Só na Alemanha nasceram cerca de 12 mil bebês.

Como os números eram insuficientes para os planos de Himmler, a SS sequestrou, em países ocupados, crianças que correspondiam às características desejadas. Cerca de duzentos mil loiros de olhos azuis foram sequestrados (principalmente na Polônia) durante a Segunda Guerra e levados à Alemanha ou a novos assentamentos no leste a fim de colaborar com a germanização.[246] Depois da guerra, vinte mil dessas crianças foram recuperadas pelo governo polonês na zona de ocupação soviética da Alemanha e seis mil nas zonas de ocupação dos Aliados ocidentais.

Inglesa Peggy Hyland trabalhando em uma fábrica durante a guerra, março de 1943.

MULHERES NA GUERRA

O ideal da mulher alemã como reprodutora começou a declinar quando a balança da vitória começou a pender para o outro lado. Depois de quatro anos de guerra, novecentas mil mulheres foram finalmente recrutadas para as frentes de trabalho. Os Aliados levaram menos tempo que os alemães para perceberem a importância da mulher no esforço de guerra. Porém, na Inglaterra e nos Estados Unidos, a participação delas esteve ligada às atividades da retaguarda. Até aquelas que alcançavam postos administrativos elevados sofriam com a resistência dos colegas de farda. O almirante Nimitz, por exemplo, não aceitava mulheres em sua equipe.

Mesmo enfrentando preconceito, elas atuaram. Pelo menos três mil trabalharam como empregadas na codificação ou decodificação de mensagens secretas na Grã-Bretanha.[247] Em Liverpool havia um batalhão feminino, todas especialistas em línguas estrangeiras, responsáveis pelas cartas dirigidas a países neutros ou aliados. Elas também eram responsáveis pela censura da correspondência dos soldados. Em Norfolk, onde havia mais de cem aeródromos da RAF e da Força Aérea americana, a base do Comando de Bombardeiros contava com cerca de 2.500 funcionários, dentre os quais cerca de quatrocentas mulheres. Elas trabalharam ainda como voluntárias na Guarda Doméstica. Fora das atividades militares, atuaram nas fábricas de uniforme, de armamentos e em estaleiros. Em 1942, havia quase sete milhões de mulheres nas frentes de trabalho, atendendo ao chamado "Mulheres da Grã-Bretanha, venham para as fábricas".

Nos Estados Unidos, próximo do fim da guerra, vinte milhões de mulheres trabalhavam, um aumento de quase 60% em relação à situação anterior ao ataque de Pearl Harbor, em 1941. Todavia, recebiam salários consideravelmente menores do que os homens (em média vinte dólares a menos, em uma época em que o salário do trabalhador norte-americano girava em torno de 55 dólares por semana).

Na Rússia, elas eram chamadas de "combatentes de macacão", devido à roupa de brim utilizada nas fábricas. Klavdiya Leonova, que trabalhava em uma fábrica de tecidos em Moscou, disse que não havia "vida pessoal fora da fábrica". Trabalhava-se em turnos de doze horas, às vezes mais. "Não morríamos, mas estávamos sempre com fome."[248] Depois da invasão alemã, as mulheres soviéticas acompanharam as mais de 1.500 fábricas levadas das áreas ocidentais da União Soviética para a região dos Urais, a milhares de quilômetros de distância da linha de frente.

Mas não fugiram da guerra. O Exército Vermelho foi o único grande exército que utilizou regularmente mulheres na frente de batalha, cerca de novecentos mil "soldados de saias". Pouco mais de noventa entraram para o seleto grupo de "Heróis da União Soviética".[249] Um oficial da Wehrmacht escreveu sobre elas em Stalingrado: "As mulheres russas há muito tempo vêm sendo preparadas para tarefas de combate e para ocupar qualquer posto de que seria capaz uma mulher."[250] E elas combatiam como "feras", escreveu outro alemão. As tarefas femininas consistiam em atuar como enfermeiras de campanha, pilotos na aviação, em baterias antiaéreas e como atiradoras de elite. A *sniper* ucraniana Lyudmila Pavlichenko matou 309 alemães.

A sniper ucraniana Lyudmila Pavlichenko matou 309 alemães.

Tinha apenas 25 anos. No total, as atiradoras soviéticas foram responsáveis por mais de 11 mil mortes de oficiais e de soldados nazistas.

SEX SYMBOL

Um seleto grupo de mulheres encontrou o glamour na guerra. A loura berlinense Marlene Dietrich foi, sem sombra de dúvida, a mais célebre das estrelas do cinema americano a atuar como produto da propaganda Aliada contra o nazismo. Ela trocou a Alemanha por Hollywood em 1933. Seis anos mais tarde, apesar dos protestos nazistas, naturalizou-se americana. Contratada pelo Exército para "entreter as tropas e lhes manter o moral", desembarcou no Norte da África e apareceu pela primeira vez em abril de 1944, na Ópera de Argel. Diante dela, dois mil soldados norte-americanos extasiados. O "Anjo Azul", como Marlene ficou conhecida devido ao filme *Der Blaue Engel*, de 1930, o primeiro grande filme do expressionismo alemão, acompanhou os exércitos estadunidenses pela Itália, França, Bélgica e também pela Alemanha. Depois da guerra, quando um jornalista perguntou se entre seus inúmeros casos amorosos esteve o comandante supremo das Forças Aliadas na Europa, Dwight Eisenhower, ela respondeu: "Como seria possível? Ele nunca estava na frente de batalha!"[251]

Como Dietrich renegou a Alemanha e o nazismo, Goebbels, o ministro da Propaganda de Hitler, encontrou uma substituta à altura: a sueca Zarah Leander. Para o historiador francês Claude Quétel, Leander tinha uma voz "profundamente erótica e nostálgica". E ainda que o mago do marketing alemão não gostasse das letras de suas músicas, fez da cantora a atriz "*sex symbol* do Terceiro Reich".[252] Hitler era fascinado por Leander, mas não fazia a menor ideia de que ela era uma espiã soviética.[253] Os soldados alemães tinham especial apreço por *Ich weiss es wird einmal ein Wunder gescheh'n* (Sei que um dia um milagre vai acontecer), que ia ao ar no programa dominical *Wunschkonzert für die Wehrmacht* (Peça um concerto para a Wehrmacht).[254] Com enorme sucesso na Alemanha, Leander não aceitou o convite dos estúdios norte-americanos por questões óbvias. Permaneceu a serviço do cinema nazista até 1943, quando sua mansão em Berlim foi destruída pelos bombardeios Aliados e seus serviços já não faziam mais sentido para os russos. Com apoio da NKVD, Leander retornou definitivamente para a Suécia.

Os alemães pareciam ter uma queda por estrangeiras, ou pelo menos por estrangeiras com sangue alemão. Outra estrela do cinema alemão era Olga Knipper, mais conhecida pelo sobrenome do ex-marido Mikhail Tchekov, sobrinho do grande escritor russo Anton Tchekov. Olga Tchekova, que recebeu, em 1936, o título de "Atriz do Estado" do Terceiro Reich, era descrita por Goebbels em seu diário quase sempre como "uma mulher encantadora". Hitler também era admirador de seu trabalho, e uma fotografia de Olga ao lado do líder nazista, em uma recepção em 1939, sugeriu uma proximidade entre a atriz e o Führer que o historiador Antony Beevor acha pouco provável. Assim como pouco provável é sua atuação como espiã dos soviéticos — ou pelo menos deixava a desejar quanto à qualidade de suas informações. Não era nazista, tampouco comunista. "Ela provavelmente tinha tanta noção do paradeiro de Hitler quanto qualquer habitante de Berlim", escreveu Beevor.[255] O irmão de Olga Tchekova, Lev Knipper, esteve mais inteiramente envolvido em questões de espionagem. Beria, o cruel chefe da NKVD, ordenou que o general Pavel Sudoplatov, comandante do "Grupo de Missões Especiais", organizasse uma missão em que Knipper e sua mulher assassinassem Hitler quando Moscou caísse em mãos alemãs e o Führer entrasse na capital russa. Moscou nunca caiu e não há nada que indique o envolvimento de Olga.[256]

Como parte do trabalho de propaganda, ela também fazia visitas à linha de frente, a exemplo de Dietrich entre os Aliados. Foi assim que encontrou um de seus amantes, um piloto da Luftwaffe. Ao final da guerra, foi presa e interrogada pela NKVD; encerrou a carreira como atriz em 1974.

As estrelas do Terceiro Reich eram conhecidas como os "brinquedinhos de Goebbels", que as selecionava tanto por aptidões quando por caprichos pessoais. Os alemães tinham até uma piada para o apetite sexual de seu ministro; diziam que ele não dormia na própria cama, mas em sua própria e grande "boca" (*Klappe* em alemão serve como gíria tanto para boca quanto para claquete). Goebbels era baixinho, coxeava da perna direita (que era menor do que a esquerda, motivo pelo qual precisava usar um aparelho ortopédico), tinha os pés tortos e ainda por cima não era louro. Estava longe de ser o alemão ideal que seu ministério pregava no cinema. Apesar de seu apetite sexual, algumas atrizes se decepcionaram com sua superioridade racial. A atriz Irene von Meyendorff, uma estonteante loura alemã étnica, nascida na Estônia, afirmou certa vez que o ministro de Hitler era dono de uma "minhoquinha".[257] De qualquer modo, para trabalhar em Babelsberg, próximo a Potsdam, a sudoeste de Berlim, onde ficavam os estúdios da UFA, a grande produtora de filmes da Alemanha nazista, era preciso ceder aos caprichos do ministro da Propaganda.

A família do "Bode de Babelsberg", outro apelido dado a Goebbels, por outro lado, era o ideal alemão a ser seguido. Sua mulher Magda Goebbels era considerada a esposa modelo nazista, a primeira dama do regime — e não apenas por suas características puramente alemãs e grande número de filhos. Magda provou sua lealdade a Hitler até os últimos dias do Terceiro Reich, quando matou os seis filhos envenenados no bunker antes de ela e o marido cometerem suicídio. Magda achava impossível viver em um mundo sem Hitler e o nacional-socialismo. Todos os filhos tinham nomes iniciados com a letra H, em homenagem a Hitler.

Se o cinema alemão era dominado por "estrangeiras", na música uma estrela alemã brilhava sobre todas as outras: Lale Andersen. Sua versão para "*Lili Marleen*", cuja letra original datava da época da Primeira Guerra, tornou-se um clássico da guerra em ambos os lados. Nem mesmo a versão de Marlene Dietrich a superou.

As tropas britânicas também tinham sua musa: Vera Lynn, "a namorada dos soldados". Era mais do que um slogan publicitário, escreveu um historiador, era "uma realidade da psicologia social". Como cantora contratada pela BBC de Londres, a principal emissora de rádio na Europa, Lynn tornou-se uma das vozes femininas mais conhecidas do mundo.

No Japão, a "Rosa de Tóquio" era Iva Toguri, uma americana de Los Angeles que emprestou a voz à Rádio Tóquio e à propaganda japonesa antiamericana no Pacífico. Na verdade, Toguri era uma dentre as quase trinta vozes femininas que atuavam na rádio que visava abalar o moral Aliado com frases e perguntas como: "O que acham que fazem suas mulheres nos Estados Unidos com os conversíveis e os reservistas?"[258] Toguri foi presa depois da guerra, acusada de traição; foi libertada em 1956.

PROSTITUIÇÃO, BORDEIS E COLABORAÇÃO HORIZONTAL

Como não podia ser diferente, o sexo também se transformou em moeda de troca e garantia de sobrevivência. A profissão mais antiga do mundo entrou na moda. Em junho de 1940, pouco depois da ocupação de Paris, Himmler requisitou quarenta bordeis para o uso das tropas alemãs. Os mais chiques, o *Le Chabanais* e o *One-Two-Two*, serviam aos oficiais. Quase três mil prostitutas tinham as carteiras de inspeção exigidas pelas SS de Himmler e mais de 1.800 delas trabalham em casa atendendo até quarenta clientes por dia. Os prostíbulos de luxo, enumerados em guias escritos em alemão, passaram a funcionar a pleno vapor, satisfazendo a ideologia higienista dos nazistas.

Calcula-se que, durante a ocupação alemã, cem mil mulheres francesas se tornaram prostitutas ocasionais para servir à clientela nazista (o que ficou conhecido como "colaboração horizontal"). Nesse período, nasceram duzentos mil bastardos. Um oficial alemão declarou a um magistrado francês: "Suas mulheres, até seus filhos, seu país não é mais seu!" Um francês denunciou o outro porque "a filha é a prostituta dos boches".[259] Muitas se especializaram em atender o alto escalão nazista, como Florence Gould. Casada com o milionário Frank Jay Gould, ela promovia encontros no Hotel Bristol, nas chamadas "quintas-feiras de Florence". A atriz Arletty, presa por colaboracionismo, mas solta para as gravações de um filme, teria dito: "Meu coração é francês, mas meu traseiro é internacional."

Os nazistas tinham tamanha preocupação com sexo que até para os prisioneiros de campos de concentração havia bordéis. O historiador alemão Robert Sommer identificou 210 mulheres que foram obrigadas a trabalhar como prostitutas em dez campos. A maioria delas era nascida na Alemanha e estava presa como "antissocial", mas havia ucranianas, polonesas e bielorrussas. Himmler acreditava que os prisioneiros alemães trabalhariam melhor se praticassem sexo com frequência. (O sexo, obviamente, era proibido para judeus e prisioneiros soviéticos.) As mulheres atendiam por duas horas e cada prisioneiro tinha apenas 15 minutos.[260]

Na Ásia, somente com a ocupação de Nanquim, os japoneses recrutaram mais de cinco mil chinesas como "mulheres de conforto", ou "mulheres de alívio". Não há números exatos, mas estima-se que duzentas mil mulheres chinesas, coreanas, filipinas, malaias e de outros países ocupados tenham servido como escravas sexuais durante a guerra. Os japoneses também se preocuparam com o sexo em casa. Em 1945, quando os americanos ocuparam o país, o governo do Japão criou "Instalações para Recreação" na esperança de satisfazer o ímpeto sexual dos vencedores e livrar as moças de boa família, o que resultou em 13 mil bebês mestiços apenas em Kansai e outras três mil mulheres japonesas com filhos negros em Yokohama.[261]

Até em países que não sofreram ocupação militar a prostituição se proliferou. Em 1943, os Aliados reuniram na Grã-Bretanha uma enorme quantidade de material bélico e tropas destinadas à grande invasão do continente Europeu no ano seguinte. Aproveitando o momento favorável, um grupo igualmente grande – e não militar – passou a se reunir em torno de Piccadilly, no centro de Londres. "As combatentes de Piccadilly", as prostitutas inglesas, eram tantas e tão persuasivas com os jovens recém-chegados que o episódio quase gerou uma crise diplomática entre os governos Aliados. Mas os GIs, como eram chamados os soldados americanos, eram jovens, estavam longe de casa e ansiosos para "se darem bem". As inglesas não perdoaram: "Muito dinheiro, muito sexo, muito tempo por aqui."[262]

Após a guerra, pela Europa inteira e também no Japão, mulheres que haviam dormido com alemães e japoneses tiveram seus cabelos cortados, os corpos pintados com piche e muitas foram espancadas até a morte. Aquelas que haviam colaborado, na maioria das vezes forçadas ou na esperança de se manterem vivas, foram marginalizadas e excluídas da sociedade pós-guerra. Eram culpadas de "indignidade nacional", tornaram-se indesejáveis.[263] Na França libertada, em agosto de 1944, cerca de vinte mil jovens foram humilhadas, apedrejadas, cuspidas e tiveram as cabeças raspadas em praça pública. Na China e na Coreia, um número grande cometeu suicídio por causa das humilhações e pela incapacidade de serem aceitas novamente em um lar.

Na Alemanha, Ursula von Kardorff escreveu que, mesmo depois que todos os horrores tivessem passado, quando os homens voltassem dos campos de prisioneiros, eram elas, as mulheres, que teriam a tarefa mais dura da guerra, "dar compreensão e conforto, apoio e coragem a tantos homens completamente derrotados e desesperados".[264]

OS DIÁRIOS DE ANNE FRANK

O livro best-seller do Holocausto e provavelmente da guerra foi escrito por Anne Frank, uma menina que viveu escondida com a família em um sótão em Amsterdã, na Holanda, durante dois anos. Anne escreveu seu famoso diário de 12 de junho de 1942 até 1º de agosto de 1944, três dias antes de ser presa junto com familiares e outros ocupantes do "anexo secreto" onde viviam, na Prinsengracht, 263. Judeus-alemães de Frankfurt, a família Frank havia deixado a Alemanha em 1933 na esperança de fugir do nazismo.

Anne esperava transformar seus escritos em livro depois que a guerra terminasse, por isso, manteve um diário original, sem cortes, e outro em que melhorava e corrigia algumas passagens. Como apenas seu pai sobreviveu à guerra, foi ele quem publicou a primeira versão do diário, em 1947. Mas nessa primeira edição, a que tornou o diário de Anne Frank um best-seller internacional, muitas passagens da versão original foram omitidas por Otto Frank. Principalmente aquelas partes em que Anne escrevia sobre suas descobertas sobre sexo ou a própria sexualidade, sobre os conflitos com a mãe e opiniões depreciativas sobre outros membros do esconderijo. Há, então, três versões diferentes do diário, sendo que a publicada teve diversos cortes.[265]

Quando Otto morreu, em 1980, os manuscritos foram parar no Instituto Estadual Holandês para Documentação de Guerra e, como na época se questionava a autenticidade dos originais, eles foram alvo de análise detalhada. Em 1986, foi publicada a primeira "versão crítica" e científica que atestou que eles eram mesmo autênticos. Quatro anos depois, um tribunal de Hamburgo, na Alemanha, confirmou e legitimou o diário como sendo um documento original. Mas não diminuiu as críticas sobre as edições realizadas pelo pai e as dúvidas sobre a sexualidade da adolescente.[266] O judeu-austríaco Ditlieb Felderer, por exemplo, em seu livro *Anne Frank's Diary, A Hoax* (Os diários de Anne Frank, um embuste), chamou o diário de "a primeira obra pornográfica pedófila a ser publicada após a Segunda Guerra" e sugeriu que muitas "partes sexuais" e "pedacinhos sujos" foram criados por Otto Frank, em uma "prostituição literária" da narrativa da filha, com a intenção clara de vender a obra.[267] Felderer levantou até mesmo a ideia de "complexo anal" da adolescente, que narrou os problemas de flatulência em um sótão sem ventilação.

Além de falar sobre menstruação, contatos físicos, beijos e sexo, tabus para adolescentes na década de 1940, em pelo menos uma passagem Anne relata uma "fantasia lésbica". Em 6 de janeiro de 1944, então com 15 anos, ela escreveu:

Uma vez, quando estava passando a noite na casa de Jacque, não pude conter minha curiosidade sobre seu corpo, que ela

> *sempre havia escondido de mim e que eu nunca tinha visto. Perguntei se, como prova de nossa amizade, poderíamos tocar os seios uma da outra. Jacque recusou. Também tive um desejo terrível de beijá-la, e beijei. Sempre que vejo uma mulher nua, como a Vênus em meu livro de história da arte, entro em êxtase. Às vezes acho que elas são tão maravilhosas que tenho que lutar para conter as lágrimas. Se ao menos eu tivesse uma amiga.*[268]

A versão inglesa é mais reveladora, já que a palavra final do trecho do diário é "*girlfriend*", namorada, e não amiga, como apareceu na versão em português. Como Anne Frank também relata um envolvimento com Peter van Pels, um dos oito membros do sótão onde a família se escondia dos nazistas, depois que a versão sem cortes apareceu surgiram teorias sobre a sexualidade da autora, e o nome dela acabou entrando até mesmo em uma lista de "homossexuais e bissexuais famosos ao longo da história" elaborada pelo psicólogo Claudio Picazio.[269]

Quanto à relação com a mãe, não restam dúvidas, há várias passagens reveladoras na versão sem cortes. Ela declarou, em 3 de outubro de 1942: "Simplesmente não suporto mamãe." Em outro trecho, ela escreve, referindo-se a Sra. Frank, que "amar essa pessoa insensível, essa criatura debochada, está se tornando mais e mais impossível a cada dia".[270]

Para a pesquisadora norte-americana Pascale Bos, os cortes realizados pelo pai de Anne Frank e o editor original de 1947 subestimaram "os aspectos mais complexos de sua personalidade e origem judaica — facilitando, por sua vez, a transformação dela em uma figura idealizada e universal de martírio".[271]

Anne Frank e a família foram deportadas para Auschwitz em setembro de 1944. A mãe morreu ali, de fome e exaustão. Anne e a irmã Margot foram enviadas para o campo de Bergen-Belsen, próximo a Hannover, e lá morreram de tifo, provavelmente em fevereiro de 1945. Otto Frank sobreviveu a Auschwitz.

10. RESISTÊNCIAS

Nem todos os alemães eram nazistas. O movimento estudantil Rosa Branca lutou contra o nacional-socialismo, assim como o pastor luterano Dietrich Bonhoeffer, muitos líderes católicos e até mesmo oficiais do Exército. Os judeus também não foram perseguidos passivamente; escritores, políticos e engenheiros de origem judaica ajudaram a derrotar o nazismo. A vitória sobre Hitler custou a vida de 14% da população soviética.

A resistência francesa, um dos símbolos da luta por liberdade em uma Europa ocupada pelos exércitos de Hitler, é uma construção do general e depois primeiro-ministro e presidente francês, Charles de Gaulle, com base no mito de que o país jamais aceitara a derrota em 1940. A resistência teve um significado militar praticamente nulo. Sua maior contribuição foi política e moral. "A Resistência foi um blefe que deu certo", definiu De Gaulle.[272]

Os grupos de resistência franceses (o *maquis*) só passaram a ter alguma importância do ponto de vista militar depois de 1943 e essencialmente apenas em 1944, às vésperas do Dia D. A atividade *partisan* na França alcançou números consideráveis apenas quando os nazistas passaram a exigir mais trabalhadores "voluntários" para as fábricas alemãs, o que levou dezenas de milhares de jovens franceses a fugir para as montanhas. Só então a resistência tornou-se um "movimento de massas"[273] e suas ações de sabotagem durante o desembarque na Normandia levaram o general Eisenhower a revelar na ocasião que "em nenhuma guerra anterior, e em nenhum outro teatro desta guerra, as forças de resistência foram tão intensamente aproveitadas para o esforço militar principal".[274]

Na Itália, a resistência surgiu somente após a queda de Mussolini, quando o país foi formalmente ocupado pela Alemanha, que passou a ser inimiga dos italianos. Entre 1943 e 1945, cerca de 250 mil combatentes *partigiani* lutaram na retaguarda das linhas alemãs, dos quais 45 mil perderam a vida. (Por outro lado, em 1944, 110 mil

Membros do *maquis*, a resistência francesa.

italianos ainda lutavam do lado alemão, no Exército e na Luftwaffe; e cerca de sete mil na SS.)[275]

A resistência na Tchecoslováquia, o primeiro país a ser ocupado pelos alemães, foi duramente reprimida pelos nazistas. A ÚVOD (*Ústrední vedení odboje domácího* – Comando Central da Resistência Interna) e os grupos comunistas atuaram na sabotagem contra depósitos de petróleo, fábricas de armas e ferrovias com eficiência até a chegada de Reinhard Heydrich a Praga, em 1941. O criador da Solução Final deu início a uma série de atividades repressivas que visava eliminar a presença de judeus e da cultura tcheca no Protetorado da Boêmia e Morávia (o nome dado ao antigo território da Tchecoslováquia incorporado à Alemanha).

O líder tcheco no exílio, Edvard Beneš, acreditava que a falta de oposição à ocupação alemã poderia minar o futuro do país no pós-guerra. Considerado pelo SOE como o homem mais perigoso da Europa depois de Hitler, Heydrich era o alvo ideal para um atentado da resistência: eliminaria uma importante personalidade nazista e faria com que as represálias do Alto-Comando alemão sublevassem a população tcheca. A Operação Antropoide foi planejada e posta em andamento, mas só cumpriu parte de seu objetivo. Em 27 de maio de 1942, Jan Kubiš e Josef Gabcík, membros da Brigada Tcheca, o braço militar do governo de Beneš no exílio, atiraram bombas no carro de Heydrich, um Mercedes conversível não blindado, enquanto ele se dirigia para seu escritório na capital. O carrasco de Hitler morreu de septicemia no hospital de Praga dias depois. Em represália, a SS assassinou toda a população da aldeia de Lídice, cerca de quinhentas pessoas. Na sequência, pelo menos quatro mil tchecos foram presos; mais de 1.300 foram condenados à morte, a resistência tcheca foi duramente sufocada e a população não se mostrou receptiva à ideia de pagar com a morte qualquer atividade de sabotagem contra o invasor. A ideia do SOE e de Beneš mostrou-se um erro grave.[276]

Alguns grupos da resistência ao nazismo tiveram mais sucesso. Quando a Alemanha invadiu a neutra Noruega, além do porto de Narvik, por onde escoava o minério de ferro sueco, vital para a máquina de guerra alemã, outro bem norueguês mais importante caiu em mãos nazistas: Norsk Hydro, próximo a Vemork, a usina eletroquímica mais importante do mundo no gênero.[277] Ela produzia óxido de deutério, a “água pesada”, com o qual os alemães esperavam produzir a bomba atômica. Depois da invasão, a usina aumentou sua produção anual de 1.500 para cinco mil quilos.

Para impedir que os cientistas na Alemanha pudessem fabricar a bomba, no começo de 1942 o SOE enviou o agente norueguês Einar Skinnarland para verificar a possibilidade de destruir o local. Einar recrutou quatro homens da resistência de seu país, encontrou trabalho na usina e repassou informações a Londres. Em novembro, a RAF tentou destruir Norsk Hydro com um ataque aéreo, mas os dois bombardeiros Halifax enviados para a área foram abatidos. Decidiu-se por um arriscado ataque terrestre, a Operação Gunnerside.

Mais seis noruegueses se juntaram ao grupo e, em fevereiro de 1943, um ataque com bombas bem-sucedido destruiu quinhentos quilos de água pesada e parte das instalações. Em novembro, um ataque aéreo norte-americano danificou apenas parcialmente a usina e ela continuou operando. Em 1944, um ano depois da primeira ação da Gunnerside, Einar Skinnarland e a resistência destruíram o último carregamento de água pesada para a Alemanha colocando bombas-relógio na balsa que fazia o transporte pelo lago Tinnsjå.

Nos Bálcãs, a situação era extremamente complexa. Havia vários grupos rivais que disputavam atenção tanto de nazistas quanto dos Aliados. Churchill apoiava firmemente o rei Jorge II da Grécia e desejava manter a influência britânica na região. Mas os monarquistas deram apoio a Hitler, restando aos ingleses dar suporte à resistência comunista do movimento guerrilheiro grego EAM-ELAS, e não à Liga Nacional Republicana Grega, liderada por Napoleon Zervas.

O mesmo ocorreu na Iugoslávia, onde o líder comunista Tito foi preferido em detrimento do vacilante Draža Mihailovic, que liderava os guerrilheiros Chetniks. Josip Broz, o nome verdadeiro de Tito, havia lutado na Guerra Civil Espanhola e organizado o Partido Comunista Iugoslavo. Ele defendia que os comunistas espalhados pelo globo deviam socorrer a União Soviética do ataque alemão. Mas Stálin deu pouca ajuda a Tito, o mesmo que fez com Mao Tsé-tung na China. Sem o apoio dos comunistas russos, Mao fez um acordo secreto com os invasores japoneses no comércio do ópio e deixou todo o trabalho pesado para os nacionalistas de Chiang Kai-shek. Não foi por menos que, enquanto as baixas de Mao atingiram 580 mil mortos, as de Chiang chegaram a 3,2 milhões.[278] Mesmo quando Tito e Mao triunfaram, Stálin nunca se harmonizou com os comunistas iugoslavos e chineses.

RESISTÊNCIA JUDAICA

Uma das ideias mais recorrentes sobre o Holocausto é quanto à passividade dos judeus diante da barbárie nazista. De fato, as comunidades tradicionais judaicas pouco fizeram. A resistência coube a jornalistas, escritores, políticos e engenheiros judeus que, individualmente ou em pequenos grupos, ajudaram de alguma forma a derrotar o nazismo. A lista não é pequena.

No decorrer da Segunda Guerra, aproximadamente 130 regimentos soviéticos eram comandados por judeus; nove generais judeus comandaram exércitos, 12 comandaram corpos de exército, 23 foram chefes do Estado-Maior de grupos de exército e 34 comandaram divisões do Exército Vermelho.[279] Entre os vários projetistas do tanque russo T-34, o mais poderoso carro blindado da guerra, estavam diversos judeus, incluindo o engenheiro-chefe Isaac Zalzman. Na Aeronáutica da URSS, Semyon Lavochkin foi o projetista do La-5 e diversos engenheiros judeus ajudaram no projeto do Il-2.[280] O La-5 e o Il-2 foram os principais aviões de combate russos depois de 1942, quando a maré da guerra trocou de lado. Engenheiros judeus foram os responsáveis também pelo desenvolvimento do Katyusha, o temível lançador de foguetes conhecido por "órgão de Stálin".

Além dos comandantes e engenheiros militares, os principais articulistas da imprensa soviética eram escritores judeus, como Ilya Ehrenburg, o mais famoso colunista do *Krasnaya Zvezda*, o jornal do Exército Vermelho. Os artigos de Ehrenburg para o jornal ficaram conhecidos pela ferocidade com que estimulavam a luta contra os alemães. Em 1942, ele escreve aos soldados: "Não contem os dias, contem os quilômetros. Contem apenas o número de alemães que mataram. Matem alemães — está é a oração de sua mãe. Matem os alemães — este é o grito de sua terra russa. Não hesitem. Não desistam. Matem." Quando os russos chegaram à Alemanha, que ele chamava de "Bruxa Loura", Ehrenburg exultou: "Soldado do Exército Vermelho: estás agora em território alemão. A hora da vingança chegou!"[281]

No outro lado do Atlântico, segundo um estudo do doutor e professor norte-americano Benjamin Ginsberg, em seu livro *Judeus contra Hitler*, 15% dos cargos de alto nível nomeados por Roosevelt eram ocupados por judeus (em uma época em que os judeus mal passavam de 3% da população dos Estados Unidos). O *New Deal* de Roosevelt foi chamado por muitos de "*Jew Deal*", o Acordo Judeu.[282] E na verdade o termo foi mesmo cunhado por um dos assistentes judeus do presidente, Samuel Rosemann. Também eram judeus Henry Morgenthau, nomeado para secretário de Tesouro, e Felix Frankfurter, nomeado para a Suprema Corte.

Robert Oppenheimer, diretor do Projeto Manhattan, o projeto norte-americano que resultou nas bombas atômicas de Hiroshima e Nagasaki, era filho de imigrantes judeu-alemães. Assim como eram judeus os cientistas autores da carta que deu ao presidente Roosevelt informações sobre a possibilidade de os nazistas produzirem a bomba: Albert Einstein, Leo Szilard, Hans Bethe, John von Neumann e Enrico Fermi (cuja esposa era judia) estavam entre eles.

Pelo lado britânico, os judeus foram ativos nos serviços de inteligência. Pelo menos 150 deles trabalharam em Bletchley Park, onde os ingleses atuavam principalmente na quebra do código secreto da Enigma. O SOE contou com mais de mil espiões judeus que atuaram na Europa, dos quais 662 não eram britânicos. Pouco mais de cem deles eram judeus voluntários que atuavam na Haganá e no Palmach, grupos paramilitares com origem na Palestina que se alistavam no exército inglês para lutarem na Europa. Em 1942, mais de 240 voluntários do Palmach entraram para o SOE e mais de trinta deles foram lançados de paraquedas em missões especiais na Romênia, na Hungria, na Eslováquia, na Iugoslávia,

na Itália e na Bulgária.[283] Outro grupo de judeus criou o SIG, Grupo Especial de Inteligência, para atacar o Afrika Korps alemão no Norte da África.

Os judeus compunham ainda cerca de 25% da resistência francesa. Grupos judeus atuaram ainda na Bélgica, na Grécia e na Polônia. Na URSS, onde a resistência eliminou entre 35 e cinquenta mil soldados alemães, os judeus formaram inúmeros grupos *partisans*. Um deles, o grupo "Vingador", do gueto de Vilna, liderado por Abba Kovner, sabotou cinco pontes, destruiu sete locomotivas, 33 vagões de estradas de ferro, 315 postes de telefonia e desmantelou 302 quilômetros de trilhos de trem.[284]

O DIA D NÃO ACONTECEU NA NORMANDIA

Nenhum país resistiu ou sofreu os horrores da invasão alemã mais que a União Soviética de Stálin. A resistência dos russos e dos povos que compunham a União Soviética foi a mais significativa e tinha uma razão forte para isso: no Leste a guerra foi de extermínio. Enquanto a Operação Barbarossa era preparada, em março de 1941,

Hitler falou ao Alto-Comando da Wehrmacht que a campanha na Rússia seria um confronto entre duas ideologias, uma "guerra de aniquilação" sem precedentes em que as regras normais não poderiam ser aplicadas. Nas "Diretrizes para a Conduta das Tropas na Rússia", o bolchevismo era descrito como "o inimigo mortal do povo nacional-socialista alemão" que, portanto, deveria adotar "medidas cruéis e enérgicas contra os agitadores bolcheviques, os irregulares, os sabotadores e os judeus, e a erradicação total de qualquer resistência ativa ou passiva".[285]

Tão logo a Wehrmacht deu início à invasão, em 22 de junho de 1941, as tropas da SS de Himmler acionaram os programas de execução da "intelligentsia judaico bolchevique" no território soviético ocupado, criando os *Einsatzgruppen*, "Grupos de Operações Especiais". Embora nem todos os oficiais fossem nazistas e estivessem sob o código de ética militar, as tropas da Wehrmacht também tinham ordens expressas para eliminar todos os membros do partido comunista ou civis capturados com armas, sem qualquer julgamento. Como informou o general Erich Hoepner antes da invasão: "O objetivo desta batalha deve ser a destruição da Rússia de hoje, e isso, portanto, deve ser conduzido com um rigor sem precedentes"; seus soldados deviam lutar, seguiu ele, com "uma vontade férrea de exterminar o inimigo total e impiedosamente."[286]

Os alemães chegaram às portas de Moscou, como Napoleão fizera em 1812, mas, tal como o imperador francês, não conseguiram derrotar a resistência do povo russo, surpreendendo tanto Hitler quanto o próprio Stálin. O que se viu foram quase três anos de violentos combates, assassinatos, sabotagens e ausência de qualquer senso de humanidade. Dessa forma, as batalhas no Front Oriental foram mais decisivas que o desembarque na Normandia. Quando os Aliados desembarcaram na França em 1944, o Exército Vermelho já havia dobrado a Wehrmacht em batalhas sangrentas como Stalingrado (1942-43) e Kursk (1943): o número de combatentes foi superior a quatro milhões. A derrota em Stalingrado foi tão significativa que os alemães jamais conseguiram retomar a iniciativa de grandes ofensivas. E Kursk, a maior batalha de blindados da história — com cerca de oito mil tanques —, destruiu qualquer esperança alemã de vitória.

Apenas em Stalingrado, os alemães perderam mais de 250 mil soldados e os soviéticos mais de quatrocentos mil.[287] A tão glorificada batalha do Dia D teve números infinitamente menores: dos 175 mil desembarcados, somente 4.900 soldados Aliados morreram no dia 6 de junho de 1944.[288]

Quando a guerra entre Hitler e Stálin terminou nas ruínas de Berlim, em 1945, cerca de 4,7 milhões de soldados alemães haviam morrido em batalhas contra o Exército Vermelho e outros 475 mil ainda morreriam no cativeiro. Nada menos do que 90% dos soldados alemães mortos na Segunda Guerra haviam tombado em combate contra os russos.[289] Mas a União Soviética pagou um preço alto pela vitória. As estimativas mais confiáveis apontam que 27 milhões de pessoas morreram durante o conflito, dos quais 18 milhões eram civis (cerca de 14% de sua população total; apenas a Polônia perdeu mais, 20%). As baixas de França, Grã-Bretanha e Estados Unidos somadas não alcançam 1,5 milhão de vidas. Os norte-americanos perderam menos de 0,4% de sua população. O prejuízo material na União Soviética também foi gigantesco: 1.710 cidades e setenta mil vilas foram total ou parcialmente destruídas; quarenta mil hospitais, 84 mil escolas e 43 mil bibliotecas tiveram o mesmo fim.[290] Não foi por menos que Stálin deu liberdade ao colunista Ehrenburg para exortar a vingança contra os alemães, as "bestas fascistas".

ROSA BRANCA

Populações de países ocupados, judeus e demais perseguidos tinham muitos motivos para demonstrar ou articular grupos de resistência. Mas e os alemães? A crença popular de que não houve resistência ou descontentes com o nacional-socialismo e sua ideologia racista, preconceituosa e destrutiva dentro da Alemanha é uma das grandes injustiças que se comete para com os alemães. Nomes como o do teólogo e pastor luterano Dietrich Bonhoeffer ou dos cardeais católicos Clemens von Galen e Michael von Faulhaber, ativistas corajosos, seja em seus sermões ou em seus escritos, merecem ser lembrados. Von Faulhaber pregava abertamente contra Hitler, mas sua importância na hierarquia da Igreja Católica o protegeu da morte. O que não aconteceu com Bonhoeffer, que acabou enforcado, nu e com as mãos amarradas no campo de concentração de Flossenbürg, a poucos dias do fim da guerra.

O movimento antinazismo mais marcante nascido no seio da sociedade civil alemã, no entanto, foi o *Weisse Rose*, Rosa Branca, que surgiu na juventude universitária sob a liderança dos irmãos Scholl.

Hans e Sophie Scholl nasceram em Forchtenberg, Württemberg, onde o pai era prefeito. Mais tarde a família se mudou para Ulm, onde os irmãos entraram na Juventude Hitlerista e na Liga das Jovens Alemãs. Em 1937, Hans foi acusado de "atos homossexuais" com um colega da JH, mas o juiz em Stuttgart o perdoou por considerar o caso uma "falha juvenil".[291] Livre da punição, Hans começou seus estudos de medicina na Universidade de Munique, em 1941, onde conheceu o mentor intelectual do movimento, o professor de Filosofia, Kurt Huber. Sophie matriculou-se como estudante de biologia e filosofia no ano seguinte.

No verão de 1942, surgiram os primeiros panfletos, escritos por Hans Scholl e por outro integrante do grupo, Alexander Schmorell.

Os irmãos Hans e Sophie Scholl, líderes do movimento Rosa Branca, em fotos de 1940.

Os manifestos foram distribuídos entre 27 de junho e 12 de julho de 1942 e ainda usavam trechos apocalípticos da Bíblia e parte dos sermões do cardeal von Galen. A ação manteve-se restrita aos círculos da universidade bávara e não há indicações de que Sophie tenha participado dessas primeiras edições.

Após um período de serviço militar no Front Oriental, Hans voltou a Munique e, com a ajuda da irmã, de Schmorell e do doutor Huber, escreveu, com estilo completamente diferente, o que seriam os dois últimos manifestos. Em linguagem mais crítica ao regime, apresentavam planos concretos para a Alemanha pós-guerra, pregavam a não violência e pediam resistência e sabotagem passiva nas fábricas de armamentos. Também denunciavam o extermínio dos judeus, que acreditavam ser "o crime mais terrível contra a dignidade humana, um crime não comparado a qualquer outro na história da humanidade".[292] O grupo ainda organizou uma manifestação estudantil contra o regime nas ruas de Munique, a única ocorrência do tipo durante todo o Terceiro Reich.

Com a intenção de levar o ideal do movimento para todos os alemães, o Rosa Branca conseguiu comprar dez mil folhas para a impressão do panfleto, o que permitiu enviar exemplares para Viena, Salzburg, Linz, Augsburg, Stuttgart, Saarbrücken e Frankfurt.[293] Pelo menos seis mil foram impressos no começo de 1943. Em 28 de janeiro, dois mil foram distribuídos pelas ruas de Munique, em cabines telefônicas e carros estacionados. Entre 6 e 15 de fevereiro, nova ação espalhou mais três mil panfletos. Em 18 de fevereiro, os irmãos Scholl foram presos pela Gestapo quando distribuíam 1.500 panfletos na Universidade de Munique. Willi Graf foi preso no mesmo dia. Christoph Probst foi preso um dia depois, em Innsbrück (ele tinha um rascunho de Hans para um novo panfleto guardado no bolso).

No dia 22 de fevereiro de 1943, depois de três dias de interrogatórios e torturas, o Tribunal Popular, presidido por Roland Freisler, anunciou as sentenças de morte contra os irmãos Scholl e Probst. Os réus não puderam falar, mas Sophie se manifestou assim mesmo: "Alguém tinha de começar! O que escrevemos e falamos é o que muitas pessoas pensam, mas não têm coragem de dizer em voz alta." Sophie foi levada à execução de muletas, os torturadores da Gestapo haviam-lhe quebrado as pernas. "Milhares serão movidos e acordados por aquilo que fizemos", disse ela.[294] As últimas palavras de Hans Scholl foram "Viva a liberdade!" Os três estudantes foram executados no mesmo dia, decapitados na guilhotina. Os demais membros do pequeno grupo foram presos em sequência. Graf, Schmorell e Huber foram executados e outras 20 pessoas foram condenadas à prisão após julgamentos entre abril e setembro do mesmo ano.[295]

Em junho de 1943, a BBC de Londres transmitiu um pronunciamento do escritor alemão exilado Thomas Mann sobre o movimento. O último panfleto do Rosa Branca foi reproduzido e jogado de aviões britânicos sobre o território alemão. Em 2003, o governo alemão inaugurou um busto de Sophie no Templo do Walhalla, na Baviera, dedicado aos heróis da nação.[296]

OPERAÇÃO VALQUÍRIA

Se a resistência civil reprimida pela Gestapo não prosperou na Alemanha, entre os militares surgiu o mais importante complô contra o regime nazista e a vida de Hitler. Não eram apenas militares. Entre os "conspiradores" havia políticos de grande influência, como o jurista e ex-prefeito de Leipzig, Carl Goerdeler, o advogado Hans von Dohnanyi e o juiz Helmuth von Moltke. (O pastor Bonhoeffer, que era cunhado de von Dohnanyi, também estava entre os conspiradores; ele tentara sem sucesso convencer os Aliados a apoiar a resistência alemã contra o nazismo.) Goerdeler escreveu ainda em 1938, quando se permitiu que Hitler anexasse a Áustria e se apossasse da Tchecoslováquia: "Se a Grã-Bretanha e a França tivessem corrido o risco da ameaça de guerra, Hitler jamais teria usado a força."[297]

Wilhelm Canaris, chefe da *Abwehr*, o serviço de inteligência e espionagem militar da Alemanha, era um dos principais líderes da resistência. Desde o início da guerra, ele vinha sabotando o serviço secreto alemão, mantendo os Aliados informados sobre os planos de Hitler. Hans Gisevius, da sessão de assuntos internacionais da *Abwehr*, definiu o chefe: "Mais astuto que Himmler e Heydrich juntos."[298] Canaris "odiava Hitler e o nacional-socialismo", escreveu Fabian von Schlabrendorff, um jovem advogado que desde o início fora contra o regime nazista, chegando mesmo a publicar artigos contrários às

Membros da resistência holandesa capturam um soldado alemão, em 1944.

políticas de Hitler. Ironicamente, foi um dos poucos a sobreviver à guerra.[299] O serviço de inteligência reuniu, dessa forma, muitos dos conspiradores — além de Canaris e Gisevius, Bonhoeffer, von Dohnanyi e o general Hans Oster prestavam serviço à *Abwehr*. Oster fazia parte do grupo original, de 1938. Em 1940, ele conseguiu informar os holandeses dos planos de invasão nazista da Europa Ocidental, mas não recebeu apoio dos Aliados.

Entre os militares importantes estavam homens como os generais Helmuth Stieff, Hans Speidel, Friedrich Olbricht, Carl-Heinrich von Stülpnagel e Erich Hoepner. O comandante do *Einsatzgruppe* B, da SS, Arthur Nebe, também estava no grupo. O marechal de campo Erwin von Witzleben era o oficial de mais alta patente (o marechal Erwin Rommel era um simpatizante não ativo). O major-general Henning von Tresckow e o coronel conde Claus von Stauffenberg eram as figuras centrais da conspiração. Ludwig Beck, ex-chefe do Estado-Maior do Exército, era a alma do movimento dentro do Exército. Depois do assassinato de Hitler, Beck reassumiria o posto de líder do Exército e Goerdeler assumiria o cargo de chanceler.

Antes do atentado de julho de 1944, Hitler já havia sofrido mais de quarenta atentados contra sua vida, escapando ileso de todos. Alguns sem conotação política. Depois da guerra, seu piloto particular revelou que em 1943 ele quase foi morto por tanquistas russos em uma base alemã em Zaporozhye, na Ucrânia. Vinte e dois tanques T-34 atacaram o campo de pouso em que o avião de Hitler estava e, por pouco, sem saber, deram fim ao Führer alemão.[300]

Von Tresckow estava decidido a matar o Führer, que, segundo ele, era o "artífice de todos os males", desde 1939.[301] Porém, as vitórias iniciais da Alemanha dificultaram as oportunidades. Quando a maré da guerra mudou, a necessidade de pôr um fim em tudo aumentou. Em 13 de março de 1943, em Smolensk, na Rússia, o então coronel conseguiu colocar no avião de Hitler uma caixa de licor Cointreau, que na verdade era uma bomba de efeito retardado com tempo calculado para explodir meia hora depois da decolagem. O avião Focke-Wulf FW-200 Condor, no entanto, pousou horas depois em Rastenburg, na Prússia Oriental, sem nenhum problema. O detonador falhara devido à baixa temperatura. Von Tresckow não desistiu e encontrou um suicida. No dia 21 de março, durante uma celebração em Berlim, o major-general Rudolph-Christoph Freiherr von Gesdorff se aproximou de Hitler e acionou o detonador de uma bomba que estava no bolso do seu casaco, mas o ditador saiu apressadamente do local e ele precisou jogar o artefato no vaso do banheiro antes que explodisse.[302]

No ano seguinte teve início a série de tentativas de Claus von Stauffenberg. Em 6 e 11 de junho ele visitou Hitler no Berghof, na Baviera, mas a ausência de Himmler, que deveria morrer junto, adiou o atentado. No dia 15, o conde chegou à Toca do Lobo, em Rastenburg, disposto a explodir Hitler e seu Estado-Maior. Mais uma vez a ausência do chefe da SS protelou a tentativa.

A oportunidade seguinte teve lugar em 20 de julho de 1944 e foi o mais grave de todos os atentados contra o Führer. Von Stauffenberg teve acesso à sala de reuniões da Toca do Lobo e, mesmo sem a presença de Himmler, depositou sob a mesa de mapas uma valise com explosivo plástico fornecido pela *Abwehr* e dois detonadores para garantir que não haveria falhas. Não houve. Às 12h42 o barracão de madeira foi sacudido por uma violenta explosão. Houve feridos e mortos, mas entre eles não estava Hitler, que tivera a bomba quase junto aos pés. Salvo algumas queimaduras e arranhões, mais uma vez ele escapara de um atentado. Von Stauffenberg voou para Berlim e desencadeou a *Walküre*, a Operação Valquíria, o golpe de Estado previsto para retirar os nazistas do poder. Foi em vão, com o Führer vivo a Alemanha não estava preparada para acabar com a guerra.

Em 1944, a maioria dos alemães ainda tinha uma fé inabalável em Hitler. Uma mulher escreveu: "Nosso Führer foi poupado para nós. Que ele tenha longa vida e nos leve à vitória."[303] "Graças a Deus ele se salvou", exclamou outro alemão. "O que teria sido de nós sem o Führer?", perguntavam-se muitos. Ainda que discordassem de muitas das táticas e posicionamentos de Hitler, a maioria dos militares tinham a mesma ideia e estavam ligados a um juramento de lealdade ao Führer. Alfred Jodl, chefe do Estado-Maior de Operações da Wehrmacht, exprimiu uma opinião comum: alta traição. O 20 de julho foi a data "mais negra na história da Alemanha", disse ele.[304]

Preso, Ludwig Beck cometeu suicídio. Von Stauffenberg foi fuzilado, mas antes de morrer gritou: "Viva nossa sagrada Alemanha!" Von Tresckow também se matou. Nos meses seguintes dezenas foram presos e torturados. "Quero que sejam pendurados como animais no açougue", pediu Hitler.[305] E foram. A execução dos conspiradores, estrangulados com cordas de piano e suspensos por ganchos de açougue presos em um trilho fixado ao teto, na prisão de Plötzensee, foi filmada para que o Führer pudesse assistir depois. Todos os membros das famílias dos irmãos do conde von Stauffenberg que puderem ser encontrados foram executados, entre eles estavam uma criança de três e um velho de 85 anos. O mesmo ocorreu com as famílias dos demais participantes. (Surpreendentemente a esposa e os filhos de von Stauffenberg escaparam da fúria de Hitler.) Rommel não foi executado e sua família foi deixada em paz, mas ele precisou cometer suicídio quando descobriram que era aliado dos conspiradores. Seu alto prestígio junto ao povo alemão o salvou de um julgamento e da tortura; teve um funeral com honras de chefe de Estado. Von Dohnanyi foi enforcado no campo de concentração de Sachsenhausen; Canaris e Oster foram executados em Flossenbürg. Pelo menos duzentas pessoas diretamente ligadas ao atentado de 20 de julho foram executadas, poucas escaparam.[306] Dos principais envolvidos, apenas von Schlabrendorff se livrou da morte, mas foi torturado.

Nos dias finais da guerra, os nazistas ainda executaram em Dachau o marceneiro suábio Georg Elser, que tentara matar Hitler na Bürgerbräukeller de Munique, em 1939.

D5
419662

11. A COBRA FUMOU! O BRASIL NA SEGUNDA GUERRA

O Brasil foi o único país da América do Sul a enviar tropas para lutar na Europa. Mas a atuação da Força Expedicionária Brasileira (FEB) esteve longe de contribuir para a vitória contra o nazismo. Os soldados brasileiros mais importantes para o esforço de guerra Aliado foram esquecidos na selva amazônica. Enquanto isso, o país sofria com os blecautes, racionamentos e o medo de uma invasão que nunca foi projetada.

Em janeiro de 1943, retornando da conferência de Casablanca, no Marrocos, Roosevelt se encontrou com Getúlio Vargas em Natal, no Rio Grande do Norte, aproveitando a viagem de inspeção das instalações da nova base aérea militar norte-americana de Parnamirim, resultado do acordo firmado com o Brasil em 1942. Vestindo ternos brancos, chapéus-panamá e conversando em francês, os dois pareciam "velhos amigos", relatou um historiador. E, como velhos amigos, acertaram o envio de tropas brasileiras para a Europa.[307] O Brasil precisava mostrar que fazia jus à sua importância no cenário sul-americano.

SOLDADOS DA BORRACHA

Quando os japoneses ocuparam o Sudeste Asiático, em dezembro de 1941, os Estados Unidos perderam sua principal fonte de borracha. Nada menos que 97% de toda a borracha natural do globo caíra em mãos nipônicas. Sem essa matéria-prima, a máquina de guerra Aliada seria paralisada. Segundo o casal brasilianista Gary e Rose Neeleman, autores de um livro sobre o tema, "tudo na Segunda Guerra Mundial dependia da borracha".[308] Os tanques tinham vinte toneladas de aço e meia de borracha; os caminhões, cerca de 225 quilos. Um avião bombardeiro tinha quase uma tonelada de borracha, enquanto um encouraçado da Marinha, cerca de vinte mil peças do material. Sem contar a quantidade necessária para correias, peças hidráulicas, botes, pneus e uma infinidade de outras coisas.

Depois de Pearl Harbor, a pressão dos Aliados por um posicionamento do Brasil aumentou. Contrariando a opinião dos militares brasileiros, quase todos com inclinações germanófilas (o Brasil tinha inclusive acordos militares, como a compra de equipamentos alemães e missões de intercâmbio), Vargas optou por seguir as orientações de seu ministro das Relações Exteriores, Osvaldo Aranha. Em 28 de janeiro de 1942, ao término da III Conferência Consultiva dos Chanceleres das Repúblicas Americanas, realizada no Palácio Tiradentes, no Rio de Janeiro, o Brasil rompeu relações diplomáticas com o Eixo.

A declaração agradou a Roosevelt, que, em acordo firmado dois meses depois (um *Lend-Lease*), se comprometeu a fornecer ao Brasil duzentos milhões de dólares em armas e munição de guerra destinadas à Marinha e ao Exército.[309] Em condições tão vantajosas (o crédito teria uma redução de 65% do valor real), as últimas restrições à implementação de uma base militar norte-americana no Nordeste haviam sido derrubadas. Aranha havia derrotado os generais brasileiros pró-Alemanha, e Parnamirim serviria de trampolim Aliado para o envio de tropas e armamentos para o Norte da África.

Além do acordo militar, seguiram-se outros de natureza econômica. Os norte-americanos disponibilizaram uma linha de crédito de mais cem milhões dólares para que o Brasil financiasse e organizasse a produção de materiais básicos e estratégicos (como a extração de minérios e da borracha bruta) e artigos de exportação (como o cacau e o café). O sonho de Vargas de industrializar o país foi garantido, a Companhia Siderúrgica Nacional seria financiada pelo dinheiro estadunidense. O acordo concedia ainda 14 milhões de dólares para a modernização de ferrovias em troca da propriedade de uma mina a ser explorada por Estados Unidos e Inglaterra.

Também ficava garantida a compra de toda a borracha brasileira extraída na Amazônia pela *Rubber Reserve Company* (Companhia de Reserva da Borracha), motivo pelo qual uma imensa campanha de propaganda do governo brasileiro levou cinquenta mil voluntários (em sua maioria nordestinos) para o interior da selva amazônica. Os norte-americanos financiaram o transporte e a alimentação e concederam outros cinco milhões de dólares para construir a infraestrutura necessária. O Brasil tinha um novo Exército, o de "soldados da borracha".

Porém, apesar do estímulo, o país nunca atingiu as cinquenta mil toneladas anuais esperadas por Roosevelt. Em 1943, das 22 mil toneladas extraídas, o pais só exportou 11 mil para os Estados Unidos. A extrema necessidade causada pela guerra fez com que os americanos aumentassem a produção de borracha sintética e passassem a comprar toda a produção mundial que estivesse ao seu alcance. Em 1948, o relatório final revelou que os Estados Unidos haviam pagado mais de quarenta milhões de dólares pela borracha brasileira entre 1942 e 1947. (O mesmo relatório apontou que Roosevelt pagou mais de um bilhão de dólares em borracha estrangeira não brasileira.)[310]

Terminada a guerra, os norte-americanos tinham alcançado seus objetivos, os seringais da Malásia e da Indonésia haviam voltado a abastecer o mercado mundial. Já o governo brasileiro enfrentava um grave problema: os milhares de homens que haviam trabalhado nos seringais estavam desempregados e endividados com os seringalistas (tudo o que consumiam era descontado da extração). Segundo jornais da época, 23 mil estavam "apodrecendo na lama, sem pão, sem assistência médica ou remédio para tratar as febres fortes, a falta de vitaminas, o ataque dos parasitas". O trabalho exaustivo na selva, a malária, a febre amarela, o beribéri e os ataques de animais selvagens vitimaram 26 mil trabalhadores. Os que sobreviveram foram "esquecidos sem sequer terem dinheiro para voltar para casa".[311] Os soldados da borracha haviam dado uma contribuição maior à causa Aliada do que as próprias Forças Armadas do país, mas pagaram um preço altíssimo. (O Brasil perdeu na Itália pouco mais de 470 combatentes, entre soldados e pilotos, 57 vezes menos do que os brasileiros mortos na Amazônia.) Na década de 1980, eles conseguiram do governo uma pensão vitalícia de dois salários mínimos, bem aquém dos dez salários dos soldados da FEB.

OPERAÇÃO BRASIL

Nos primeiros anos da guerra, o Brasil viveu em pânico. O país sofreu com os blecautes, os racionamentos (o preço dos alimentos subiu 400%; não havia açúcar, carne e farinha de trigo) e o medo de invasão (depois das nove horas da noite tudo era desligado; até mesmo o farol dos carros). A caça às bruxas proibiu a língua de imigrantes que estavam no Brasil há mais de um século (só no Rio Grande do Sul quatrocentas mil pessoas falavam alemão em casa), prendeu espiões e gente comum, caçou nazistas e integralistas, construindo até campos de concentração. Mas o perigo passou longe.

A verdade é que nunca houve a menor possibilidade de o Brasil ser invadido pela Alemanha. Os nazistas não haviam conseguido invadir a Inglaterra em 1940 (na Operação Leão Marinho) pelo simples fato de não terem uma Marinha e uma Força Aérea capazes de cruzar o Canal da Mancha em segurança. Atravessar o Atlântico para invadir um país 35 vezes maior do que as ilhas britânicas era, portanto, algo impensável e impraticável para os alemães. O tenente-coronel do Exército brasileiro Durval Pereira, autor do livro *Operação Brasil*, escreveu que "descartadas as teorias conspiratórias, jamais foi encontrado um plano ou mesmo um esboço de uma invasão do Eixo às Américas".[312]

A Kriegsmarine até chegou a elaborar um plano de ataque que envolveria uma "alcateia" de dez submarinos para entrar nos principais portos do Brasil, destruir instalações de combustíveis e gás, navios ou alvos de importância estratégica.[313] O almirante Erich Raeder apresentou o plano a Hitler em uma conferência no Berghof. Em 15 de junho de 1942, o Führer autorizou a *Operation Brasilien* (Operação Brasil), que seria lançada no começo de agosto. Mas o ex-embaixador alemão no Brasil Karl Ritter foi contra o ataque por achar que a operação complicaria as relações diplomáticas também com outros importantes países sul-americanos, como Argentina e Chile (o Brasil já havia rompido relações com a Alemanha em janeiro). Documentos da Marinha alemã comprovam que a ação foi cancelada "por motivos políticos".[314] De qualquer forma, os ataques seriam apenas "agulhadas", como disse Hitler a Raeder, não um plano de invasão em larga escala.

O tão falado "perigo alemão", se existiu, passou mais por questões políticas e culturais, com a aproximação nazista dos descendentes de alemães — o que depois de 1939 também se tornou impraticável. Apesar de toda a propaganda e a atividade clandestina, os nazistas só conseguiram cooptar 2.800 membros no Brasil.[315]

Por outro lado, os norte-americanos é que tinham um grande plano de invasão do Brasil, a *Operation Pot of Gold* (Operação Pote de Ouro). Esboçada já em 1939, entre os planos Rainbow para a defesa do Hemisfério Sul, previa o desembarque de cem mil soldados na costa brasileira entre Belém e Rio de Janeiro.[316] Em agosto de 1940, o plano foi reajustado, a previsão era de que seriam necessários apenas 15 mil soldados, setenta aviões e um porta-aviões. Mas os Estados Unidos não precisaram invadir o Brasil, os milhões de dólares investidos no governo Vargas fizeram a diferença.

Com o cancelamento da Operação Brasil, em agosto de 1942 o comandante do U-507, Harro Schacht, solicitou e recebeu autorização para "manobras livres" no litoral de Pernambuco. Agindo por sua conta e risco, o "lobo solitário" atacou deliberadamente navios brasileiros entre São Paulo e Natal. Em cinco dias, entre 15 e 19 de agosto de 1942, o submarino U-507 torpedeou os navios Baependi, Araraquara, Aníbal Benévolo, Itagiba, Arará e a barcaça Jacira, matando mais de seiscentas pessoas. Em 31 de agosto de 1942, o presidente Vargas declarou oficialmente guerra a Hitler.

A COBRA FUMOU!

O desembarque Aliado no Norte da África, em novembro de 1942, afastou qualquer possibilidade real ou imaginária de uma invasão do Brasil. A base aérea militar de Parnamirim, construída no saliente nordestino ao custo de nove milhões de dólares, perdeu completamente sua importância estratégica. O Brasil, no entanto, ainda tinha muito interesse em manter uma relação próxima com os Aliados. Depois de obter financiamento norte-americano para a indústria e apoio para a defesa do litoral contra os ataques dos submarinos alemães, Vargas esperava consolidar o papel do Brasil como país líder na América Latina.

O governo brasileiro propôs aos Aliados o preparo e envio de uma força expedicionária ao Norte da África. Apesar da recusa inicial de Churchill, o Brasil tinha o apoio de Roosevelt e os detalhes foram acertados no encontro em Parnamirim, em janeiro de 1943. Vargas deu início, então, ao preparo de uma força brasileira que tomaria lugar no front do Mediterrâneo. O Brasil seria o único país sul-americano a enviar um exército para combater na Segunda Guerra. Mas, por diversos problemas, somente em julho do ano seguinte, depois de dois anos da declaração de guerra, é que conseguiu enviar o primeiro contingente de soldados para a Itália. Tal foi a demora e a desorganização nos preparativos que a ida de brasileiros à guerra se

Soldado da FEB, em setembro de 1944. No cartucho, a inscrição "A cobra está fumando...".

A FEB a caminho da Itália, em 1944.

transformara em piada. Era mais fácil uma cobra fumar do que o Brasil enviar tropas, diziam na época. Todavia, contra todos os descréditos e apesar do tempo de espera, a cobra fumou — e a serpente fumando se transformou no símbolo da FEB. Depois do primeiro destacamento, seguiram-se outros quatro grupos, somando mais de 25 mil soldados carinhosamente chamados de "pracinhas". Todos sob o comando do general gaúcho João Batista Mascarenhas de Morais. Na Itália, a FEB foi integrada ao Quinto Exército dos Estados Unidos, comandado pelo general Mark Clark.

"A FEB era bem o resumo do povo do Brasil, não só porque tinha soldados de todos os seus estados e de todas as classes sociais e níveis de cultura, como porque levava todos os seus defeitos e improvisações, todas as suas incoerências e mitos, todas as falhas e virtudes desse povo", definiu o correspondente de guerra Rubem Braga. (Além de Braga, do *Diário Carioca*, foram à Itália Joel Silveira, dos *Diários Associados*; Egydio Squeff, do *O Globo*; e Raul Brandão, do *Correio da Manhã*.)[317] Não pode haver definição melhor. Só restou dizer que todas as etnias estavam representadas, incluindo os negros e mestiços que eram 30% da tropa. Descendentes de alemães também foram à guerra, entre eles o tenente Ary Weber Rauen e o sargento Max Wolff Filho. Mais recentemente, até mesmo aqueles que nunca haviam entrado em estatísticas ganharam espaço. Segundo pesquisas do historiador militar Israel Blajberg, pelo menos 42 judeus brasileiros lutaram nas Forças Armadas brasileiras. Esses judeus eram imigrantes (como o ucraniano Boris Schnaiderman que chegou ao país em 1925, aos oito anos) ou filhos e netos de marroquinos, poloneses, turcos, ucranianos e russos.[318]

Com os alemães prestes a se render a qualquer momento, quando a FEB chegou à Itália não havia muito que fazer, salvo produzir heróis em um país carente deles. Desde o início das ações, o general Euclides Zenóbio da Costa, o "Patton brasileiro" (tanto pela atitude quanto pela língua afiada), parecia ávido por receber informações sobre as baixas, questionando frequentemente o número de mortos. "Precisamos de heróis!", teria dito.[319] E a imagem de heroísmo que a literatura militar brasileira construiu a respeito das ações da FEB escondeu muitos dos problemas que o Exército teve durante a campanha de 1944-45.

A visão demasiadamente patriótica caiu por terra quando o jornalista William Waack publicou, em 1985, *As duas faces da glória*, com base em ampla documentação de arquivos Aliados e alemães sobre as tropas brasileiras. Ao publicar informações pouco elogiosas ao desempenho do Brasil, Waack, que na época trabalhava na Alemanha como repórter, foi acusado de ser "injusto" com os brasileiros, de "denegrir as Forças Armadas" e de ser "filho de um oficial alemão" (na verdade, Waack é bisneto de alemães). Acusações infundadas, pois a documentação é verdadeira e parece que os depoimentos tomados de 28 ex-oficiais alemães também.

Sabendo da inaptidão brasileira para a guerra, os norte-americanos criaram o *Brazilian Liaison Detachment*, o "Destacamento de Ligação", para acompanhar os treinamentos e supervisionar a atuação das tropas da FEB. Todas as informações eram coordenadas pelo coronel Walter Sewell diretamente do quartel-general Aliado em Florença. Sewell escreveu em janeiro de 1945 ao general Ralph Wooten, comandante americano no Recife: "Eu acredito que muitos brasileiros, incluindo o Mascarenhas, sabem que não correspondem às expectativas."[320]

Ainda conforme relatório Aliado, os norte-americanos encontraram diversas falhas no comando tupiniquim. A FEB não estava preparada para o combate ofensivo, nem defensivo, não havia organização nem mesmo entre os oficiais. O G-3, a Chefia de Operações, não tinha a menor coordenação com o G-2, o Serviço de Informações do Exército. Em resumo, a FEB era realmente um retrato fiel do Brasil. "Treinamento apropriado e disciplina poderiam ajudar muito a melhorar a FEB", sentenciou o capitão Frank Cameron, em fevereiro de 1945.[321]

Fato é que, quando o Brasil chegou à linha de frente de batalha, enfrentou um exército destruído, em retirada, e mesmo assim teve trabalho. A FEB enfrentou nove divisões alemãs. Em sua maioria, eram unidades formadas no final da guerra, com recursos reduzidos e sem experiência em combate. O marechal Albert Kesselring, comandante supremo das forças alemãs na Itália, destacou apenas a 29ª Panzer, formada na França e conhecida como *Falke-Division* (Divisão Falcão), como de "primeira linha". Os pracinhas, no entanto, tiveram pouco contato com a 29ª. As unidades com as quais as tropas brasileiras travaram combates foram a 232ª de Infantaria, que estava entrincheirada em Monte Castello, a 148ª de Infantaria, que se rendeu à FEB em Fornovo, e a 114ª Ligeira, que lutou em Montese.

Algumas delas estavam em situação muito difícil quanto a armamentos e combustível. Na 232ª, por exemplo, a mobilidade era tão reduzida que, para poupar combustível, um major usava mulas para puxar os caminhões. Formada em meados de 1944 com soldados vindos do Front Oriental, essa Divisão estava longe de representar o melhor da Wehrmacht. Faltavam uniformes, botas, armamentos e até mesmo "escovas de dente precisaram ser providenciadas", revelou um oficial. Foi com essa tropa cansada da guerra e mal armada que o Brasil alcançou sua maior glória na Itália: a tomada de Monte Castello, nos Apeninos (a cerca de sessenta quilômetros de Bolonha), em 21 de fevereiro de 1945. Ainda assim, a batalha perdurou por três meses e custou a vida de 417 brasileiros nos quatro assaltos que a FEB precisou realizar para tomar a posição.[322]

O general alemão Eccart von Glabenz, comandante da 232ª Divisão de Infantaria, escreveu, em 1947, que "a capacidade de combate da divisão brasileira não era altamente considerada".[323] Na verdade, a maioria dos comandantes alemães sequer fazia ideia que enfrentava brasileiros, e os que sabiam não davam a mínima para isso. O coronel Heinz Herre revelou a Waack em 1985 que nunca imaginou ter enfrentado brasileiros na guerra. Depois da guerra, Herre esteve no Brasil, atuando no Serviço Secreto Alemão sob as ordens do general Gehlen (Herre foi um dos responsáveis por guardar os arquivos da Wehrmacht sobre o Exército Vermelho).

Por fim, em relatório escrito para os americanos em 1949, o comandante nazista, marechal Kesselring, incluiu os pracinhas entre as "divisões Aliadas de segunda categoria".[324] E o comandante Aliado, general Clark, não tinha opinião melhor, "lidar com brasileiros era tarefa muito delicada e tinha que ser perfeitamente executada", escreveu em seu diário. A verdade é que o auxílio que a FEB prestou aos Aliados foi um acordo entre cavalheiros (Vargas e Roosevelt) com finalidade política. Ainda que essa ideia fira o orgulho nacional, na prática, a atuação dos brasileiros não teve a menor importância para o resultado final da campanha italiana.

Se não eram excelentes combatentes (o que obviamente não se poderia exigir de um Exército que não combatia inimigos em frente de batalha desde a Guerra do Paraguai, em 1870), de resto os soldados brasileiros eram idênticos a qualquer outro exército no mundo. Mesmo que instruídos desde a partida do Brasil a usar preservativos (que acompanhavam os kits higiênicos) para evitar a gonorreia e a sífilis, os soldados da FEB foram atacados pelas doenças venéreas tanto quanto pelo frio e pelos alemães. O músico e autor de um livro sobre a participação brasileira na guerra, João Barone, cujo pai lutou como pracinha, escreveu que a disciplina militar e a falta de privacidade não evitaram "que aquele bando de jovens com seus hormônios em ebulição encontrasse meios de aliviar suas tensões sexuais, fugindo atrás das *belle ragazze* (belas jovens)".[325] Segundo Barone, um relato comum entre os brasileiros "era a profunda tristeza e o desconforto em ver aquelas moças se oferecendo em troca de uma barra de chocolate ou de um mero cigarro". A "tristeza" não impediu que os pracinhas espalhassem o sangue brasileiro pela Itália, deixando mulheres grávidas e mães solteiras — o que em 1945 não foi exclusividade brasileira. Diga-se a verdade, alguns casaram.

Fora isso, o comportamento dos pracinhas não pode ser considerado "imoral". Dos crimes graves cometidos, apenas dois estupros, duas deserções e dois assassinatos de soldados inimigos capturados. Sua relação com a população também foi pacífica. Como os brasileiros não gostavam dos enlatados americanos, a ração diária distribuída para as tropas era complementada com arroz, feijão e mandioca vindos do Brasil. Tudo quanto possível era dado aos civis italianos.

Apesar da dureza da campanha alpina, nem as baixas foram altas. Dos 25.334 combatentes que foram enviados à Itália, cerca de 14 mil lutaram na linha de frente, 443 morreram e outros três mil foram feridos.[326] Os heróis de Vargas foram enterrados no cemitério de Pistoia e mais tarde, em 1960, tiveram as cinzas transladadas para o Monumento aos Mortos da Segunda Guerra Mundial, no Rio de Janeiro.

Quando tudo acabou, o crítico coronel Sewell, do Destacamento de Ligação, escreveu: "No final das contas, acho que a FEB foi um sucesso. Houve alguma turbulência, mas parece ter terminado bem."[327]

SENTA A PUA!

Além dos pracinhas, o Brasil enviou para a Itália um grupo de pilotos da recém-criada Força Aérea Brasileira: o Primeiro Grupo de Aviação de Caça ou 1º GpAvCa. Criado em 18 de dezembro de 1943, o grupo foi posto sob o comando do então major aviador Nero Moura, piloto do avião presidencial, o "Lockheedinho" (um bimotor Lockheed 12A). Moura escolheu 32 "pilotos-chave" de muitos lugares do país, mas a maioria deles era de jovens recém-formados pela Escola de Aviação Militar, no Campo dos Afonsos, no Rio de Janeiro.

Antes de ser enviado para a Itália, o esquadrão de caça passou por provas na Escola de Táticas Aéreas, na Flórida. Terminado o curso, os pilotos foram locados na base de Albrook, no Panamá, onde encontraram a equipe de mecânicos, o "pessoal de terra" e os caças Curtiss P-40. Foi no Panamá que "Senta a Pua!" se tornou o grito de guerra dos brasileiros. Segundo Moreira Lima, ex-piloto e autor do livro que narra a história do 1º GpAvCa, a expressão surgiu com o tenente aviador Firmino Ayres de Araújo.[328] O paraibano tinha por hábito gritar "Senta a Pua" para apressar os motoristas nas viagens que fazia entre Salvador e a base aérea onde trabalhava. A terminologia nordestina acompanhou o grupo no Panamá e nos Estados Unidos e "naturalmente" chegou à Itália. O símbolo do esquadrão, um avestruz, também surgiu na fase de treinamento no Panamá, onde os pilotos comiam de tudo, como a ave africana, inclusive "feijão-preto com açúcar".

Reunida, toda a equipe retornou aos Estados Unidos, para a base de Suffolk, onde recebeu os novos P-47-Thunderbolt, os aviões em que lutariam contra os nazistas. A caminho da Itália, a bordo do *UST Colombie*, o capitão Fortunato Câmara de Oliveira desenhou a "bolacha" que representaria o Brasil nos céus da Europa: o avestruz guerreiro sob o céu vermelho da guerra e tendo como escudo o Cruzeiro do Sul.

O 1º GpAvCa chegou ao teatro de operações italiano desembarcando em Livorno, em outubro de 1944. Dali foi enviado para Tarquinia (a noventa quilômetros de Roma), onde passou a operar incorporado ao 350º Grupo de Caça da Força Aérea americana como *First Brazilian Figther Squadron*, recebendo o nome código de "Jambock". (Somente muitos anos depois da guerra é que os brasileiros descobriram que o Jambock que os identificava era o nome de um chicote de couro de rinoceronte usado na África do Sul para açoitar escravos.) Antes do término da guerra, o 1º GpAvCa foi transferido para a base de San Giusto, em Pisa.

Entre outubro de 1944 e maio de 1945, o grupo realizou 445 missões de guerra, tendo perdido 16 caças abatidos pela artilharia antiaérea alemã. Cinco pilotos morreram em combate e outros quatro em acidentes aéreos; um número razoavelmente pequeno, levando em consideração o perigo das missões. Enquanto os pilotos americanos do 350º Grupo de Caça realizavam de 35 a cinquenta missões antes de retornar para casa, os pilotos brasileiros alcançaram uma média de setenta missões; e nenhum deles voltou ao Brasil antes do final da guerra. Roberto Pessoa Ramos, Pedro de Lima Mendes e Hélio Langsch Keller realizaram 95 operações de guerra. Alberto Martins Torres completou a incrível marca 99. O comandante Nero Moura realizou 62. Moreira Lima, autor do livro *Senta a Pua!*, completou 94 missões. "Estávamos no ponto de exaustão", escreveu ele. "Houve dias que éramos obrigados (...) a voar até três missões de guerra."[329]

O esforço compensou: o 1º GpAvCa lançou mais de 4.400 bombas sobre efetivos inimigos, destruindo 437 pontes, seis fábricas, três refinarias, 13 locomotivas, 19 embarcações, 85 postos de artilharia e mais de 1.300 carros de transporte, entre outros alvos de menor importância (como 79 veículos de tração animal).[330]

Outro grupo de pilotos brasileiros, da Esquadrilha de Ligação e Observação, realizou mais de 680 missões de reconhecimento do inimigo, fornecendo coordenadas para a artilharia da FEB e das unidades Aliadas.

BRASILEIROS ENTRE NAZISTAS E ALIADOS

Como as leis alemãs da época consideravam alemão quem tivesse sangue alemão (não tendo a necessidade de nascimento na Alemanha), alguns descendentes de imigrantes alemães atenderam ao chamado de Hitler para lutar pelo "lar ancestral", a "pátria-mãe". Outros haviam retornado à terra dos pais ou avós para estudar e, surpreendidos pela guerra, foram convocados a lutar. Mas não há dados precisos sobre o número de brasileiros que se alistaram nas Forças Armadas alemãs. Conforme o historiador Dennison de Oliveira, em 1949 a Missão Militar Brasileira em Berlim, comandada pelo coronel Aurélio de Lyra Tavares, repatriou pouco mais de cinco mil brasileiros (entre brasileiros e familiares nascidos na Alemanha), a maioria emigrados entre 1938 e 1939.[331] Oliveira acredita que "algumas centenas" deles devem ter lutado ao lado dos nazistas. Alguns nomes e histórias são conhecidos.

Na Luftwaffe, foram pelo menos dois brasileiros. Um deles, o curitibano Egon Albrecht-Lemke, deixou o Brasil para se juntar à Juventude Hitlerista na década de 1930. Com a guerra, tornou-se piloto de caça, capitão e comandante de esquadrilha condecorado com a Cruz de Cavaleiro da Cruz de Ferro. Albrecht realizou 250 missões, abatendo 25 aviões Aliados até ser derrubado em agosto de 1944, nas proximidades de Paris. Outro foi o tenente catarinense Wolfgang Ortmann, de São Bento do Sul, que morreu em um acidente com seu avião em fevereiro de 1942.[332]

Também havia brasileiros entre os Aliados. O maior ás francês nasceu em Curitiba. Pierre Clostermann era filho de um diplomata com origem alsaciana. O pai retornou à França pouco depois de seu nascimento, mas Clostermann não deixou de ter relações com o Brasil. Ele recebeu seu brevê de piloto no aeroclube de Manguinhos, em 1937. Curiosamente, seu instrutor era o alemão Karl Benitz. Depois de se formar engenheiro em aeronáutica no Instituto de Tecnologia da Califórnia, Clostermann chegou à Inglaterra via Brasil, em 1940, para servir nas *Forces Aériennes Françaises Libres* (a Força Aérea da França Livre). Lutando em Spitfires das esquadrilhas francesas da RAF, obteve 33 vitórias em combates aéreos. Depois da Segunda Guerra, Clostermann ainda lutou na guerra da Argélia e elegeu-se deputado em duas oportunidades. Morreu na França, em 2006.[333] Outro brasileiro a servir na RAF foi Cosme Lockwood Gomm, filho de ingleses e também curitibano. Líder da Esquadrilha 467, foi abatido em agosto de 1943, na França. Em junho, ele havia recebido a *Distinguished Service Order*, uma importante condecoração britânica.

Muitos outros brasileiros serviram nas Forças Armadas Aliadas. O catarinense Arthur Scheibel, naturalizado norte-americano, serviu como segundo-engenheiro da Marinha no *SS Paul Hamilton*. Morreu quando o navio foi afundado por aviões alemães na costa da Argélia, em abril de 1944.[334] E um caso curioso aconteceu na Itália: o brasileiro Georg Keidel, que servia na Wehrmacht, foi preso pelo também brasileiro Bruno Scheibel, que lutava com a FEB. Bruno era irmão de Arthur, que servia nos Estados Unidos. O pracinha retornou ao Brasil, Keidel provavelmente morreu na Alemanha.

BRASILEIROS, "JUSTOS ENTRE AS NAÇÕES"

Por ajudar a salvar a vida de judeus durante a Segunda Guerra, dois brasileiros receberam da Yad Vashem, a Autoridade de Recordação dos Mártires e Heróis do Holocausto, em Jerusalém, o título de "Justo entre as Nações".[335] Aracy de Carvalho, conhecida como "o Anjo de Hamburgo", esposa de João Guimarães Rosa, recebeu a homenagem em 8 de julho de 1982. Ela era funcionária do Itamaraty quando o escritor brasileiro foi nomeado cônsul em Hamburgo, em 1938. Nesse ano, durante a Noite dos Cristais, Aracy deu guarida a Margareth Bertel-Levy e a seu esposo. Nos anos seguintes, o casal conseguiu emitir vistos para nomes como Gunther Heilborn, Albert Feis e

Grethe Jacobsberg, entre muitas outras famílias judias que fugiram para o Brasil. Com o rompimento das relações diplomáticas em 1942, Guimarães Rosa chegou a ser preso em um campo em Baden-Baden.

Outro ganhador da honraria foi Luiz Martins de Souza Dantas. Embaixador brasileiro em Paris entre 1922 e 1944, Dantas facilitou a fuga de centenas de emigrantes judeus franceses para o Brasil. Entre eles, estavam o cineasta Zbigniew Ziembinski e o produtor artístico Oscar Ornstein. Em 1941, Dantas interveio pelos passageiros no navio Alsina (com um grande número de judeus refugiados), impedido de desembarcar no Senegal e forçado pelos ingleses a aportar em Casablanca, no Marrocos. Com vistos falsos, os judeus conseguiram chegar ao Rio de Janeiro. O brasileiro recebeu o título em 10 de dezembro de 2003.

Até 2016, a Yad Vashem concedeu mais de 26 mil títulos "Justo entre as Nações" a diversas pessoas espalhadas pelo mundo. Na América do Sul, além do Brasil, apenas Chile, Equador e Peru tiveram nomes agraciados com a honraria.

12. CIÊNCIA NAZISTA

Os alemães cometeram uma série de atrocidades médicas e fraudes científicas, mas também promoveram muitos avanços tecnológicos. Por isso, norte-americanos, russos e britânicos extraíram dos nazistas laboratórios científicos e documentos sobre material bélico, foguetes e aviões a jato. É possível que o homem não tivesse pisado na Lua sem a ajuda da Alemanha de Hitler.

Em 29 de setembro de 1945, pouco depois do lançamento das bombas atômicas sobre o Japão, o cientista alemão Wernher von Braun chegou a Boston junto com outros 15 "técnicos do Reich". No total, 457 cientistas alemães seguiram para os Estados Unidos nos dois anos seguintes ao fim da guerra. Foram todos colocados em novas casas e postos de trabalho na América.[336] Todos eles foram capturados pelo Escritório de Serviços Estratégicos, o OSS, durante a ultrassecreta Operação Clipe de Papel.

A operação tinha como objetivo sequestrar e levar para os Estados Unidos a intelectualidade alemã antes que os russos o fizessem. Os americanos não tiveram muitas dificuldades, os nazistas obviamente preferiram se render e trabalhar para os Aliados ocidentais a caírem nas mãos de Stálin. O historiador britânico Michael Dobbs, autor de um livro sobre os meses finais da Segunda Guerra, afirmou que as "reparações intelectuais" chegaram à enorme quantia de dez bilhões de dólares.[337]

AS ARMAS SECRETAS

Desde 1936, os mais importantes projetos científicos da Alemanha nazista eram desenvolvidos em Peenemünde, na costa do Báltico, a 260 quilômetros ao norte de Berlim. As pesquisas eram realizadas tanto pelo Exército quanto pela Luftwaffe, e todas eram inovadoras e revolucionárias, como a propulsão a jato.

Um dos primeiros projetos, o das V1, do engenheiro Robert Lusser, parecia simples: um monoplano sem piloto, isto é, uma bomba de 850 quilos, com asas e propulsão a jato com alcance maior do que os lançadores de bomba comuns. O aparelho podia chegar a 640 quilômetros por hora. As V1, chamadas de "bombas voadoras", começaram a cair sobre Londres poucos dias depois do Dia D, na noite de 12 para 13 de junho de 1944. O problema para os alemães é que o desenvolvimento da arma havia atrasado e, quando ela ficou pronta, a Europa estava sob invasão Aliada e os alemães começaram a perder as rampas de lançamento ao longo da costa do Canal da Mancha. Ainda assim, até o final da guerra, cerca de dez mil delas foram lançadas contra a Grã-Bretanha, 2.500 diretamente em Londres. Mais de seis mil pessoas morreram e 18 mil ficaram feridas.[338]

Enquanto Lusser trabalhava na V1, o diretor técnico do centro, o engenheiro Wernher von Braun, dedicava-se a um projeto de mísseis balísticos, os foguetes A4, mais tarde rebatizados de V2. O vê, tanto da V1 quanto do V2, vinha do alemão *Vergeltungswaffen*, "armas da vingança", com as que Hitler pretendia derrotar os Aliados. Depois dos fracassos iniciais, em 3 de outubro de 1942 von Braun conseguiu disparar, com êxito, seu foguete de doze toneladas, capaz de trans-

Os foguetes V2 em uma base de lançamento em Cuxhaven, na Alemanha, durante a Segunda Guerra.

portar uma ogiva de uma tonelada por 320 quilômetros. O V2 era propelido por etanol e oxigênio líquido, injetados em uma câmara de combustão de altíssima pressão. O etanol usado na mistura combustível era extraído da batata, que os alemães consumiam em abundância. A força do empuxo permitia que o V2 alcançasse a estratosfera. (Depois da guerra, em 1946, um V2 capturado pelos americanos fotografou o espaço pela primeira vez.)

No começo de 1943, dois prisioneiros que trabalhavam no local conseguiram contrabandear relatórios da atividade alemã para a resistência polonesa que, por sua vez, repassou a informação à inteligência inglesa. Em junho, os Aliados bombardearam e danificaram seriamente as instalações em Peenemünde. Em outubro, os nazistas transferiram a base para uma fábrica subterrânea próxima a Nordhausen, no centro da Alemanha, denominada de Mittelwerke. As novas instalações usavam trabalho escravo de prisioneiros do campo de concentração de Mittelbau-Dora. Mittelwerke era composta por dois túneis paralelos principais de 1,6 quilômetro cada. Ao todo, eram mais de dez quilômetros de instalações subterrâneas que incluíam até mesmo gigantescos túneis de vento para os testes da Luftwaffe.

Os dois primeiros mísseis V2 disparados sobre Londres foram lançados de Haia, na Holanda, em 8 de setembro de 1944. Atingiram Chiswick, próximo ao centro da capital, e Parndon Wood, perto de Epping, a nordeste de Londres. Com uma velocidade de 5.760 quilômetros por hora (mais de nove vezes a velocidade do principal avião de caça inglês), não havia defesa Aliada capaz de interceptar os V2. Até março de 1945, mais 1.054 deles foram lançados sobre a Inglaterra e outros novecentos foram disparados contra Antuérpia, na Bélgica.

Diversos aviões a jato também vinham sendo desenvolvidos pelos cientistas alemães, entre eles, o Messerschmitt Me-262, o primeiro caça a jato operacional do mundo, e o Heinkel He-162, o "Caça do Povo". Ambos atingiam mais de mil quilômetros por hora, velocidade muito superior à do P-51 Mustang, principal caça Aliado, e do lendário Spitfire da RAF, que atingia apenas 585 quilômetros horários. Em uma batalha aérea, o Me-262 tinha vantagem de cinco contra um em relação aos aviões americanos e britânicos. Outro avião "revolucionário e, realmente, futurístico" foi o Messerschmitt Me-163, o "cometa".[339] Em mãos norte-americanas, versões baseadas nele atingiram a barreira do som, como o Bell X-1, em 1947. O mesmo ocorreu com o Horten H IX (ou Horten Ho-229), que nos Estados Unidos teria versões como o B-2 Spirit (construído mais de quarenta anos depois).

Havia ainda pesquisas sobre bombardeiros de longo alcance e bombas de precisão, como a Fritz X, mas com as rampas de lançamento, as fábricas e os centros de pesquisa sendo bombardeados, as "armas maravilhosas" de Hitler não mudaram os rumos da guerra e da Alemanha. Mas mudaram os rumos da humanidade. Com o fim da guerra na Europa, o major William Bromley recolheu e despachou para a América toneladas de equipamentos que se encontravam em Nordhausen. Wernher von Braun, que tinha então apenas 33 anos de idade, foi preso e enviado para os Estados Unidos, onde ele pôde escolher uma centena de cientistas alemães para trabalhar em Fort Bliss, no Texas. Mais tarde, ele ganhou o reforço de 380 cientistas e uma nova base em Huntsville, no Alabama. Como diretor da Nasa, Von Braun desenvolveu os foguetes Saturno, do Projeto Apolo, que permitiram ao homem chegar à Lua, em 1969.

PROJETO URÂNIO

Além dos V2, os Aliados tinham outro grande problema com que se preocupar: o de que os nazistas pudessem fabricar uma bomba atômica antes que o projeto nuclear norte-americano fosse concluído. Desde 1942, o general Leslie Groves recebera a missão de acelerar as pesquisas que estavam sendo realizadas em Los Alamos, no Novo México, sob a direção do físico Robert Oppenheimer dentro do Projeto Manhattan.

Desde 1938, os alemães já sabiam como dividir o núcleo do átomo de urânio, a chamada "fissão nuclear", e trabalhavam em um reator empregando água pesada vinda da Noruega. No Projeto Urânio trabalhavam o físico Werner Heisenberg, Nobel de Física em 1932 e líder do projeto; Otto Hahn, Nobel de Química em 1944 e autor da descoberta da fissão nuclear junto com Fritz Strassmann; Carl von Weizsäcker e outros sete cientistas.

Com receio de que todo o projeto alemão caísse em mãos russas ao final da guerra, Groves organizou uma unidade de inteligência denominada Alsos (palavra grega para "bosque", ou "grove", em inglês), com a missão de entrar na Alemanha e apreender o material e os cientistas do projeto. O líder da Alsos era Boris Pashkovsky, um dos investigadores anticomunistas que trabalhava em Los Alamos. (De uma família de imigrantes, "Pash" era filho do chefe da Igreja Ortodoxa Russa nos Estados Unidos.) No final de 1944, a Alsos descobriu em um laboratório alemão abandonado em Estrasburgo, na França, uma série de documentos que deram aos norte-americanos pistas sobre o projeto nuclear alemão.

A indústria química Auer, em Oranienburg, onde o urânio estava sendo transformado em metal, foi o primeiro objetivo alcançado. Como Oranienburg estava no setor russo de ocupação, Groves conseguiu autorização do general Carl Spaatz, comandante da Força Aérea Americana na Europa, para que o local fosse bombardeado. Groves disse a Spaatz que a indústria Auer fabricava "certos metais com características especiais para a produção de armas secretas, até hoje não utilizadas". Em março de 1945, a Oitava Força Área destruiu Oranienburg com um pesado ataque de mais de 1.300 bombardeios.

O outro objetivo da Alsos também ficava na zona russa. Na fábrica de Stassfurt, próximo a Magdeburg, estava escondida a maior parte do urânio nazista que vinha da África. Os alemães controlavam as reservas do minério por meio da empresa belga de mineração Union Minière, que atuava no Congo. Em abril, a equipe da Alsos encontrou mais de mil toneladas de urânio numa mina de sal próxima a Stassfurt. Durante três dias, vinte mil barris do minério foram transportados até Hannover, a 150 quilômetros de distância, na zona britânica, de onde o urânio foi levado à Inglaterra. No dia 22, Pash encontrou escondida em uma gruta, em Haigerloch, ao sul de Stuttgart, a "máquina de urânio" nazista, o protótipo da bomba. Alguns dos físicos estavam escondidos em Hechingen e foram presos pela Operação Ípsilon. O chefe do projeto, no entanto, só foi capturado em 2 de maio, em Urfeld. "Estava esperando o senhor", Heisenberg disse a Pash.[340] Presos, os dez principais cientistas alemães que trabalhavam na bomba atômica nazista foram levados para Farm Hall, uma casa de campo perto de Cambridge, na Inglaterra.

A versão russa da Alsos encontrou não apenas Nikolaus Riehl, o chefe da Companhia Auer, como um estoque de quase cem toneladas de óxido de urânio salvo do bombardeio em Oranienburg. Mas o maior benefício dos soviéticos foi a extensa rede de espiões mantida por Stálin. Ela incluía dois cientistas em Los Alamos (Klaus Fuchs e Theodore Hall) e David Greenglass. Em 1950, Fuchs, que recebera a cidadania britânica em 1942, foi condenado a quatorze anos de prisão.[341] Hall e Greenglass escaparam.

De qualquer forma, apesar do esforço, os nazistas não tinham a bomba pronta nem estavam prestes a poder usá-la. Hitler sempre dera mais apoio ao projeto dos foguetes, ele não acreditava no poder atômico. A gravação das conversas dos físicos alemães em Farm Hall revelou a surpresa deles ao serem notificados de que os Estados Unidos tinham lançado a bomba em Hiroshima no dia 6 de agosto. Um desconfiado Heisenberg disse: "Eu não acredito em nenhuma palavra dessa coisa toda."[342]

Os japoneses estavam atrasados em questões tecnológicas. Em 1942, o país ainda trabalhava no desenvolvimento do radar com base em material capturado de dois navios ingleses afundados próximo a Cingapura em 1941. Pesquisas recentes, no entanto, encontraram documentos que provam que em 1944 o Japão estava prestes a construir um equipamento para o enriquecimento de urânio, fundamental para a fabricação da bomba atômica. Havia dois projetos paralelos: o projeto Nigo Research, do Exército japonês, supervisionado pelo físico Yoshio Nishina, no Instituto Riken, em Tóquio, e o projeto F Research, da Marinha Imperial, chefiado por Bunsaku Arakatsu, físico da Universidade Imperial de Kyoto.[343] O Japão perdeu a corrida pela bomba e pagou o alto preço de ter duas de suas cidades como alvos dos ataques nucleares norte-americanos.

MEDICINA MACABRA

Se os projetos alemães ligados à área espacial trouxeram algum benefício posterior à humanidade, o mesmo não se pode dizer da medicina. Pelo menos é difícil de acreditar que tenham trazido. Uma ciência macabra envolveu médicos, institutos de pesquisa e grandes empresas alemãs.

Durante a Segunda Guerra, a maioria das indústrias alemãs utilizava mão de obra escrava em suas instalações. Foi por isso que a IG Farben, um conglomerado da indústria química alemã que incluía empresas como AGFA, BASF, Hoechst e Bayer, se interessou pelo campo de concentração de Auschwitz, na Polônia. Em 1941, a SS construiu o campo anexo de Buna-Werk, que serviu como campo de trabalho escravo da companhia na produção de borracha sintética. A organização de Himmler recebia quatro *Reichsmark* por dia por escravo fornecido à empresa, que incrivelmente nunca conseguiu produzir a "buna".[344] Mas a IG Farben produzia, entre outros produtos, o Zyklon B, usado para gasear os judeus nas câmaras de gás. Para disfarçar, o produto era transportado em vans pintadas com a Cruz Vermelha. (Os alemães eram sarcásticos, para dizer o mínimo.) Em Auschwitz também se produzia 15% de todo o etanol alemão.[345]

Por meio da Bayer, sua divisão farmacêutica, a IG Farben também financiou os experimentos em Auschwitz-Birkenau, onde trabalhava o capitão Josef Mengele. '"Doutor Mengele' é um nome mágico. Só de ouvi-lo todo mundo treme", relatou o médico judeu-romeno Nyiszli Miklos, auxiliar do alemão.[346] O "Anjo da Morte", como Mengele ficou conhecido, fez seu doutorado em genética no Instituto para Hereditariedade, Biologia e Pureza Racial, da Universidade de Frankfurt. Em 1938, Mengele se filiou ao partido e um ano depois à SS. Ele fez parte do grupo de intelectuais que emprestou seus serviços à "ciência" nazista. Condecorado várias vezes durante a guerra, em 1942 ele chegou a Auschwitz, de onde enviava "materiais experimentais" (olhos, sangue e outras partes do corpo) para o Instituto Kaiser Wilhelm de Antropologia, em Berlim. Tudo como parte do estudo sobre especificidade racial e tipos sanguíneos.[347] Com os prisioneiros do campo a sua disposição, Mengele deu livre curso a experiências macabras. Tentou desenvolver métodos de esterilização em massa e realizar transplantes; também testou soros e drogas em prisioneiros cuidadosamente selecionados. Tinha uma coleção de ossadas e cálculos de vesículas, mas sua predileção eram os gêmeos. Acompanhou partos (antes de enviar mãe e filhos para o crematório), dissecou e realizou todos os testes impossíveis para a medicina ética. Miklos deixou registrada em detalhes sua atividade com Mengele. Após uma dissecação de rotina, sem que o médico alemão percebesse, o romeno descobriu uma prática comum em Auschwitz: "Não é somente com gás que se mata, mas também com injeções de clorofórmio no coração."[348] Para o médico romeno, as pesquisas de Mengele não eram mais do que uma pseudociência: "A propaganda nazista não hesita em revestir suas mentiras mais monstruosas de aparência científica."[349]

Outro médico que estava em Auschwitz a serviço dos nazistas era Helmuth Vetter. Empregado na IG Farben, Vetter realizava testes com mulheres e acreditava estar no "paraíso", devido à oportunidade de "testar nossos novos preparados" sem ser importunado. A companhia solicitou e pagou 170 *Reichsmark* por cada uma das 150 prisioneiras para que o doutor pudesse testar suas injeções livremente. Todas morreram, mas os testes continuaram. Os médicos dos campos de concentração de Mauthausen e Buchenwald, na Alemanha, também realizaram testes farmacêuticos com prisioneiros.

Seja por ignorância ou negação, poucos alemães sabiam o que ocorria nos campos de concentração e um número menor ainda sabia algo sobre os experimentos médicos realizados em Auschwitz, Dachau e outros "centros de pesquisa". E coisas terríveis aconteciam nesses lugares. Em Ravensbrück, noventa mil mulheres foram assassinadas por gás ou "indizíveis atos de sadismo". Em Dachau, cerca de 12 mil morreram em decorrência de testes e experimentos com cirurgias e amputações.

A pele de boa qualidade era extraída dos corpos dos prisioneiros mortos e tratada para ser usada em "selas, culotes de montaria, luvas, pantufas e bolsas femininas". Em Stutthof, realizavam-se experimentos com cadáveres na produção de sabão e couro.

O historiador militar Antony Beevor escreveu: "A perversão grotesca dos deveres médicos sob o nazismo, com o qual muitos profissionais proeminentes aquiesceram, é um exemplo horripilante de como uma perspectiva de poder quase ilimitado pode distorcer o discernimento de pessoas inteligentes."[350] Perguntado, em 2015, sobre a ação de intelectuais e cientistas no Holocausto, o historiador judeu Bernard Wasserstein respondeu que "educação formal, infelizmente, não é necessariamente uma garantia de iluminação".[351]

O uso de cobaias humanas nos experimentos médicos podia não ter justificativa ética, mas tinha uma razão importante para os alemães: ajudar a Wehrmacht, principalmente a Luftwaffe e a Kriegsmarine a resolver problemas de ordem prática. Soldados, aviadores e marinheiros passavam por situações extremas, como queimaduras, mudanças bruscas de pressão atmosférica e imersão em água gelada. Portanto, estudar essas condições significava a vida ou a morte para o exército de Hitler.

Enquanto Mengele, Vetter e outros, como o professor Karl Clauberg, atuavam em Auschwitz, Hans Eppinger e Sigmund Rascher atuavam em Dachau, na Alemanha. O doutor Eppinger era meio-judeu, mas ainda assim fez testes e experimentos horríveis em prisioneiros judeus. Depois da guerra, ele cometeu suicídio enquanto aguardava julgamento.[352] Os testes de Rascher destinavam-se a descobrir como salvar os pilotos da Luftwaffe da hipotermia quando derrubados nas águas gélidas do mar do Norte, bem como desenvolver cabines pressurizadas para o uso dos pilotos alemães em altitudes elevadas. Rascher realizou inúmeros testes com prisioneiros submetidos à baixa pressão e também à pressão de altitudes de 15 mil metros e apresentou suas "descobertas" em um congresso, em 1942. (Para se ter uma ideia, um dos mais famosos bombardeiros Aliados, o B-17, tinha o teto máximo de 10.670 metros, enquanto o He-111 alemão só alcançava 7.800 metros.)[353] O marechal de campo da Luftwaffe Erhard Milch, que assim como Eppinger era meio-judeu, inacreditavelmente dava especial atenção às "interessantes experiências" que Rascher fazia nos escravos judeus. Para alguns cientistas modernos, os dados não passaram de "fraude científica" com poucas conclusões aceitáveis. Para o doutor John Michalczyk, da Universidade de Harvard, essas pesquisas não podem "fazer a ciência avançar ou salvar vidas humanas".[354] Por outro lado, descartando a ética, há quem acredite que as experiências faziam parte do contexto científico da época e muitos dados foram aproveitados para pesquisas posteriores.

O insaciável Rascher também esteve envolvido em uma busca pela cura do câncer utilizando o extrato de plantas, mas inicialmente só recebeu autorização para testar em camundongos. Himmler, no entanto, permitiu que ele realizasse testes em prisioneiros e criasse um "Centro para Testes do Câncer Humano" em Dachau. (Os nazistas foram os primeiros a reunir dados estatísticos rigorosos sobre a relação entre o cigarro e o câncer de pulmão.) Outro experimento de Rascher foi quanto ao uso e efeitos do Polygal, uma substância feita

Wernher von Braun (com o braço engessado) e um grupo de engenheiros alemães, aprisionados pelo Projeto Clipe de Papel, em 1945.

a partir da pectina que ajuda na coagulação do sangue. Prisioneiros do campo receberam pílulas com a substância e tiveram membros amputados ou levaram um tiro no pescoço para provar a eficácia do medicamento. Rascher também publicou os resultados – mas sem mencionar os testes em humanos –, criou uma fábrica para produzir o Polygal e colocou os prisioneiros para trabalhar nela.[355]

Rascher foi executado em Dachau, em 1945, mas seu superior, não. O doutor Hubertus Strughold, diretor do Instituto de Medicina da Aviação da Luftwaffe, passou a trabalhar no Instituto de Fisiologia da Universidade de Heidelberg quando a guerra acabou. Em 1947, ele foi levado para os Estados Unidos pelo Projeto Clipe de Papel. Na América, tornou-se responsável pelo Departamento de Medicina Espacial, um importante centro de investigação sobre os efeitos fisiológicos e comportamentais no voo espacial, o primeiro do tipo no mundo. Apesar de seu passado, Strughold nunca foi preso, interrogado ou até mesmo chamado como testemunha em qualquer julgamento. O professor Mark Kornbluh escreveu que "o programa espacial americano surgiu de um verdadeiro paraíso de ex-nazistas" e não deixou de afirmar que "o dr. Strughold iniciou na medicina aeronáutica através de experimentos macabros realizados em prisioneiros em Dachau".[356] Pela contribuição às pesquisas de cabine pressurizada, entre outros avanços, ele recebeu o título de "Father of Space Medicine", pai da medicina espacial.

Mengele conseguiu escapar da Alemanha depois da guerra, chegou à América e estava vivendo escondido no Brasil na década de 1970, mas seu mentor e diretor no Instituto Kaiser Wilhelm, o doutor Otmar Freiherr von Verschuer, continuou vivendo como respeitado professor de genética na Universidade de Münster.[357]

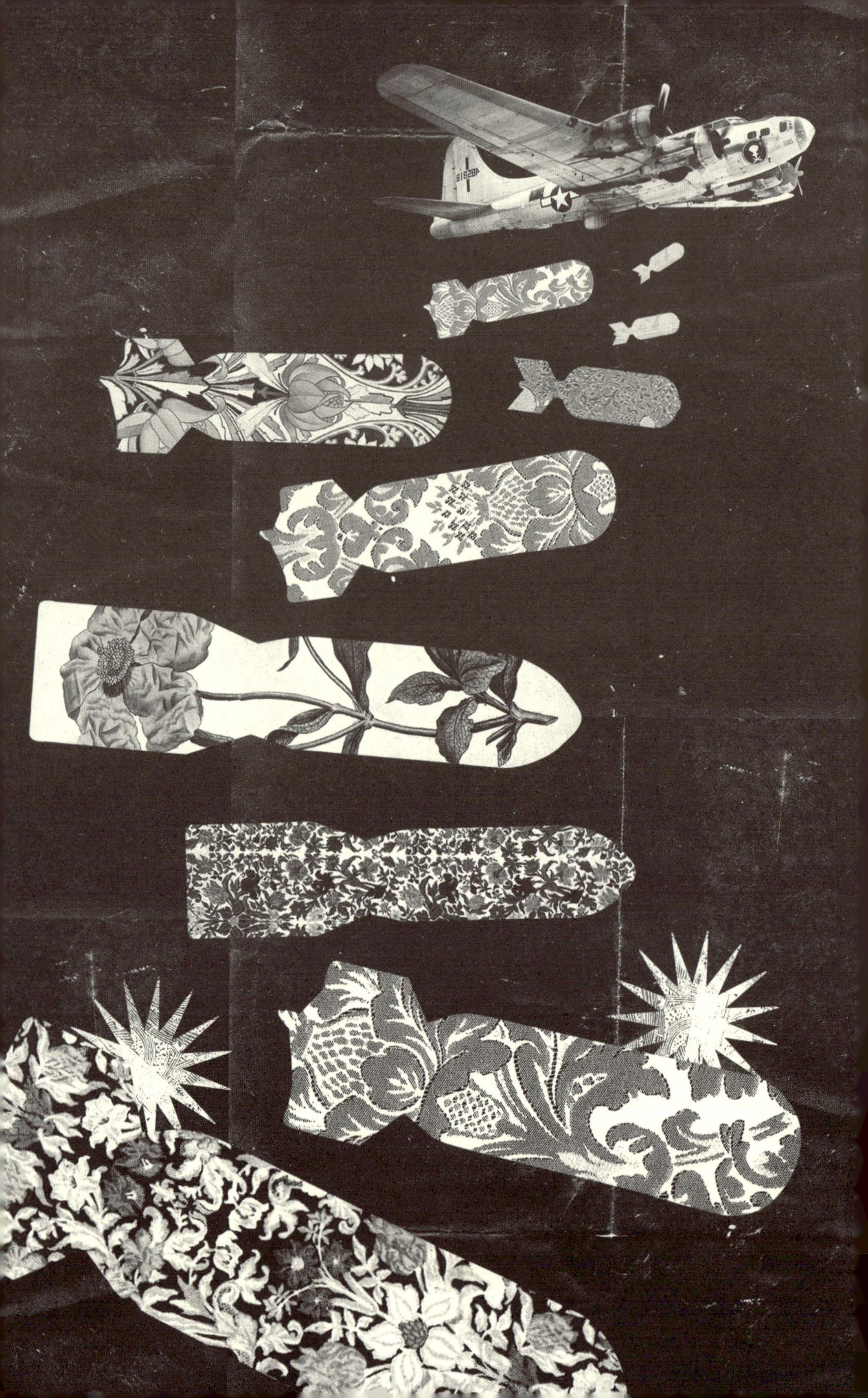

13. OS ALIADOS NÃO ERAM HERÓIS

A Segunda Guerra não teve heróis. Os Exércitos Aliados também mataram e bombardearam civis e cidades indefesas, estupraram e pilharam. Os crimes de guerra cometidos por americanos, ingleses, russos e franceses, no entanto, foram apagados dos livros de história.

No início de 1945, a Segunda Guerra estava chegando ao seu fim na Europa. O Terceiro Reich havia entrado em colapso. Os russos estavam quase às portas de Berlim, enquanto norte-americanos e britânicos cruzavam a fronteira oeste da Alemanha de Hitler. No leste, a população civil fugia do avanço do Exército Vermelho. No oeste, exércitos inteiros da Wehrmacht cercados rendiam-se aos Aliados ocidentais.

O colapso alemão e a iminência da vitória não impediram que o general Dwight Eisenhower, o Comandante Supremo das Forças Aliadas na Europa, autorizasse o bombardeio da cidade alemã de Dresden, na Saxônia. Churchill também deu amplo apoio. Indefesa e sem artilharia antiaérea, a cidade foi arrasada em bombardeios sucessivos da RAF e da Força Aérea dos Estados Unidos. Mais de 2.500 toneladas de bombas explosivas e incendiárias foram despejadas nos ataques efetuados por aviões norte-americanos e britânicos entre os dias 13 e 15 de fevereiro de 1945.

Sétima maior cidade da Alemanha, além dos 650 mil habitantes, a "Florença do Elba" estava repleta de refugiados do leste (trezentos mil, segundo algumas fontes). Ainda que a ordem dada aos bombardeiros fosse "atingir o inimigo onde o golpe fosse sentido com maior intensidade possível", a afirmação mais comum dada pelos Aliados é de que o número de mortos não foi superior a cinquenta mil, tendo sido 25 mil o número mais provável. As ligações ferroviárias importantes para a economia alemã e o trânsito militar faziam de Dresden um alvo legítimo, foi a desculpa.[358]

As fontes alemãs da época, por sua vez, estimaram que pelo menos 250 mil civis morreram durante os ataques. Números estarrecedores, levando-se em conta que as bombas atômicas lançadas sobre Hiroshima e Nagasaki juntas causaram a morte de cerca de duzentos mil japoneses. Arthur Harris, marechal do ar e responsável pelo Comando de Bombardeios, não mostrou preocupação com qualquer civil alemão morto. Insensível à dor, quando questionado sobre o ataque, respondeu: "Dresden? Não existe um lugar chamado Dresden."[359] Não foi à toa que recebeu a alcunha de "açougueiro".

Até mesmo a imprensa Aliada denunciou nos jornais a política de "bombardear de maneira deliberada grandes centros populacionais da Alemanha com o objetivo de causar terror" – infligir terror e mostrar aos russos a capacidade e o poderio bélico anglo-americano. Mas não só isso. No ano anterior, em 15 de setembro, Churchill e Roosevelt haviam aceitado o "Plano Morgenthau", proposto pelo secretário de Estado do Tesouro dos Estados Unidos, Henry Morgenthau. Henry era filho de judeus. Os dois líderes Aliados queriam destruir o potencial industrial alemão e "converter a Alemanha num país essencialmente agrícola e rural".[360] Churchill previa que o Império Britânico falido com a guerra precisaria de um novo mercado consumidor e astutamente garantiu a Roosevelt que a Grã-Bretanha abasteceria a Alemanha em larga escala com os produtos necessários.

Sejam quais forem os números de Dresden, os bombardeios Aliados causaram danos enormes à população civil alemã de um modo geral. Estimativas conservadoras acreditam que cerca de seiscentas mil pessoas morreram e 3,4 milhões de residências foram destruídas na Alemanha em decorrência dos ataques aéreos.[361] O mesmo ocorreu no Japão. Os norte-americanos até hoje têm enormes dificuldades em defender a ideia de que as duas bombas atômicas lançadas sobre as indefesas cidades japonesas de fato visavam encurtar a guerra e poupar vidas aliadas. A ideia de testar seu novo e poderoso brinquedo e dar uma demonstração de força aos russos parece ser bem mais próxima da realidade. O historiador inglês Max Hastings resumiu bem a questão posta sobre os ombros do presidente Truman: "A vida de seu próprio povo tornara-se muito preciosa, e a dos inimigos, muito barata".[362] Infelizmente para os japoneses, o navio Indianápolis, que transportou a bomba de Hiroshima da costa americana até a base de lançamento na ilha de Tinian, foi torpedeado por um submarino japonês apenas três dias após ter deixado o artefato de urânio no pequeno arquipélago. "Acertamos em cheio!", gritou o exultante comandante do I.58. Tivesse acertado na viagem de ida, Motitsura Hashimoto teria salvado a vida de milhares de compatriotas.[363]

Desde muito a vida humana havia perdido qualquer valor, mesmo para quem supostamente defendia a liberdade. No final de janeiro de 1945, o submarino russo S-13, comandado por Aleksandr Marinesko, perseguiu e torpedeou o Wilhelm Gustloff, o maior navio de cruzeiro da Alemanha, que havia zarpado de Gotenhafen (hoje Gdynia, na Polônia) com quase nove mil pessoas a bordo. (O relato do sobrevivente e arquivista alemão Heinz Schön eleva esse número para 10.582.) Eram refugiados alemães, principalmente mulheres e crianças, que a Cruz Vermelha estava levando para abrigos na Noruega.[364] Poucos escaparam com vida do maior desastre naval da história.

Desde o final de 1944, as regiões na costa do Báltico, onde o grande navio alemão foi posto a pique, estavam repletas de refugiados. Mais de sete milhões de pessoas fugiam do Exército Vermelho, a maior migração humana da história moderna. Os relatos de atrocidades cometidas contra a população civil, aliados à propaganda nazista que durante anos havia apresentado os russos como "bárbaros" mongóis ou asiáticos, causavam pânico com o avanço soviético. Uma reação de maneira alguma injustificada. Quando o Exército Vermelho chegou à pequena aldeia de Nemmersdorf, na Prússia Oriental, em menos de 48 horas soldados russos estupraram e mataram 72 jovens alemãs, meninas entre oito e 12 anos e até uma senhora de 84 anos.[365] O general Werner Kreipe, chefe do Estado-Maior da Luftwaffe, registrou em seu diário que corpos de mulheres e crianças encontravam-se pregados em portas de celeiros. Não deve ter sido uma visão nada agradável. Alguns jovens recrutas alemães fugiram do local em pânico e vomitando.[366] Quando os alemães retomaram temporariamente à aldeia, a imprensa mundial pôde documentar o ocorrido. E Joseph Goebbels pôde usar sua melhor arma – a propaganda – para incutir nos civis alemães o medo e a vontade de continuar lutando diante da chegada dos invasores vermelhos. A secretária de Hitler, Traudl Junge, relatou a reação do Führer: "Eles não são mais seres humanos, são animais das estepes da Ásia, e a guerra que travo contra eles é uma guerra em nome da dignidade da humanidade europeia."[367]

ESTUPROS E OUTRAS ATROCIDADES

Na Alemanha, no lado Ocidental, conforme o Exército dos EUA avançava pelo interior do país, a polícia militar fixava placas na entrada das aldeias: "Sem correr, sem pilhar, sem confraternizar."[368] Não surtiram o menor efeito. Pelo menos quanto a pilhar e confraternizar. Segundo um oficial escocês, o nome código para a travessia do Reno não poderia ser melhor: Operação Saque. A Alemanha transformara-se no "paraíso do saqueador".

Os Exércitos da França e dos EUA também estupraram tantas mulheres alemãs quanto puderam. Quando tropas francesas oriundas das colônias do Norte da África entraram em Stuttgart, estupraram três mil mulheres e pilharam a população local sem que pudessem ser controladas. Fizeram o mesmo na Itália.[369] "Sempre que tomam uma cidade ou uma aldeia, fazem um estupro por atacado na população", escreveu o sargento britânico Norman Lewis.[370] Nem crianças e velhos foram poupados. "Consta que é normal", escreveu Lewis, "dois marroquinos atacarem uma mulher simultaneamente, um numa relação normal enquanto o outro pratica sodomia." Somente na Alemanha, aos soldados norte-americanos se atribuem cerca de 190 mil casos de estupros. Talvez só os tenham realizado em menor quantidade do que os russos em Berlim, onde o número de estupros e consequentes suicídios foi assustador – dos 7.057 suicídios cometidos em Berlim em 1945, 3.996 eram de mulheres.[371]

O historiador militar Antony Beevor revela que só na capital alemã entre 95 e 130 mil mulheres teriam sido estupradas e cerca de dez mil morreram em consequência dos estupros múltiplos. Segundo ele, pelo menos dois milhões de mulheres foram estupradas. Das que engravidaram, 90% conseguiram fazer o aborto.[372]

Dois soldados russos molestam uma alemã. Só em Berlim, mais de 130 mil mulheres alemãs foram estupradas por tropas soviéticas em 1945.

A historiadora e jornalista alemã Miriam Gebhardt calculou, a partir de registros da polícia, testemunhos de vítimas e documentos paroquiais, que cerca de 860 mil mulheres e meninas (e alguns homens) foram estupradas por soldados Aliados na Alemanha entre 1944 e 1955.[373] "Eu contei: foram oito russos. Sim... muito brutais. Mas tenho que dizer que eu não gritei. Gemi, sim. Por que nós ouvíamos dizer que após o estupro vinha um tiro na nuca. Eu tinha um medo louco disso", contou Erika Hoerning a Gebhardt, que é autora de um livro polêmico sobre o assunto, lançado em meio às celebrações dos setenta anos da vitória soviética — *Als die Soldaten kamen* (Quando os soldados chegam). Algumas mulheres sofreram mais do que Hoerning. Uma delas relatou ter sido estuprada por "vinte e três soldados, um depois do outro", e outra, por 250.[374]

Um soldado do Exército Vermelho escreveu para um amigo sobre as alemãs: "Não falam uma palavra em russo, o que facilita. Não é preciso convencê-las. Basta apontar uma [pistola] Nagan e mandar que se deitem. Então você faz o que quer e vai embora."[375] Em uma cidade alemã foram encontrados vários corpos de mulheres estupradas e mutiladas, cada um com uma garrafa enfiada na vagina. Quando o antigo hospital judeu de Wedding, em Berlim, foi tomado, ainda restavam seiscentos sobreviventes em péssimas condições físicas. Os russos não tiveram dúvidas e estupraram as pacientes.[376]

O caso mais conhecido de relato talvez seja o de uma editora alemã

anônima. Ela manteve um diário entre abril e junho de 1945 cuja versão em livro, *Uma mulher em Berlim*, virou filme em 2008. "Por fim, as duas alavancas de ferro se abrem", escreveu ela, "lá dentro, o povo do porão me encara. Só agora percebo minha aparência. As meias pendem sobre os calçados, o cabelo está desgrenhado, ainda tenho os pedaços da liga na mão. Eu grito: — Seus porcos! Estuprada duas vezes e vocês fecham a porta e me deixam atirada como um lixo qualquer!"[377] Com pouco mais de trinta anos de idade na época, ela obteve a proteção de um oficial soviético e conseguiu escapar da série de estupros coletivos e sobreviver à guerra.

Sarcasticamente, depois da guerra um oficial russo declarou que "dois milhões de nossos filhos nasceram" na Alemanha.[378] Mas não só as alemãs eram estupradas pelo Exército Vermelho do camarada Stálin. Até mesmo as mulheres russas, bielorrussas e ucranianas que trabalhavam como escravas na Alemanha foram violentadas. Uma delas, Maria Shapoval, afirmou que aguardava a chegada dos russos dia e noite, "esperei minha libertação e agora nossos soldados nos tratam pior que os alemães".[379]

No outro lado do globo, os russos também cometeram estupros coletivos em mulheres japonesas na Manchúria. As mais de setenta enfermeiras do hospital militar em Sun Wu foram abusadas e muitas cometeram suicídio. A famosa frase atribuída ao duque de Wellington, o vencedor de Napoleão, "Acreditem, nem todos os homens que usam uniformes militares são heróis", nunca foi tão verdadeira.

A ocupação estadunidense do Japão foi menos agressiva do que a invasão soviética na Alemanha. Os norte-americanos não tinham passado pelos horrores de uma ocupação, como os russos haviam passado com os alemães. Nem por isso os GIs, como eram chamados os soldados americanos, comportaram-se exemplarmente. Somente nos dez primeiros dias da ocupação, 1.336 casos de estupros aconteceram em Yokohama e em Kanagawa.[380]

Mas a vida sexual não se limitou a estupros. Em Berlim, as mulheres e garotas que circulavam entre os escombros da capital arrasada eram chamadas de "ratos das ruínas". Nas grandes cidades, como em Frankfurt, surgiram os "bordeis nas ruínas", onde até meninos se prostituíam.[381] Para evitar maiores problemas, o governo japonês criou uma "Associação de Recreação e Diversão" e recrutou vinte mil jovens para satisfação dos "conquistadores". O número de casamentos e filhos nascidos do encontro casual entre a população civil e os soldados também foi um surto.

ALEMANHA, UM GIGANTESCO SHOPPING CENTER

Na Europa, roubo e pilhagem não foram cometidos apenas pelos alemães, como Hollywood faz parecer. Durante a invasão da Alemanha, os soldados dos exércitos Aliados tinham direito legal ao butim, como recompensa pelo trabalho e punição aos vencidos. Dezenas de milhares de obras de arte, joias, livros e objetos de valor foram enviados de diversas partes da Alemanha e da Europa para os Estados Unidos pelo correio militar e até hoje fazem parte de coleções particulares ou de museus americanos.

Os russos fizeram o mesmo. Stálin ordenou e a NKVD enviou para Moscou milhares de obras de arte em poder dos alemães. Durante os primeiros meses de ocupação, os soviéticos levaram para Moscou quatrocentos mil vagões de trem com butins de guerra: mais de ses-

Mulheres trabalhando na remoção dos escombros de Berlim, em setembro de 1945.

senta mil pianos, 450 mil aparelhos de rádio, 188 mil tapetes, 940 mil peças de mobília, um milhão de chapéus e 3,3 milhões de pares de sapato. Somados a isso, ainda foram enviados 24 vagões com peças de museus, 154 vagões com peles e vidrarias valiosas, dois milhões de toneladas de cereal e vinte milhões de litros de álcool. Do *Reichsbank*, a NKVD retirou o que os nazistas não haviam conseguido levar para o lado ocidental: 2.389 quilos de ouro e doze toneladas de prata. O historiador russo Vladislav Zubok afirmou que "para os soviéticos, a Alemanha era um gigantesco shopping center, de onde podiam levar tudo que quisessem sem ter de pagar nada".[382] Nem por isso russos e americanos carregam o estigma de ladrões de obras de arte. Não que os alemães não tenham efetuado roubos. Os irmãos Rothschild, por exemplo, tiveram mais de quatro mil objetos e obras de arte roubadas pelos nazistas e, até 1945, mais de três milhões de peças de toda a Europa foram parar na Alemanha.[383]

Os norte-americanos também extraíram da Alemanha laboratórios científicos, documentos sobre material bélico e muitos cientistas e técnicos alemães durante o Projeto Clipe de Papel. Os Estados Unidos também se interessaram pelo que os japoneses estavam desenvolvendo, embora em um grau bem menor do que os alemães. O general Shiro Ishii, por exemplo, convenceu os norte-americanos da utilidade que suas experiências com cobaias humanas realizadas em Harbin teriam para o Exército dos Estados Unidos.[384] O general Charles Willoughby evitou o julgamento de Ishii em nome do "interesse da defesa e da segurança" de seu país e o antigo oficial do Exército Kwantung morreu sem pagar pelos crimes cometidos em nome da ciência.

Algumas vantagens caíram de bandeja em mãos norte-americanas, uma delas foi o arquivo secreto alemão sobre Stálin. Em fins de maio de 1945, ninguém menos do que o próprio general Reinhard Gehlen se entregou a uma patrulha Aliada. Gehlen fora o responsável pelo Serviço de Informações do Exército alemão na Frente Oriental, de 1942 a 1944. Ele não apenas tinha conhecimento de tudo sobre a atividade soviética na guerra como mantinha guardada toda a documentação do arquivo secreto e de uma ampla rede de espiões em Moscou. (Gehlen escondeu o arquivo em partes, nas montanhas de Wendelstein e do Hunsrück, na região central da Alemanha.) Entregue ao G-2, o serviço de inteligência do Exército dos Estados Unidos, ele negociou os arquivos e a criação de uma "Organização Gehlen" na Alemanha ocupada, que seria responsável pela espionagem contra os comunistas russos.[385] A organização se tornou o embrião do

Bundesnachrichtendienst, BND ou Serviço Secreto Alemão, criado em 1956. Gehlen e o BND mantiveram estreita ligação com a CIA durante a Guerra Fria.

A operação soviética para o sequestro dos cientistas e dos equipamentos alemães foi denominada "*Osoaviakhim*". Em menos de um ano, até 1946, 2.885 fábricas alemãs foram desmanteladas e montadas na Rússia, e mais de dois mil engenheiros, técnicos e cientistas de vários setores da indústria foram enviados para Moscou e os novos centros de pesquisa da URSS.

Ao final da guerra, 3,6 milhões de civis alemães haviam morrido. A economia do país vivia o caos. Não havia produção ou distribuição organizada. Tudo o que poderia ser aproveitado foi destruído ou estava sendo requisitado pelos países vencedores. A Alemanha encontrava-se em estado de calamidade e os alemães precisavam ser alimentados pelo esforço conjunto das forças de ocupação. Em Berlim, foi preciso importar até mesmo o básico: farinha, batata e carvão. O gado não tinha comida ou água. Em julho de 1945, de seu quartel-general em Karlshorst, o marechal Georgy Zhukov, Comandante Supremo Soviético, declarou aos comandantes britânico e americano: "A Alemanha não existe".[386]

Os Aliados construíram no pós-guerra a ideia de que a Segunda Guerra havia sido um confronto entre heróis e vilões (os Aliados contra o Eixo), mas o complexo conflito humano esteve muito longe dessa simplicidade dualista. Os bombardeios sistemáticos às cidades indefesas, os roubos e os estupros coletivos são exemplos das muitas atrocidades cometidas em nome da "liberdade". Da mesma forma que o Eixo Berlim-Roma-Tóquio, os Aliados tinham interesses na expansão de um império político-econômico na Europa e na Ásia. Hastings escreveu que é uma ironia "que a Grã-Bretanha, enquanto lutava contra o Eixo em nome da liberdade, governava impiedosamente para manter o controle da Índia, sem consentimento popular, e adotava alguns métodos de totalitarismo".[387]

A Segunda Guerra foi, sem sombra de dúvida, o maior conflito militar da história. E ainda que oficialmente se registre como tendo ocorrido entre 1939 e 1945, ela começou bem antes e terminou muito tempo depois. Mesmo que motivo de discussões, hoje é quase consenso entre os historiadores e pesquisadores que o que se denomina Segunda Guerra na verdade fez parte de um grande conflito que se estendeu por quase todo o século XX. Ou, em definição melhor, conforme Hobsbawm, foi uma "guerra interimperialista".[388] Apenas uma coisa é certa: o período entre 1939 e 1945 foi o mais cruel e devastador da história da humanidade. E sem heróis.[389]

14. HITLER (NÃO) MORREU NO BUNKER!

Oficialmente, Hitler teria cometido suicídio em abril de 1945, mas até hoje a fuga do Führer está no topo das teorias de conspiração. Hitler teria passado seus últimos dias no Brasil, na Argentina e até mesmo na África, longe das vistas dos Aliados.

Em janeiro de 2014, uma dissertação de mestrado em jornalismo pela Universidade Federal do Mato Grosso causou espanto em jornais de todo o mundo: a brasileira Simoni Renée Guerreiro Dias teria encontrado provas de que Hitler viveu no Brasil até os 95 anos, morrendo em 1984 na pequena cidade de Nossa Senhora do Livramento, a 42 quilômetros de Cuiabá. Usando nomes falsos como "Adolfo Leipzig" ou "Adolfo Sopping" e conhecido pela população local como "Alemão Velho", Hitler teria inclusive casado com uma mulher negra conhecida como "Cutinga".[390]

Por mais absurda que possa parecer, a história apresentada por Dias não foi a primeira e muito provavelmente não será a última a fazer parte do acervo que compõe o quase infinito arquivo mundial de teorias sobre a fuga de Hitler de uma Berlim cercada pelo Exército Vermelho ou qualquer outra novidade sobre o líder nazista. E é fácil entender: elas rendem milhões de dólares anualmente em reportagens de jornais, revistas, livros e programas de TV.

Apesar de despertar curiosidade e interesse público, boa parte delas não passa mesmo de sensacionalismo. Em 1983, o jornalista Gerd Heidemann, da revista alemã *Stern*, noticiou ao mundo que havia encontrado os "Diários de Hitler".[391] Eram mais de sessenta diários supostamente escritos pelo ditador entre junho de 1932 e abril de 1945. Um achado monumental acompanhado por jornais e TV de todo o mundo. Pressionada pela opinião pública e por um grande número de importantes historiadores, a revista permitiu que os documentos fossem analisados por um grupo de especialistas. Os peritos constataram, no entanto, que os papéis não correspondiam à época de Hitler, a caligrafia fora falsificada, os lacres eram falsos e o monograna na capa de alguns dos diários continha um erro grosseiro — "FA" em vez de "AH". Logo se descobriu o autor da farsa: Konrad Kujau, um antiquário de Dresden. A *Stern* havia pagado quase quatro milhões de dólares por uma falsificação.

HITLER MORREU NO BUNKER!

Hitler chegou a Berlim em 16 de janeiro de 1945, quando os russos haviam lançado a ofensiva final contra a Alemanha com o objetivo de capturar a capital nazista antes dos Aliados ocidentais. No final de abril, o centro da cidade estava cercado pelos exércitos do marechal Zhukov, e Hitler entrincheirado no *Führerbunker*. Construído sob o jardim da Chancelaria, o bunker do Führer era composto de 12 cômodos no andar superior (onde ficavam a cozinha, o quadro elétrico e os empregados) e outros vinte no nível inferior, onde se localizavam os quartos de alguns oficiais e líderes nazistas e de Eva

Braun, escritórios e seis salas destinadas ao uso de Hitler. Mesmo que totalmente seguro e à prova de bombardeios, o bunker era deprimente e lúgubre. Joachim Fest escreveu que "essa última paragem feita de concreto, de silêncio e de luz elétrica exprimia bem a natureza de Hitler, seu isolamento e o caráter artificial de sua existência".[392]

Aprisionado em seu próprio mundo e com a Alemanha desmoronando ao seu redor, no final de abril, com os russos às portas da Chancelaria, havia chegado a hora do ato final. Ian Kershaw escreveu que "desprovido de energia construtiva e criativa, e articulando apenas uma ânsia cada vez mais selvagem de destruir, o fim mais provável do poder de Hitler era, portanto, o que de fato acabou se verificando: uma bala na cabeça".[393]

Hitler tinha um medo extremo de ser "exibido no zoológico de Moscou" se capturado vivo pelos russos. Quando soube que Mussolini e a amante haviam sido capturados por *partigiani* italianos, executados e expostos pendurados de cabeça para baixo como porcos num açougue em Milão, Hitler ordenou a seus assistentes que, após o suicídio, seu corpo fosse queimado para evitar a identificação. O suicídio havia se tornado algo comum na Berlim de 1945, não menos do que 3.881 pessoas se mataram durante a batalha pela capital.[394]

Com a Chancelaria acima do *Führerbunker* sob o fogo da artilharia soviética, às quatro horas da madrugada do dia 29 de abril, Hitler finalmente oficializou seu casamento com Eva Braun. No dia seguinte, às duas horas da tarde, o ditador nazista fez a última refeição na presença de sua cozinheira e das secretárias e decidiu que chegara a hora de acabar com a própria vida. Fez uma despedida rápida a seu séquito, que ainda tentou persuadi-lo a fugir. Por volta das três e meia, os recém-casados entraram no quarto e cometeram suicídio. Ele atirou na cabeça com uma pistola Walther, calibre 7.65mm; os relatos divergem se na boca ou na têmpora. Eva ingeriu cianeto de hidrogênio, um veneno poderoso armazenado em ampolas e muito usado entre os militares alemães. Como o Führer ordenara, os corpos foram então levados para o jardim da Chancelaria onde dez galões de gasolina transformaram os cadáveres de Hitler e Eva em uma pira de fogo.

A secretária Traudl Junge, para quem o líder nazista ditara seu testamento pessoal e político horas antes, lamentou que, depois de tanto desespero e tanto sofrimento, Hitler não dissera nenhuma palavra de tristeza ou de compaixão. "Lembro-me de pensar, ele não nos deixa com nada. Um nada."[395] Depois de tocar o *Crepúsculo dos Deuses*, de Wagner, por várias horas, a rádio alemã transmitindo de Hamburgo anunciou que o Führer tombara "à frente dos heroicos defensores da capital do Reich" na luta contra o bolchevismo. A maioria dos alemães recebeu a notícia com indiferença.[396] Descobriram muito tarde que as promessas de glória trariam destruição e morte.

Com Hitler morto, os demais integrantes do bunker começaram a fugir. Os generais Hans Krebs e Wilhelm Burgdorf cometeram suicídio. Os Goebbels envenenaram os seis filhos (com idades entre cinco e 13 anos) e também se mataram. Os corpos do casal também foram incinerados.

Em 2 de maio de 1945, o general Helmuth Weidling, comandante militar de Berlim, rendeu-se ao marechal Zhukov, e as tropas do coronel-general Nikolai Berzarin, do 5º Exército de Choque, ocuparam a Chancelaria. Naquele mesmo dia, o tenente-coronel Ivan Klimenko,

Soldado soviético dentro do *Führerbunker*.

oficialmente o primeiro a entrar no *Führerbunker* (o "covil da besta fascista"), considerado por isso o "herói da União Soviética", encontrou os corpos carbonizados do casal Goebbels próximo à entrada do bunker. Os corpos dos filhos de Goebbels só foram encontrados no dia seguinte, quando os russos também encontraram o de um sósia de Hitler. As meias remendadas descartaram a possibilidade de ser o Führer; mas, afoitos para exibir o que seria um troféu, expuseram o morto no hall da Chancelaria e o fotografaram. Os oficiais que divulgaram os achados foram punidos.

A versão alemã sobre a entrada dos russos no bunker é diferente e menos heroica. O técnico mecânico Johannes Hentschel, que havia permanecido no local mesmo depois da debandada dos líderes nazistas, relatou que um grupo de enfermeiras do Exército Vermelho entrou antes de Klimenko. Não procuravam Hitler, mas Eva. Ou pelo

Soldados soviéticos apontam o local onde teriam encontrado o corpo de Hitler.

menos o quarto dela. Segundo Hentschel, saíram com sacos e sacolas cheias de roupas, peças de lingerie e uma dúzia de sutiãs.[397]

O corpo de Hitler não foi encontrado e Stálin ordenou que um destacamento da SMERSH ligado ao 3º Exército de Choque investigasse o caso. O bunker foi lacrado e até mesmo o marechal Zhukov foi impedido de entrar. As buscas por Hitler continuaram nos dias seguintes e não menos do que quinze mortos foram encontrados no perímetro da Chancelaria. Em 5 de maio, próximo à saída do *Führerbunker*, enquanto revirava uma cratera de bomba, o soldado Ivan Churakov encontrou o que seriam os corpos de Hitler e Eva Braun. "Camarada tenente-coronel! Há pernas aqui!", exclamou o soldado do 79º Corpo de Carabineiros. Churakov e Klimenko desenterraram dois corpos carbonizados cobertos por uma fina camada de terra, encontrando ainda os de dois cães (depois confirmados como sendo Blondi e Wolf, os cães de Hitler e Eva).

No dia 7 de maio, os corpos dos filhos de Goebbels foram reconhecidos pelo vice-almirante Hans-Erich Voss e autopsiados em um hospital de campo em Buch, Pankow, um bairro a nordeste de Berlim.

A equipe de legistas era liderada pelo tenente-coronel e doutor Faust Iosifovitch Shkaravski e também realizou exames nos cães. A autópsia nos corpos de Hitler e Eva Braun foi realizada em 8 de maio de 1945 e nos do casal Goebbels no dia seguinte.[398] Conforme o relatório assinado por Shkaravski, o então suposto corpo de Hitler foi encontrado carbonizado, completamente "desfigurado pelo fogo". Foi possível identificar restos de uma malha amarela e de uma camiseta de tricô, mas o cadáver não tinha as costelas do lado direito, partes do crânio e o pé esquerdo.[399] O tórax estava completamente destruído, assim como a maior parte dos braços. O testículo esquerdo também não foi encontrado (a criptorquia foi confirmada por Fleischmann, em 2010, mas no lado direito). Tal era a situação que a identificação só poderia ser feita por meio das coroas e próteses dentárias encontradas em bom estado. O corpo de Eva não estava em melhores condições. O "cheiro de amêndoas amargas", característico do cianeto, no entanto, estava presente em ambos os cadáveres. O relatório não conseguiu identificar o uso de armas de fogo.

Guardados em uma caixa de cetim vermelho, "do tipo usado para joias baratas", os dentes de Hitler foram entregues aos cuidados de Elena Rzhevskaya, que trabalhava como intérprete para a SMERSH. Ela passou a noite do dia 8 de maio, o dia da rendição incondicional da Alemanha, servindo bebidas aos soldados com a caixa debaixo do braço. Procurando evidências que confirmassem as suspeitas de que os corpos eram de Hitler e Eva Braun, os russos chegaram a Kathe Heusermann, assistente de Hugo Blaschke, o dentista de Hitler. Heusermann levou os investigadores ao escritório de Blaschke na Chancelaria, onde foram encontradas radiografias da arcada dentária e também coroas de ouro preparadas para o uso do Führer. Em seguida, o protético Fritz Echtmann, que havia confeccionado as coroas dentárias, foi encontrado. Heusermann e Echtmann confirmaram que os dentes, sem a menor dúvida, eram de Hitler.[400]

Stálin proibiu qualquer menção à descoberta dos corpos. Nem o coronel-general Berzarin, nem o marechal Zhukov ficaram a par. Segundo Beevor, quando décadas mais tarde Zhukov ficou sabendo a verdade sobre Hitler, sentiu-se "profundamente traído".[401] Enquanto isso, a revista norte-americana *Time*, em edição de 7 de maio de 1945, publicava na capa o retrato de Hitler atravessado por um "X" em vermelho-sangue e uma reportagem sobre a fuga por um túnel secreto.[402]

Beria, o chefe da NKVD, foi enviado de Moscou para acompanhar o desenrolar dos fatos. No final de maio, o relatório da SMERSH informando sobre o "suicídio por ingestão de compostos de cianeto" entregue a Stálin foi descartado pelo líder soviético. (A autópsia não conseguiu confirmar o tiro, provavelmente pelo estado do cadáver, mas o sangue no sofá do quarto do bunker, os relatos e as investigações posteriores confirmam que Hitler pode ter se dado um tiro ao mesmo tempo em que mordera a ampola de cianeto.) Stálin passou a afirmar que o Führer estava vivo e escondido em algum lugar! No Japão ou na Argentina, onde teria chegado após passar pela Espanha de Franco. Desde que Zhukov lhe informara, em 1º de maio, que a rádio alemã anunciara a morte de Hitler, Stálin não queria acreditar na possibilidade. "Então, a besta escapou de nós!", exclamara.

Stálin dera início à *Operatsiya Mif*, a "Operação Mito", uma campanha de desinformação que visava manter vivo o perigo da ameaça nazista. Em julho, durante a Conferência de Potsdam, Stálin alimentou as incertezas de seus aliados quanto ao destino do líder alemão informando ao presidente Harry Truman que "nenhum sinal dos restos mortais de Hitler" ou prova conclusiva de sua morte fora encontrada. O historiador britânico Michael Dobbs definiu a operação como "uma fantástica teia de mentiras".[403] Rzhevskaya justificou a política adotada pelos soviéticos: "O sistema de Stálin necessitava da presença de inimigos tanto externos quando internos."[404]

Alguns anos depois da morte do líder soviético, em 25 de fevereiro de 1956, a Corte Federal da Alemanha Ocidental finalmente emitiu uma certidão oficial de óbito concluindo que "não há mais dúvidas de que no dia 30 de abril de 1945 Adolf Hitler pôs fim a sua vida".[405]

Os maxilares que haviam ajudado na identificação do corpo de Hitler foram enviados a Moscou onde permaneceram sob a proteção da SMERSH, enquanto os restos do crânio ficaram aos cuidados da NKVD (depois KGB). O restante do corpo foi sepultado em Finow e depois em Rathenow, próximo a Brandenburg. Em fevereiro de 1946, foi exumado mais uma vez e enviado para um campo do exército em

Magdeburg, na Alemanha Oriental. Em 1970, quando o governo alemão decidiu tomar posse do local, o Politburo do Partido Comunista da União Soviética resolveu dar um fim a tudo "com o máximo sigilo". Segundo relatório da Operação Arquivo, em 5 de abril a KGB desenterrou a "massa gelatinosa" que sobrara de Hitler, Eva e seus dois cães. Yuri Andropov ordenou então que os restos fossem queimados e as cinzas misturadas às de carvão foram jogadas na rede de esgotos que dava no Bideriz, um afluente do rio Elba.[406]

Os assessores pessoais e guarda-costas de Hitler, Günsche, Schaub e Linge, seu motorista, piloto e médico particular, Kempka, Baur e Morell, foram todos presos pelos russos ou americanos. As secretárias particulares e estenógrafas Wolf, Christian, Schröder e Junge foram colocadas sob custódia. Speer, Göring, Hess e todos os outros "faisões dourados" do Partido Nazista caíram prisioneiros ou se entregaram aos Aliados (com exceção de Himmler e Goebbels, que haviam cometido suicídio). O Alto-Comando da Wehrmacht também foi todo aprisionado. Bormann foi o único dos importantes líderes nazistas a ter o fim colocado sob suspeita (ainda que os relatos de 1945 já apontassem para sua morte durante a fuga do bunker). Provavelmente a única pessoa do círculo mais próximo de Hitler a desaparecer sem deixar rastros foi sua jovem cozinheira Manziarly; vista pela última vez tentando fugir dos russos.

Com algumas diferenças de relato, todos que escreveram suas memórias relataram o suicídio de Hitler e Eva Braun. Importantes historiadores da Segunda Guerra e biógrafos de Hitler, como Hugh Trevor-Roper (que também era espião do SIS e foi o primeiro a publicar material sobre os "últimos dias de Hitler"), Fest, Hastings, Beevor e Kershaw, são unânimes em afirmar que Hitler se matou no *Führerbunker.* Diversos outros historiadores alemães têm a mesma opinião. Para além da confirmação dos relatórios médicos e relatos pessoais, é difícil acreditar que um sexagenário doente como o Führer (provavelmente com mal de Parkinson, esquizofrênico e dependente de drogas) tivesse condições de fugir quando outros não conseguiram, principalmente porque Hitler estaria sem a ajuda daqueles em quem mais confiava. A multiplicidade de relatos pode ter gerado a desconfiança. Fest escreveu que, com a queda da Chancelaria, teve início uma "encenação confusa com ocasionais toques burlescos, que não só enganou o mundo durante muito tempo, bem como manteve Hitler ilusoriamente vivo".[407] A Operação Mito de Stálin fez o resto.

TEORIAS DE CONSPIRAÇÃO

Dois anos depois do final da guerra, o húngaro Ladislao Szabo publicava na Argentina o livro *Hitler está vivo*. Szabo inaugurava uma série sem fim de livros a respeito. Seguindo a ideia lançada por Stálin e que a própria revista *Time* ajudara a divulgar, Hitler não teria cometido suicídio, mas teria sido levado secretamente para o Hemisfério Sul por um comboio de submarinos alemães.

Na década de 1960, o mito ainda continuava vivo. Em 1967, jornais noticiaram que Hitler estaria vivendo em uma "misteriosa comunidade de alienados" em meio a um jângal, em Angola, na costa ocidental africana. O ditador teria morrido ali em setembro de 1964. Um missionário teria lhe perguntado no momento da extrema-unção: "Diga-me, meu amigo, o senhor será talvez o Führer?", ao que o enfermo teria respondido: "Sim, sou mesmo Adolf Hitler".[408]

Em 1968, o jornalista e coeditor da revista russa *Novoye Vremya*, Lev Bezymenski, apresentou ao Ocidente a íntegra dos relatórios soviéticos sobre as autópsias dos corpos encontrados em Berlim. Bezymenski também havia participado da tomada de Berlim com o Exército de Zhukov. O livro foi publicado nos Estados Unidos por intermédio de um editor alemão que conseguira contrabandear a obra depois de ter pagado antecipadamente pelos manuscritos originais. Mas todos os detalhes técnicos apresentados nos relatórios médicos da SMERSH assinados pelo doutor Shkaravski e sua equipe não convenceram os adeptos da teoria da conspiração.

Nas décadas de 1980 e 1990, surgiram histórias de que Hitler havia sido visto "vestido de mulher" em Dublin, na Irlanda. O jornal *Times*, de Londres, noticiou que ele se suicidara com explosivos sobre o mar Báltico e outro periódico levantou teorias sobre a vida de Hitler como "Adilupus" na Espanha do general Franco, onde teria falecido em 1º de novembro de 1947.[409]

Nos anos 2000, uma nova onda de livros sobre a fuga de Hitler encheu as prateleiras das livrarias pelo mundo. Em 2004, o jornalista argentino Abel Basti escreveu o livro intitulado *Bariloche Nazi*.[410] O sucesso rendeu. Em sequência, Basti publicou *Hitler en Argentina* (2006), *El Exílio de Hitler en Argentina* (2010) e *Los secretos de Hitler* (2011). Basti também sustenta a teoria de que Hitler fugiu para a Argentina e refuta a ideia de que ele teria se matado ao final da guerra. Em 2010, foi a vez dos pesquisadores argentinos Carlos De Napoli e Juan Salinas, que publicaram a obra *Ultramar Sul – A última operação secreta do Terceiro Reich*, com a história da missão criada para levar Hitler e nazistas proeminentes até a Argentina. Segundo De Napoli e Salinas, oito submarinos chegaram às regiões costeiras de Buenos Aires e da Patagônia, mas os autores esquivam-se de afirmar que Hitler fizesse parte do grupo desembarcado. Um ano mais tarde, os britânicos Gerrard Williams e Simon Dunstan publicaram o livro *The Grey Wolf: The Escape of Adolf Hitler* (Lobo cinzento: a fuga de Adolf Hitler). Os autores sustentam que Hitler escapou da Alemanha três dias antes de seu suposto suicídio. Hitler teria se instalado em mais de uma residência na Patagônia, com Eva e duas filhas, antes de morrer, em 13 de fevereiro de 1962. O esquema teria sido articulado pelo *Reichsleiter* Martin Bormann, o secretário particular de Hitler e Chefe da Chancelaria do Reich, que também teria fugido para a América do Sul. A fuga, segundo os autores, teria contado com o apoio do OSS em troca de informações sobre tecnologia de guerra. Bormann também teria entregue uma fortuna em ouro ao governo de Perón.[411]

Bormann era eixo central das teorias da conspiração. O escritor húngaro radicado nos Estados Unidos Ladislas Farago e o inglês Charles Whiting estão entre os que caçaram Martin Bormann por anos. Em 1975, Farago escreveu *Aftermath: Martin Bormann and the Fourth Reich* (Consequências: Martin Bormann e o Quarto Reich). "Baseado em entrevistas (algumas das quais fizeram parte de manchetes em todo o mundo), documentos e arquivos secretos", o livro revelava a criação de um império nazista na América do Sul sob a liderança de Bormann. Farago apresentou supostos documentos da Polícia Federal da Argentina e relatou até mesmo ter se encontrado com Bormann em um hospital onde este lhe teria dito: "Você não vê que eu sou um homem velho? Então por que você não me deixa morrer em paz?"[412]

O problema é que, assim como Hitler, Bormann não sobreviveu à Berlim ocupada pelos soviéticos. Depois do suicídio do Führer, ele deixou o bunker com um dos vários pequenos grupos de nazistas formados para escapar da arapuca em que a capital alemã se transformara. Junto dele estavam Artur Axmann e Ludwig Stumpfegger. Axmann safou-se, mas Stumpfegger e Bormann não tiveram a mesma sorte. O líder da Juventude Hitlerista afirmou mais tarde que os dois companheiros de fuga haviam cometido suicídio diante da iminência de serem presos pelos russos. No entanto, como o corpo de Bormann não foi encontrado em meio às ruínas de Berlim, surgiram diversas teorias sobre sua fuga para a América do Sul. Até mesmo Reinhard Gehlen, o general do Serviço de Informações do Exército Alemão que passara a trabalhar em colaboração com a CIA depois da guerra, afirmou que o grande espião de Stálin na Alemanha nazista durante a guerra era ninguém menos do que o próprio Bormann. Gehlen escreveu: "Não há o menor fundamento para as alegações que ele vive na Argentina ou no Paraguai cercado de guardas. Em maio de 1945 ele entrou na Rússia levado por forças da invasão." Ainda segundo o agente alemão, "informações separadas vindas

Hitler condecora membros da Juventude Hitlerista defensores de Berlim, em 20 de abril de 1945.

de trás da Cortina de Ferro" confirmavam a vida de Bormann em Moscou, na década de 1950, "escondido como assessor do governo".[413]

Toda a farsa acabou quando, em dezembro de 1972, durante escavações no metrô em Berlim, uma ossada foi descoberta próximo à estação Lehrter, a menos de dois quilômetros do bunker, nas proximidades do local onde Axmann relatara que vira Bormann morto em 1945. A identificação foi contestada por associações como a de Simon Wiesenthal, o "caçador de nazistas", que ganhavam um bom dinheiro investigando nazistas fugitivos. Em maio de 1999, exames de DNA comprovaram definitivamente que era mesmo Bormann.[414]

Desmascarado, o argentino Juan José Velasco confessou que falsificara os documentos para revendê-los a Farago. A Operação Mito desencadeada por Stálin manteve o FBI e a CIA ocupados por quase trinta anos. O resultado foi um dossiê de quase mil páginas que não leva a lugar algum, Hitler nunca foi encontrado. O mesmo ocorreu na América do Sul. Quando a Argentina liberou os arquivos para consulta no início dos anos 1990, o que se viu foi (segundo o historiador argentino Uki Goñi) uma "sebenta pilha" de dossiês sem nenhuma novidade.[415] Havia "provas" da presença de Bormann na Argentina e nada sobre Adolf Eichmann, capturado no país pelo Mossad (o Serviço Secreto israelense), em 1962. Ainda que com documentação cada vez mais contraditória, Basti, De Napoli, Salinas, Williams, Dunstan, entre outros, continuam a publicar e apostar suas fichas na fuga de Hitler para a América do Sul.

O suicídio de Hitler e Bormann em Berlim não significa, no entanto, que nazistas não tenham de fato fugido para o Hemisfério Sul. Centenas de criminosos de guerra refugiaram-se no continente, principalmente na Argentina, entre os anos de 1945 e 1955, durante o governo Perón (que, de fato, ganhou muito dinheiro nazista).

Várias organizações não nazistas deram apoio à fuga, entre elas, o Vaticano e as agências de inteligência Aliadas, que também haviam levado nazistas em segurança para os Estados Unidos. Segundo Goñi, "tudo com o objetivo de ajudar os sabujos de Hitler a escaparem."[416] Através da "Rota dos Conventos" (via Roma/Gênova) e da "Conexão Suíça" (por Berna), chegaram à América fugitivos nazistas importantes como Klaus Barbie e o próprio Eichmann, um dos organizadores da Solução Final.[417] Josef Mengele e Franz Stangl viveram no Brasil. Stangl foi preso e extraditado, mas Mengele viveu por aqui até sua morte em 1979. Herbert Cukurs também morou no Brasil, mas foi caçado e assassinado pelo Mossad no Uruguai, em 1965.[418]

15. UMA GUERRA (NADA) FRIA

Os Aliados foram à guerra contra Hitler acusando a Alemanha de escravizar outros povos em busca do "espaço vital". Mas França e Inglaterra também eram países exploradores de populações na África e na Ásia. Com o fim da Segunda Guerra, Stálin transformou o Leste Europeu em uma colônia da URSS, enquanto os Estados Unidos passaram a dominar econômica e politicamente o resto do mundo.

Provavelmente a maior prova de que os Aliados não eram heróis lutando contra a tirania nazista apareceu quando a Segunda Guerra chegou ao fim. Em 1945, os Estados Unidos, a União Soviética e o Império Britânico brigavam para repartir os destroços da Alemanha, assim como para manter e, principalmente, ampliar seus impérios sobre o globo.

Quando os "Três Grandes" se reuniram em Yalta, às margens do mar Negro, na Crimeia, entre os dias 4 e 11 de fevereiro daquele ano, eles esperavam definir o futuro da Europa e do mundo pós-guerra. Mas a ideia de que a conferência representaria o fim do sistema de ação unilateral, alianças, esferas de influência e disputa pelo poder não passou de utopia e propaganda Aliada.

Havia muito em jogo e ninguém queria perder. Desde 1943, durante a Conferência de Teerã, no Irã, os Aliados mantinham uma cooperação mais estreita quanto aos seus objetivos militares, como a definição de uma segunda frente com a invasão da França e a exigência de uma "capitulação incondicional" da Alemanha. Porém, à medida que a guerra ia chegando ao final, os problemas geopolíticos iam aparecendo e a Carta do Atlântico (1941) perdia sua função. Um acordo entre Stálin e Churchill realizado em Moscou em setembro de 1944 estabeleceu áreas de influência no Leste da Europa (nos Bálcãs, essencialmente, já que na Polônia o ditador soviético obstruía qualquer possibilidade de influência Aliada). A Grã-Bretanha acordou que não teria participação nos assuntos referentes a Romênia, Hungria e Bulgária para que pudesse ter liberdade de ação no que se referia à Grécia. Assim, Churchill manteve a Grécia sob o domínio britânico e não encontrou restrições para eliminar a oposição dos guerrilheiros comunistas. Stálin deixou seus partidários gregos isolados, sem chances contra os ingleses. Uma pequena migalha para o líder britânico.[419]

A DIVISÃO DA ALEMANHA

Em Yalta definiram-se ainda os últimos detalhes quanto à criação da ONU e à divisão da Alemanha em zonas de ocupação, uma ideia que vinha sendo discutida desde 1943. A situação da Polônia foi de longe o tema mais controverso. Afinal, foi pela "honra e liberdade" da Polônia que tudo havia começado. Enquanto Churchill e Roosevelt planejavam um governo democrático, escolhido por meio de eleições livres e organizado pelo governo polonês no exílio (em Londres desde o início da guerra), o líder da URSS ressaltava o caráter democrático do governo comunista que ele estabelecera em Lublin. Como a Polônia encontrava-se sob ocupação soviética, Stálin era quem ditava as regras. Para Władysław Anders, comandante do Exército Polonês no exílio, os Aliados haviam vendido a Polônia aos soviéticos, Yalta havia assinado a "sentença de morte" para seu país, transformando-o em uma "república soviética". Um jovem oficial inglês resumiu o que havia sido a guerra: "Ficou perfeitamente claro que lutamos nessa guerra em vão; todos os princípios pelos quais entramos em guerra foram sacrificados."[420] Sacrificados no altar da liberdade, em benefício das grandes potências.

Seis meses depois, entre 17 de julho e 2 de agosto, com o Terceiro Reich de Hitler derrotado e os Estados Unidos prestes a lançarem a primeira bomba atômica da história, outra conferência, desta vez em Potsdam, próximo a Berlim, na Alemanha, decretaria o destino das nações em um mundo agora dividido entre capitalismo e comunismo. O Exército Vermelho ocupara todos os países a leste da Alemanha e não tinha intenção de deixá-los. Averell Harriman, embaixador norte-americano em Moscou, em sua primeira reunião com o presidente Truman, sentenciou: "Estamos diante de uma invasão da Europa pelos bárbaros."[421] A conferência não alterou a situação das relações soviéticas com os americanos; nem com os britânicos. Pelo contrário,

O mundo nas mãos das grandes potências: Churchill, Truman e Stálin reunidos na Conferência de Potsdam, na Alemanha, em julho de 1945.

acirrou as diferenças. (Churchill fora derrotado nas primeiras eleições inglesas desde 1940 e agora Clement Attlee ocupava o cargo de primeiro-ministro).

O resultado de Potsdam foi uma Alemanha dividida em duas entidades rivais, guiadas por ideologias e sistemas econômicos e políticos em competição. O lado ocidental foi dividido entre três nações, já que a França entrara como quarta potência ao lado de Grã-Bretanha e Estados Unidos, mas manteve quase que inalterada a fronteira franco-alemã. O lado oriental da Alemanha, com influência de Stálin, cedeu à Polônia parte da Pomerânia e a Silésia. A Toca do Lobo, em Rastenburg, de onde Hitler comandara a invasão da Rússia, agora fazia parte do território da Polônia com o nome de Ketrzyn. Antigas cidades alemãs, como Breslau e Stettin, agora eram Wroclaw e Szczecin.[422]

A Alemanha não foi a única a sofrer com a perda de partes de seu território. A URSS incorporou a Estônia, a Letônia e a Lituânia, além da parte oriental da Polônia e a Prússia Oriental. Stálin transformou o restante do Leste Europeu em uma "colônia" soviética. Mais uma vez, a política de autodeterminação dos povos pregada pelo presidente Woodrow Wilson depois da Primeira Guerra desmoronava diante de interesses político-militares e econômicos.

Com o presidente Roosevelt morto em abril e Truman sem experiência internacional, possivelmente apenas Churchill conseguiu antever com clareza o que ocorreria na Europa. "Uma cortina de ferro" desceu sobre o front, escreveu Churchill a Truman quatro dias depois do colapso nazista, em maio de 1945. No discurso da vitória, a velha raposa inglesa falou sobre sua preocupação de que "os simples e honrados propósitos que nos levaram à guerra" corriam o risco de serem "deixados de lado". Palavras como "liberdade, democracia e independência" estavam sendo despidas de seu verdadeiro significado.[423] (Churchill, como visto antes, era o mestre da hipocrisia.)

Pouco depois, Churchill deu ordens ao marechal Montgomery para que não destruísse as armas dos mais de dois milhões de alemães que haviam se rendido aos britânicos, nem as aeronaves alemãs em poder da RAF. O primeiro-ministro acreditava que o confronto com Stálin era inevitável e chegou mesmo a ordenar aos líderes militares que planejassem a "Operação Impensável", que deveria ser deflagrada em 1º de julho de 1945 com o objetivo de "impor à Rússia a vontade dos Estados Unidos e do Império Britânico". Mas, o Exército Vermelho tinha duas vezes e meia mais soldados e armamentos que as forças anglo-americanas. Truman também não tinha a menor intenção de envolver os Estados Unidos em uma nova guerra e Churchill recebeu como resposta que "a ideia é claramente fantasiosa". Como Churchill perdeu as eleições de julho para Attlee, Stálin não tinha mais adversários a sua altura na Europa.

Um ano depois, o ex-primeiro-ministro britânico, em viagem aos Estados Unidos, retomou o uso da expressão que definiria a separação entre a Europa comunista e capitalista nas décadas seguintes. Em 5 de março de 1946, no Westminster College, em Fulton, no Missouri, discursou ele: "De Stettin, no Báltico, até Trieste, no Adriático, uma cortina de ferro desceu sobre o continente. Por trás dessa linha ficam todas as capitais das antigas nações da Europa central e oriental."[424] Ainda que franco, Churchill não foi nada original. Na verdade, ele usou a expressão de seu inimigo Goebbels que, embora não tenha sido o primeiro a falar em "cortina de ferro", foi quem a tornou proeminente. Em fevereiro de 1945, em artigo para o jornal semanal *Das Reich*, o ministro da Propaganda de Hitler alertava os alemães de que os três países Aliados haviam acertado a divisão da Europa na Con-

O Portão de Brandenburg, em Berlim, agosto de 1945: o mundo em esferas de influência econômica

ferência de Yalta, assim como haviam definido "um programa de ocupação que irá destruir e exterminar o povo alemão até o ano 2000".[425] Em seu testamento político, Hitler expressara a mesma opinião sobre a repartição da Europa em dois blocos opositores e ainda salientara: apenas duas grandes potências seriam capazes de enfrentar uma à outra, os Estados Unidos e a Rússia soviética. Um trecho menos conhecido do discurso de Churchill, embora provavelmente mais original, não falava em cortina tampouco em ferro: "Uma sombra desceu sobre os palcos tão recentemente iluminados pela vitória dos Aliados."

UMA PAZ QUE NÃO É PAZ: GUERRA FRIA

Quando, em 25 de abril de 1945, ocorreu a sessão inaugural das Nações Unidas, em São Francisco, na costa oeste americana, quatro colunas douradas foram dispostas no palco principal. Representavam as quatro liberdades que Roosevelt prometera ao mundo: liberdade de religião, de expressão, de viver sem fome e de viver sem medo. Infelizmente, em poucos lugares do mundo elas foram verdadeiramente respeitadas.

Em maio de 1945, quando a guerra terminou no Velho Mundo, milhões de prisioneiros do derrotado Reich de Hitler, mantidos em campos de concentração e de trabalhos forçados, e refugiados vindos da linha de frente não sabiam para onde ir. Muitos haviam perdido tudo — família, casa e até mesmo a nacionalidade (especialmente os que eram originários da Europa Oriental). Fronteiras foram criadas ou redefinidas, países criados ou extintos e minorias étnicas mais uma vez erravam em busca de um lugar onde pudessem reconstruir suas comunidades. Estima-se que mais de vinte milhões de pessoas, a maioria alemães, foram expulsas ou reassentadas em novos territórios.[426]

O sentimento de vingança encontrou guarida na ideia de que se podia retribuir o mal feito durante a guerra. Após a rendição alemã, uma onda de violência antigermânica tomou conta de uma Polônia destroçada pelas forças nazistas. O polonês Cesaro Gimborski, comandante de um campo de prisioneiros em Lamsdorf, por exemplo, tinha só 18 anos quando a guerra chegou ao seu final, mas foi o responsável pela morte de mais de seis mil pessoas, incluindo oitocentas crianças alemãs.[427]

Oprimidos tornaram-se opressores. Enquanto o Império Britânico se estendia da África Oriental até o Extremo Oriente, a França ainda era dona de quase toda a África Ocidental. O mesmo Charles de Gaulle que passara a guerra bradando por liberdade nos microfones da BBC de Londres não queria perder as colônias francesas no continente negro e na Ásia. No norte da África, a França libertada da opressão nazista não aceitou os movimentos de independência argelinos do pós-guerra. Cidades foram bombardeadas, milhares foram presos, torturados e executados. Estima-se que mais de trinta mil argelinos tenham morrido por ordens vindas de Paris. Mesma situação ocorreu no Vietnã, colônia francesa ocupada pelo Japão durante a guerra. A Legião Estrangeira Francesa, que atuava na Indochina, incluía muitos alemães e ex-oficiais da SS, que torturaram e executaram milhares de vietnamitas. Cerca de um milhão de pessoas morreriam de fome nos conflitos pela independência do país.[428]

O inglês George Orwell, autor do livro anticomunista e antistalinista *A revolução dos bichos*, escreveu, em outubro de 1945, que a era atômica e a luta entre as duas superpotências trariam "uma época de horrível estabilidade, como os impérios escravocratas da Antiguidade", "uma paz que não é paz" caracterizada por uma "guerra fria".[429] Uma guerra de influências, por um mundo dividido entre os que apoiavam ou recebiam apoio da URSS ou dos Estados Unidos, a grande força que emergira no Ocidente democrático.

A nova potência do Ocidente lucrou em quase todos os sentidos com a Segunda Guerra. O número relativamente baixo de perdas humanas, menos de 420 mil, contrastou com ganhos enormes em muitas áreas. O país concedeu vultosos empréstimos aos países beligerantes, extraiu tecnologia do inimigo, expandiu a economia e aumentou a produção industrial. Sem contar que a população civil e o território americano foram preservados de bombardeios e uma grande quantidade do ouro nazista foi parar nos cofres do Federal Reserve.[430] Nas décadas seguintes, para derrotar o comunismo e manter sua área de influência econômica, os norte-americanos financiaram muitos países alinhados com o capitalismo pelo globo.

Assim, o mundo veria a Guerra Fria esquentar em conflitos na Coreia, no Vietnã e no Oriente Médio e quase deflagrar uma guerra nuclear com a Crise dos Mísseis em Cuba, em 1962.

Ninguém representou melhor esse período que o judeu-alemão Henry Kissinger. Depois de lutar como sargento na guerra contra sua Alemanha natal (e contra a ditadura nazista e pela "liberdade" do mundo), Kissinger iria virar Secretário de Estado norte-americano, desempenhando um papel importante na política exterior estadunidense. Ele foi o responsável, por exemplo, pela Operação Condor, que deu sustentação a diversas ditaduras militares na América do Sul da década de 1970. Ironicamente, ele recebeu o Prêmio Nobel da Paz, em 1973.

Alguns historiadores chegam mesmo a afirmar que a Segunda Guerra só chegou ao fim em 1991, com a derrocada do regime soviético. O mais correto é que ela marcou o fim dos grandes impérios em decorrência de ocupações territoriais e passou a revelar novas potências em disputa por esferas de influência econômica.[431]

OS VENCIDOS E OS VENCEDORES

Durante o ano de 1946, juízes Aliados se reuniram na cidade alemã de Nuremberg, onde outrora eram realizados os congressos do Partido Nazista, a fim de julgar os mais proeminentes líderes alemães ainda vivos. Estes compareceram diante do Tribunal Militar Internacional certos de que os julgamentos não passavam de "vingança política" por parte dos vencedores. Pelo menos nesse ponto os nazistas não estavam errados. Algumas acusações, como a de "preparação de uma guerra de agressão", foram aplicadas à Alemanha como poderiam ter sido aplicadas também à União Soviética. E não foram. No começo da guerra, Stálin não apenas dividira a Polônia com Hitler, como invadira a Finlândia. Os russos também não foram julgados pelo massacre de Katyn, assim como franceses, ingleses e norte-americanos nunca foram julgados pelos estupros, pilhagem e atrocidades cometidas em nome da liberdade. Os horrores do Holocausto serviram de escudo para qualquer acusação contra os Aliados.

Ao todo, dez dirigentes nazistas, entre eles, os chefes do Estado-Maior da Wehrmacht Wilhelm Keitel e Alfred Jodl, o filósofo e teórico do nazismo Alfred Rosenberg, o chefe da RSHA Ernst Kaltenbrunner e Joachim von Ribbentrop, foram enforcados. Quase todos saudaram a Alemanha, mas apenas Julius Streicher, editor do jornal antissemita *Der Stürmer*, gritou "Heil Hitler!". "Dez homens em 103 minutos", disse o carrasco John Wood, afirmando que o trabalho rápido merecia uma bebida forte.[432] Mesmo assim, Wood foi criticado por não ser um bom executor, uma vez que o ex-ministro das Relações Exteriores de Hitler agonizou por vinte minutos pendurado pela corda até que fosse dado como morto. Alguns nazistas escaparam da morte com sentenças brandas, como os almirantes Karl Dönitz e Erich Raeder, o ministro do Armamento e arquiteto predileto de Hitler Albert Speer, o vice-Führer Rudolf Hess, que estava preso na Inglaterra desde 1941, e o líder da juventude Hitlerista Baldur von Schirach. A maioria dos oficiais da Wehrmacht também escapou da forca. Bormann, o secretário do partido, morreu durante a fuga de Berlim, enquanto o temível Himmler suicidou-se quando foi preso pelos ingleses. O mesmo fez Hermann Göring, o comandante-chefe da Luftwaffe e o mais popular dos líderes nazistas (Göring suicidou-se na cela da prisão depois de seu julgamento, ele havia solicitado aos juízes que fosse fuzilado, e não enforcado).

Muitos outros julgamentos contra médicos, cientistas, líderes da SS e industriais acusados de colaborar com a máquina de guerra de Hitler, foram realizados até o final de 1949. Quando acabaram, os Aliados haviam julgado mais de cinco mil pessoas. Quatro mil foram sentenciadas, 806 foram condenadas à morte e 486 executadas.[433] Estima-se que duzentos mil alemães foram presos por terem um passado nazista. Em 1947, quarenta mil ainda estavam encarcerados. Dos libertados, a maioria foi integrada à sociedade e não poucos participaram dos governos da Alemanha Ocidental e da Áustria.

O judeu-polonês Mieczyslaw Pemper, que fora escrivão e estenógrafo de Amon Göth, o comandante alemão do campo de concentração Płaszów, participou de vários dos julgamentos, inclusive o de Rudolf Röss, o temido chefe do campo de extermínio de Auschwitz. Pemper lamentou que os carrascos da SS não manifestassem qualquer sentimento de remorso pelas atrocidades cometidas, "nenhuma desculpa, nenhuma renúncia, nenhum remorso".[434] Göth foi responsabilizado pela morte de oito mil pessoas no campo de Płaszów e por massacres em Cracóvia, Tanów e Szebnie. Acusado de "crimes contra a humanidade", ele disse "não" quando perguntado se o réu se considerava culpado. Foi enforcado em setembro de 1946. Na década de 1970, sua filha Monika, nascida pouco antes de seu julgamento, fruto de um relacionamento com a secretária de Oskar Schindler, Ruth Irene Kalder, teve uma filha com um estudante nigeriano. Não deixa de ser irônico que um carrasco nazista tenha tido uma neta negra.[435]

Os criminosos de guerra japoneses também compareceram diante de um tribunal Aliado, em Tóquio, mas o imperador Hirohito e os membros da família imperial foram liberados dos julgamentos. Alguns militares também escaparam das punições. Já o primeiro-ministro do Japão à época de Pearl Harbor, Hideki Tojo, tentou cometer suicídio, mas sobreviveu, foi julgado, condenado e executado. Antes, pediu desculpas pelas atrocidades cometidas pelo Exército Imperial na Coreia, na Manchúria e na China.

Muitos japoneses não aceitaram ou sequer tomaram conhecimento do acordo de paz com os Aliados. Unidades isoladas na selva renderam-se somente em março de 1946, seis meses após a rendição incondicional do Japão. Em 1972, o sargento Shoichi Yokoi foi encontrado na selva da ilha de Guam ainda em prontidão e negando-se a depor armas.[436]

Para alguns, era o fim, para outros, o começo. Os soldados judeus das Forças Britânicas que atuaram na Itália, o *Jewish Brigade Group*, conhecedores dos horrores dos campos de concentração, conseguiram, com ajuda dos serviços de inteligência militares norte-americano e britânico, listas de membros da SS. Foi o início dos *nokmin*, os "vingadores". Sua missão era prender e executar todos os que faziam parte da lista. Com apoio de Haim Weizman, futuro primeiro presidente de Israel, o grupo tentou envenenar o abastecimento de água de Nuremberg e Hamburgo, na Alemanha. Porém, o veneno, transportado em latas de leite condensado, não chegou ao destino. A ideia de vingança, no entanto, não chegara ao fim.

Na Páscoa de 1946, os vingadores envenenaram com arsênico três mil pães destinados a um campo de prisioneiros com 15 mil homens da Waffen-SS. A maioria dos alemães sobreviveu, salva por médicos americanos. Nunca se soube o número de mortos, mas os *nokmin* deixaram sua marca.[437] Cinco anos depois, em 1951, o primeiro-ministro israelense, David Ben-Gurion, ordenou a criação do *Mossad — Le-Modiin ule-Tafkidim Meyuhadim*, o Instituto de Inteligência e Operações Especiais Israelense, que seria responsável por caçar, capturar e executar os nazistas que haviam conseguido fugir da Europa. Os perseguidos judeus passaram a ser perseguidores. O *Mossad* passou a executar também árabes e todo e qualquer inimigo do Estado de Israel.

Em 10 de setembro de 1952, Alemanha Ocidental e Israel assinaram o Tratado de Luxemburgo, no qual os alemães se comprometiam a pagar três bilhões de marcos ao recém-criado Estado de Israel e 450 milhões de marcos a organizações judaicas. Cerca de 35 bilhões seriam postos em reserva para futuras indenizações.[438]

Foi somente em 5 de maio de 1955, dez anos após a rendição incondicional, que a Alemanha se tornou um "Estado independente e soberano". Cinco anos depois, o país começou a pagar indenizações aos países que havia ocupado durante a Segunda Guerra. As tropas de ocupação Aliadas só começaram a deixar a Alemanha em 1990, depois que o Muro de Berlim caiu e a URSS começou a ruir. Em 2013, a Grã-Bretanha realizou o último voo militar sobre o país. Norte-americanos e ingleses ainda mantêm tropas e bases militares na região (com um efetivo de cerca de 150 mil soldados), cuja retirada total deve ocorrer somente em 2020, sete décadas e meia depois do fim do Terceiro Reich.

"A paz", escreveu ainda no século XIX o prussiano Carl von Clausewitz, "é apenas uma continuação da guerra por outros meios".

LISTA DOS PERSONAGENS PRINCIPAIS

A lista inclui os principais líderes políticos e militares citados no livro.

ARANHA, Osvaldo (1894-1960). Político brasileiro; embaixador nos EUA de 1934 a 1937 e ministro das Relações Exteriores de Vargas entre 1938 e 1944; foi chefe da delegação brasileira na ONU, em 1947.

ATTLEE, Clement (1883-1967). Político, primeiro-ministro britânico de 1945 a 1951.

BORMANN, Martin (1900-1945). *Reichsleiter*, líder do Partido Nazista de 1933 a 1945, chefe da Chancelaria do Reich de 1941 a 1945 e secretário particular de Hitler de 1943-1945.

CHIANG Kai-shek (1887-1975). Militar e político chinês; depois da guerra, derrotado pelos comunistas, criou a China Nacionalista, em Taiwan.

CHURCHILL, Winston (1874-1965). Político, primeiro-ministro britânico de 1940 a 1945, depois de 1951 a 1955.

DE GAULLE, Charles (1890-1970). General e político francês; liderou as Forças Francesas Livres (1940-1945); foi presidente da França de 1959 a 1969.

GOEBBELS, Joseph (1897-1945). Doutor em Filosofia, ministro da Propaganda do Reich de 1933 a 1945.

GÖRING, Hermann (1893-1946). Militar e político, *Reichsmarschall*, Marechal do Reich, comandante em chefe da Luftwaffe.

HEYDRICH, Reinhard (1904-1942). Chefe do Escritório Central de Segurança do Reich de 1939 a 1942.

HIMMLER, Heinrich (1900-1945). *Reichsführer-SS*, chefe da SS, dos serviços de segurança e da polícia do Reich.

HIROHITO, imperador (1901-1989). 124º imperador do Japão, de 1926 a 1989.

HITLER, Adolf (1889-1945). Político, Chanceler, depois Führer da Alemanha de 1933 a 1945.

HESS, Rudolf (1894-1987). Político, secretário particular de Hitler e vice-Führer, preso na Inglaterra de 1941 a 1946 e depois na Alemanha até 1987.

MAO Tsé-tung (1893-1976). Político, líder da Revolução Chinesa e fundador da República Popular da China, governou de 1949 a 1976.

MOLOTOV, Vyacheslav (1890-1986). Político, ministro das Relações Exteriores da URSS, de 1939 a 1949.

MUSSOLINI, Benito (1883-1945). *Il Duce*, primeiro-ministro da Itália de 1922 a 1943.

RIBBENTROP, Joachim von (1893-1946). Político, ministro do Exterior do Reich de 1938 a 1945.

ROOSEVELT, Franklin Delano (1882-1945). Político, 32º presidente dos Estados Unidos, de 1933 a 1945, reeleito em quatro oportunidades.

STÁLIN, Josef (1878-1953). *Vozhd*, secretário-geral do Partido Comunista e do Comitê Central da URSS de 1922 a 1953.

TRUMAN, Harry (1884-1972). Político, 33º presidente dos Estados Unidos, de 1945 a 1953.

VARGAS, Getúlio (1882-1954). Político; governou o Brasil de 1930 a 1945; primeiro como chefe do Governo Provisório (1930-1934), depois como presidente constitucional (1934-1937), e, finalmente, como ditador no Estado Novo (1937-1945).

ABREVIATURAS E TERMINOLOGIAS COMUNS

A lista inclui as principais abreviaturas e terminologias usadas ao longo do livro.

ABWEHR, o serviço de inteligência e espionagem militar da Alemanha de 1925 a 1944.

BBC, acrônimo de British Broadcasting Corporation, a mais importante emissora de rádio europeia durante a guerra, criada em 1922.

EINSATZGRUPPEN, grupos de operações especiais da SS, responsáveis pelas execuções na Frente Oriental.

EXÉRCITO VERMELHO, o exército soviético de 1918 a 1991.

GESTAPO, acrônimo de Geheime Staatspolizei, a Polícia Secreta da Alemanha Nazista.

KRIEGSMARINE, a Marinha alemã, de 1935 a 1947.

LUFTWAFFE, Força Aérea alemã, de 1935 a 1945.

NKVD, acrônimo para Narodniy komissariat vnutrennikh diel, Comissariado do Povo para Assuntos Internos, a polícia secreta soviética de 1934 a 1946.

NSDAP, de Nationalsozialistische Deutsche Arbeiterpartei, Partido Nacional Socialista dos Trabalhadores Alemães, o Partido Nazista (1920-1945); nazismo, nacional-socialismo.

OSS, de Office of Strategic Services, Escritório de Serviços Estratégicos dos EUA de 1942 a 1945.

SA, de Sturmabteilung, Tropa de Assalto, os "Camisas Pardas", organização paramilitar nazista (1920-1945).

SD, de Sicherheitsdienst, Serviço de Segurança e Espionagem da SS.

SIS, de Secret Intelligence Service, também chamado de MI6, de Military Intelligence, Sessão 6, o Serviço Secreto Britânico.

SMERSH, acrônimo de Smert Shpionam, serviço de contraespionagem soviético de 1942-1946.

SOE, de Special Operations Executive, Agência de Operações Especiais britânica de 1940 a 1946.

SS, de Schutzstaffel, Tropas de Proteção, os "Camisas Negras", reunia serviços de espionagem, policia secreta e forças armadas (1925-1945).

RAF, de Royal Air Force, a Força Área britânica.

RSHA, de Reichssicherheitshauptamt, Escritório Central de Segurança do Reich, controlava a SD, a Gestapo e outras organizações da SS (1939-1945).

TERCEIRO REICH, terceiro Império Alemão ou Alemanha no período nazista, de 1933 a 1945.

URSS, União das Repúblicas Socialistas Soviéticas, União Soviética (1922-1991).

WAFFEN-SS, Forças Armadas da SS.

WEHRMACHT, Forças Armadas da Alemanha de 1935 a 1945; englobava o Exército, a Kriegsmarine e a Luftwaffe.

BIBLIOGRAFIA DE REFERÊNCIA

ABBOTT, Deborah e FARMER, Ellen. *Adeus, maridos*. São Paulo: Summus, 1998.

ALEOTTI, Luciano (Org.). *Hitler*. São Paulo: Melhoramentos, 1975.

ALLEN, Martin. *A missão secreta de Rudolf Hess*. Rio de Janeiro: Record, 2007.

ALLILUYEVA, Svetlana. *Vinte cartas a um amigo*. São Paulo: Nova Fronteira, 1967.

AMBROSE, Stephen E. *O Dia D, 6 de junho de 1944*. Rio de Janeiro: Bertrand Brasil, 9ª ed., 2009.

[ANÔNIMA].*Uma mulher em Berlim*. Rio de Janeiro: Record, 2008.

BALDWIN, Hanson W. *Batalhas ganhas e perdidas*. Rio de Janeiro: Biblioteca do Exército, 1978.

BARONE, João. *1942*: o Brasil e sua guerra quase desconhecida. Rio de Janeiro: Nova Fronteira, 2013.

BEEVOR, Antony. *O mistério de Olga Tchekova*. Rio de Janeiro: Record, 2005.

_____. *Berlim 1945*: A Queda. 8ª ed. Rio de Janeiro: Record, 2009.

_____. *Stalingrado*: o cerco fatal. 10ª ed. Rio de Janeiro: Record, 2009.

_____. *A Segunda Guerra Mundial*. Rio de Janeiro: Record, 2015.

BEZYMENSKI, Lev. *The Death of Adolf Hitler*: Unknown Documents from Soviet Archives. Nova York: Harcourt, Brace & World, 1968.

BLAJBERG, Israel. *Soldados que vieram de longe*. Resende: AHIMTB, 2008.

BOS, Pascale. Reconsidering Anne Frank: "Teaching the Diary in Its Historical and Cultural Coontext", in Harold Bloom (org.). *The Diary of Anne Frank*. Nova York: Bloom's Literary Criticism, 2010.

BURUMA, Ian. *Ano Zero, uma história de 1945*. São Paulo: Companhia das Letras, 2015.

CAMPBELL, Mark; HARSCH, Viktor. *Hubertus Strughold* – Life and Work in the Fields of Space Medicine. Neubrandenburg: Rethra Verlag, 2013.

CHANG, Iris. *The Rape of Nanking*: The forgotten holocaust of World War II. Nova York: Basic Books, 1997.

CHESNOFF, Richard Z. *Bando de ladrões*. São Paulo: Manole, 2001.

CHURCHILL, Winston S. *Memórias da Segunda Guerra Mundial*. 2ª ed., Rio de Janeiro: Nova Fronteira, 1995.

CORNWELL, John. *Os cientistas de Hitler.* Rio de Janeiro: Imago, 2003.

COSTA, Sergio Corrêa. *Crônicas de uma guerra secreta.* Rio de Janeiro: Record, 2004.

DOBBS, Michael. *Seis meses em 1945.* São Paulo: Companhia das Letras, 2015.

DONATO, Hernâni. *Dicionário das Batalhas Brasileiras.* 2ª ed., São Paulo: Ibrasa, 1996.

ELÍDIO, Tiago. *A perseguição nazista aos homossexuais.* Campinas: [s.n.], 2010.

FAUSTO, Boris. *História do Brasil.* São Paulo: EdUSP, 12ª ed., 2007.

FERNANDES, Fernando Lourenço. *A estrada para Fornovo.* São Paulo: Rio de Janeiro, 2009.

FEST, Joachim C. *Hitler.* 2ª ed., São Paulo: Nova Fronteira, 2005.

_____. *No bunker de Hitler.* São Paulo: Objetiva, 2005.

FIGUEIREDO, Eduardo Godoy. *Roosevelt.* São Paulo: Três, 2004.

FRANK, Anne. *O diário de Anne Frank*: edição integral. 50ª ed., Rio de Janeiro: Record, 2015.

FRATTINI, Eric. *Mossad.* São Paulo: Seoman, 2014.

GEBHARDT, Miriam. *Als die Soldaten kamen*: Die Vergewaltigung deutscher Frauen am Ende des Zweiten Weltkriegs. Berlim: DVA, 2015.

GEHLEN, Reinhard. *O Serviço Secreto.* Rio de Janeiro: Biblioteca do Exército/Artenova, 1972.

GERWARTH, Robert. *O carrasco de Hitler.* Rio de Janeiro: Cultrix, 2013.

GILBERT, Martin. *A Segunda Guerra Mundial.* Rio de Janeiro: Casa da Palavra, 2014.

GILLON, Steven M. *Pearl Harbor.* Nova York: Basic Books, 2011.

GINSBERG, Benjamin. *Judeus contra Hitler.* São Paulo: Cultrix, 2014.

GOÑI, Uki. *A verdadeira Odessa.* Rio de Janeiro: Record, 2004.

GRAY, Wood. *Panorama da História dos Estados Unidos.* Departamento Cultural da Embaixada do EUA, 1970.

GUIA de Armas de Guerra. *Caças do Eixo.* São Paulo: Nova Cultural, 1986.

_____. *Bombardeiros da II Guerra.* São Paulo: Nova Cultural, 1986.

GUIMARAIS, Marcos Toyansk Silva. *Revista História e Perspectivas*, vol.28. n.53, jan-jun. 2015, p. 349-369.

HARTENIAN, Larry. *Mussolini.* São Paulo: Nova Cultural, 1990.

HASTINGS, Max. *Inferno.* Rio de Janeiro: Intrínseca, 2012.

HILLEL, Marc. *Em nome da raça.* Rio de Janeiro: Otto Pierre Editores, 1980.

HOBSBAWM, Eric. *Era dos Extremos*. 2ª ed., São Paulo: Companhia das Letras, 2015.

HOOBLER, Dorothy e Thomas Hoobler. *Stálin*. São Paulo: Nova Cultural, 1990.

JOHNSON, Paul. *Churchill*. Rio de Janeiro: Nova Fronteira, 2010.

KAMIENSKI, Lukasz. *Shooting Up*: A Short History of Drugs and War. Nova York: Oxford University Press, 2016.

KERSHAW, Ian. *Hitler*: Um perfil do poder. Rio de Janeiro: Jorge Zahar, 1993.

_____. *O fim do Terceiro Reich*. São Paulo: Companhia das Letras, 2015.

KITCHEN, Martin. *História da Alemanha Moderna*. São Paulo: Cultrix, 2013.

KNIEBE, Tobias. *Operação Valquíria*. São Paulo: Planeta, 2009.

KNOPP, Guido. *Guerreiros de Hitler*. Rio de Janeiro: Zahar, 2009.

KRONAWITTER, Hildegard. "Sophie Scholl – eine Ikone des Widerstands", *Einsichten und Perspektiven*. 2/2014. Munique: Bayerische Zeitschrift für Politik und Geschichte, 2014.

LAMBERT, Angela. *A história perdida de Eva Braun*. São Paulo: Globo, 2007.

LEWIN, Moshe. *O século soviético*. Rio de Janeiro: Record, 2007.

LEWIN, Ronald. *Churchill, o lorde da guerra*. Rio de Janeiro: Biblioteca do Exército, 1978.

LI, Peter (Org.). *The Search for Justice*: Japanese War Crimes. Nova York: Transaction, 2009.

LIMA, Rui Moreira. *Senta a Pua!* 3ª ed., Rio de Janeiro: Action, 2011.

LUKACS, John. *O Hitler da História*. Rio de Janeiro: Jorge Zahar, 1998.

_____. *O duelo*. Rio de Janeiro, Jorge Zahar, 2002.

MACHTAN, Lothar. *O segredo de Hitler*. Rio de Janeiro: Objetiva, 2001.

MANVELL, Roger. *Os Conspiradores*. Rio de Janeiro: Renes, 1974.

MARCOU, Lilly. *A vida privada de Stálin*. Rio de Janeiro: Zahar, 2013.

MAZOWER, Mark. *O império de Hitler*. São Paulo: Companhia das Letras, 2013.

MCCANN, Frank D.; FERRAZ, Francisco César Alves. "Brazilian-American Joint Operations in World War II", in Sidnei José Munhoz e Francisco Carlos Teixeira da Silva (orgs.). *Brazil-United States relations*: XX and XXI centuries. Maringá: Eduem, 2013.

MEINERZ, Marcos Eduardo. "Operação Odessa: a fuga dos criminosos de guerra nazistas para a América Latina após a Segunda Guerra Mundial e os caçadores de nazistas", *Mediações – Revista de Ciências Sociais*, vol.19, n.1, jan-jun. 2014, p. 41-60.

MICHALCZYK, John J. *Medicine, Ethics, and the Third Reich*. Kansas City: Sheed & Ward, 1994.

NEELEMAN, Gary e Rose Neeleman. *Soldados da borracha*. Porto Alegre: EdiPUCRS, 2016.

NICOLSON, Harold. *O Tratado de Versalhes*. São Paulo: Globo Livros, 2014.

NYISZLI, Miklos. *Médico em Auschwitz*. Rio de Janeiro: Otto Pierre Editores, 1980.

OLIVEIRA, Dennison de. *Os soldados brasileiros de Hitler*. Curitiba: Juruá, 2008.

PATENAUDE, Bertrand M. *Trótski*. Rio de Janeiro: Zahar, 2014.

PEMPER, Mietek. *A lista de Schindler*. São Paulo. Geração Editorial, 2013.

PEREIRA, Durval Lourenço. *Operação Brasil*. São Paulo: Contexto, 2015.

PETERSON, Michael. *Decifradores de* códigos. São Paulo: Larousse, 2009.

PICAZIO, Claudio. *Diferentes desejos*. São Paulo: Summus, 1998.

PINSKY, Jaime; PINSKY, Carla Bassanezi (Orgs.). *História da cidadania*. São Paulo: Contexto: 2008.

PLESHAKOV, Constantine. *A loucura de Stálin*. Rio de Janeiro: Difel, 2008.

PROCTOR, Robert. *Racial Hygiene*: Medicine Under the Nazis. Harvard: University Press, 2002.

PROSE, Francine. *Anne Frank*. Rio de Janeiro: Jorge Zahar, 2010.

PU Yi, Autobiografia de. *O último imperador da China*. São Paulo: Marco Zero, 1988.

QUÉTEL, Claude. *As mulheres na guerra*: 1939-1945. São Paulo: Larousse, 2009.

RHODES, Richard. *Os Mestres da morte*. Rio de Janeiro: Jorge Zahar, 2003.

RIGG, Bryan Mark. *Os soldados judeus de Hitler*. Rio de Janeiro: Imago, 2003.

ROBERTS, Andrew. *Hitler & Churchill*. Rio de Janeiro: Jorge Zahar, 2004.

ROCHA, Roberta da. *O direito à vida e a pesquisa com células-tronco*. Rio de Janeiro: Elsevier, 2008.

ROTELLO, Gabriel. *Comportamento sexual e AIDS*. São Paulo: Summus, 1998.

RYBACK, Timothy W. *A biblioteca esquecida de Hitler*. São Paulo: Companhia das Letras, 2009.

SANDER, Roberto. *O Brasil na mira de Hitler*. Rio de Janeiro: Objetiva, 2011.

SAYER, Ian; BOTTING, Douglas. *Hitler e as mulheres*. Campinas: Versus, 2005.

SCHAAKE, Erich. *Todas as mulheres de Hitler*. São Paulo: Lafonte, 2012.

SCHROEDER, Christa. *Doze anos com Hitler*. São Paulo: Objetiva, 2007.

SCHWAB, Jean-Luc Schwab; BRAZDA, Rudolf. *Triângulo Rosa*. 2ª ed., São Paulo: Mescla, 2012.

SEITENFUS, Ricardo. *O Brasil vai à guerra*. 3ª ed., São Paulo, Manoel, 2003.

SELEÇÕES do Reader's Digest. *Grande crônica da Segunda Guerra Mundial*. Porto: Seleções do Reader's Digest, 1982.

SILVEIRA, Joel. *O Brasil na 2ª Guerra Mundial*. Rio de Janeiro: Ediouro, 1976.

SWEETING, C.G. *O Piloto de Hitler*. São Paulo: Jardins dos Livros, 2011.

SZPILMAN, Marcelo. *Judeus*. 2ª ed., Rio de Janeiro: Mauad, 2012.

THOMAS, Gordon. *Os judeus do Papa*. São Paulo: Geração Editorial, 2013.

_____; WITTS, Max Morgan. *A bomba de Hiroxima*. São Paulo: Círculo do Livro, 1977.

TOLSTOY, Nikolai. *A guerra secreta de Stálin*. São Paulo: Melhoramentos, 1981.

TRESPACH, Rodrigo. *Cidade dos Ventos*. Porto Alegre: Pragmatha, 2014.

_____.Mieczyslaw Pemper: "O homem por trás da Lista de Schindler", *Revista Leituras da História*, Editora Escala, SP, n.80, fev. 2015, p.22-26.

_____."Reinhard Heydrich: O carrasco de Hitler", *Revista Leituras da História*, Editora Escala, SP, n.81, mar. 2015, p.32-37.

_____."Anjos do Mal", *Revista Leituras da História*, Editora Escala, n.87, out. 2015, p.28-35.

WAACK, Wlliam. *As duas faces da glória*. São Paulo: Planeta, 2015.

WASSERSTEIN, Bernard. *Na iminência do extermínio*. São Paulo: Cultrix, 2014.

WERTH, Alexander. *Stalingrado 1942*. São Paulo: Contexto, 2015.

WINTERBOTHAM, F. W. *Enigma*. Rio de Janeiro: Biblioteca do Exército, 1978.

WISTRICH, Robert S. *Who's Who in Nazi Germany*. Londres: Routledge, 2002.

YOSHIDA, Takashi. *The Making of the "Rape of Nanking"*. Nova York: Oxford University Press, 2006.

NA WEB

Auschwitz-Birkenau Memorial and Museum: **auschwitz.org**
Bariloche Nazi, Website Oficial de Abel Basti: **www.barilochenazi.com.ar**
Calvin College: **research.calvin.edu**
Daily Mail Online: **www.dailymail.co.uk**
Deutsche Welle: **www.dw.com**
Family Tree DNA: **www.familytreedna.com**
German History in Documents and Images: **germanhistorydocs.ghi-dc.org**
Haus der Wannsee-Konferenz: **www.ghwk.de**
Historisch-Technisches Museum Peenemünde: **www.peenemuende.de**
Library of Congress: **www.loc.gov**
Marxist Internet Archive: **www.marxists.org**
Pierre-Henri Clostermann: **www.pierre-clostermann.com**
Sociedade Internacional Bonhoeffer: **www.sociedadebonhoeffer.org.br**
Secret Intelligence Service: **www.sis.gov.uk**
Stern: **www.stern.de**
Time, The Weekly Newsmagazine: **time.com**
The Churchill Centre: **www.winstonchurchill.org**
The Guardian: **www.theguardian.com**
United States Holocaust Memorial Museum: **www.ushmm.org**
Weisse Rose Stiftung e.V.: **www.weisse-rose-stiftung.de**
Yad Vashem: **www.yadvashem.org**

NOTAS

1. Antony Beevor, *A Segunda Guerra Mundial*, p.17.
2. Pu Yi, *O último imperador da China*, p.240.
3. Harold Nicolson, *O Tratado de Versalhes*, p.96.
4. Ian Buruma, *Ano Zero*, p.112.
5. Winston Churchill, *Memórias da Segunda Guerra Mundial*, p.83.
6. Larry Hartenian, *Mussolini*, p.41.
7. William Shirer, *O encontro de Munique*, em *Grande Crônica de Segunda Guerra Mundial*, vol.1, p.49.
8. F.W. Winterbotham, *Enigma*, p.19.
9. Antony Beevor, *A Segunda Guerra Mundial*, p.18.
10. Roger Manvell, *Os conspiradores*, p.48.
11. Winston Churchill, *Memórias da Segunda Guerra Mundial*, p.156.
12. Antony Beevor, *A Segunda Guerra Mundial*, p.489.
13. Max Hastings, *Inferno*, p.28.
14. Antony Beevor, *A Segunda Guerra Mundial*, p.53.
15. Max Hastings, *Inferno*, p.113.
16. Nikolai Tolstoy, *A guerra secreta de Stálin*, p.119.
17. Max Hastings, *Inferno*, p.419.
18. Richard Chesnoff, *Bando de Ladrões*, p.281.
19. Richard Chesnoff, *Bando de Ladrões*, p.295.
20. Max Hastings, *Inferno*, p.419.
21. Ian Kershaw, *O fim do Terceiro Reich*, p.275.
22. Martin Allen, *A missão secreta de Rudolf Hess*, p.263.
23. Richard Chesnoff, *Bando de Ladrões*, p.300.
24. Richard Chesnoff, *Bando de Ladrões*, p.306.
25. Wood Gray, *Panorama da História dos Estados Unidos*, p.132.
26. Eric Hobsbawm, *Era dos Extremos*, p.216-229; Max Hastings, *Inferno*, p.358 e 368.
27. John Lukacs, *O Duelo*, p.62.
28. Martin Kitchen, *História da Alemanha Moderna*, p.322.
29. Martin Kitchen, *História da Alemanha Moderna*, p.387.
30. Eric Hobsbawm, *Era dos Extremos*, p.105.

31. Joachim Fest, *Hitler*, v.1, p.12.
32. Knack, de 17 ago. 2010, "Hitler was verwant met Somaliërs, Berbers en Joden", disponível em <http://www.knack.be/nieuws/wetenschap/hitler-was-verwant-met-somaliers-berbers-en-joden/article-normal-10083.html.>
33. "Family Tree DNA questions reporting about Hitler's origins", de 30 ago. 2010, disponível em <https://www.familytreedna.com/PDF/FTDNA_Mulders.pdf.>
34. Joachim Fest, *Hitler*, v.1, p.172.
35. Christa Schroeder, *Doze anos com Hitler*, p.19.
36. Joachim Fest, *Hitler*, p.659.
37. Timothy W. Ryback, *A biblioteca esquecida de Hitler*, p.207.
38. Timothy Ryback, *A biblioteca esquecida de Hitler*, p.19.
39. Hans Beilhack, *A biblioteca de um diletante: um vislumbre da biblioteca privada de Herr Hitler*, Apêndice C, em Timothy Ryback, *A biblioteca esquecida de Hitler*, p.292.
40. Ian Kershaw, *Hitler*, p.24.
41. Angela Lambert, *A história perdida de Eva Braun*, p.78.

42. Andrew Roberts, *Hitler & Churchill*, p.73.
43. C.G. Sweeting, *O piloto de Hitler*, p.416.
44. Ian Sayer e Douglas Botting, *Hitler e as mulheres*, p.88.
45. Joachim Fest, *Hitler*, v.1, p.181.
46. Bernard Wasserstein, *Na Iminência do Extermínio*, p.218.
47. John Lukacs, *O Duelo*, p.11.
48. Angela Lambert, *A história perdida de Eva Braun*, p.279.
49. Lukasz Kamienski, *Shooting Up*, p.108.
50. C.G. Sweeting, *O piloto de Hitler*, p.83; Ian Kershaw, *Hitler*, p.165.
51. Angela Lambert, *A história perdida de Eva Braun*, p.123.
52. Christa Schroeder, *Doze anos com Hitler*, p.46.
53. Lothar Machtan, *O segredo de Hitler*, p.24.
54. Trecho citado por Lothar Machtan, *O segredo de Hitler*, p.42-43.
55. Erich Schaake, *Todas as mulheres de Hitler*, p.25.
56. Ian Sayer e Douglas Botting, *Hitler e as mulheres*, p.41.
57. Christa Schroeder, *Doze anos com Hitler*, p.95.
58. Ian Sayer e Douglas Botting, *Hitler e as mulheres*, p.21.
59. John Lukacs, *O Hitler da História*, p.194.

60. Ian Sayer e Douglas Botting, *Hitler e as mulheres*, p.20.
61. Ian Sayer e Douglas Botting, *Hitler e as mulheres*, p.140.
62. Angela Lambert, *A história perdida de Eva Braun*, p.77.
63. Christa Schroeder, *Doze anos com Hitler*, p.60 e 68.
64. Ian Sayer e Douglas Botting, *Hitler e as mulheres*, p.88.
65. Andrew Roberts, *Hitler & Churchill*, p.79.
66. Winston Churchill, *Memórias da Segunda Guerra Mundial*, p.322.
67. Erica Hobsbawm, *Era dos Extremos*, p.172.
68. Paul Johnson, *Churchill*, p.20.
69. Andrew Roberts, *Hitler & Churchill*, p.75.
70. Michael Dobbs, *Seis Meses em 1945*, p.66.
71. Andrew Roberts, *Hitler & Churchill*, p.29.
72. John Lukacs, *O Duelo*, p.48.
73. John Lukacs, *O Duelo*, p.75.
74. Michael Bloch, em *Double lives – a history of sex and secrecy at Westminster*, artigo para o *The Guardian*, de 16 maio 2015. Disponível em <http://www.theguardian.com/books/2015/may/16/double-lives-a-history-of-sex-and-secrecy-at-westminster.>
75. Michael Dobbs, *Seis Meses em 1945*, p.113.
76. Michael Dobbs, *Seis Meses em 1945*, p.80.
77. Winston Churchill, *Memórias da Segunda Guerra Mundial*, p.814.
78. Michael Dobbs, *Seis Meses em 1945*, p.72.
79. Ronald Lewin, *Churchill, o lorde da guerra*, p.306.
80. Winston Churchill, *Memórias da Segunda Guerra Mundial*, p.1118.
81. Michael Dobbs, *Seis Meses em 1945*, p.109.
82. Michael Dobbs, *Seis Meses em 1945*, p.109.
83. Eduardo Figueiredo, *Roosevelt*, p.87.
84. Eduardo Figueiredo, *Roosevelt*, p.86.
85. Michael Dobbs, *Seis Meses em 1945*, p.138.
86. Gabriel Rotello, *Comportamento sexual e AIDS*, p.60-61.
87. Wood Gray, *Panorama da História dos Estados Unidos*, p.148.
88. Steven Gillon, *Pearl Harbor*, p.78.
89. Deborah Abbott e Ellen Farmer, *Adeus, maridos*, p.23.
90. Eduardo Figueiredo, *Roosevelt*, p.233.
91. Michael Dobbs, *Seis Meses em 1945*, p.194.
92. Max Hastings, Inferno, p.354.

93. Max Hastings, *Inferno*, p.596.
94. Max Hastings, *Inferno*, p.420.
95. Ronald Lewin, *Churchill, o lorde da guerra*, p.144.
96. Reinhard Gehlen, *O Serviço Secreto*, p.39.
97. Lilly Marcou, *A vida privada de Stálin*, p.50.
98. Bertrand Patenaude, *Trótski*, p.244.
99. Lilly Marcou, *A vida privada de Stálin*, p.120.
100. Antony Beevor, *O mistério de Olga Tchekova*, p.171.
101. Antony Beevor, *O mistério de Olga Tchekova*, p.328.
102. Svetlana Alliluyeva, *Vinte cartas a um amigo*, p.13.
103. Nikolai Tolstoy, *A guerra secreta de Stálin*, p.78.
104. Moshe Lewin, *O século soviético*, p.54.
105. Nikolai Tolstoy, *A guerra secreta de Stálin*, p.73.
106. Moshe Lewin, *O século soviético*, p.51.
107. Nikolai Tolstoy, *A guerra secreta de Stálin*, p.47.
108. Lilly Marcou, *A vida privada de Stálin*, p.154.
109. Lilly Marcou, *A vida privada de Stálin*, p.163.
110. Lilly Marcou, *A vida privada de Stálin*, p.174.
111. Lilly Marcou, *A vida privada de Stálin*, p.103.
112. Svetlana Alliluyeva, *Vinte cartas a um amigo*, p.18.
113. Constantine Pleshakov, *A loucura de Stálin*, p.46.
114. Michael Dobbs, *Seis Meses em 1945*, p.63.
115. Lilly Marcou, *A vida privada de Stálin*, p.184.
116. Dorothy e Thomas Hoobler, *Stálin*, p.55.
117. Michael Dobbs, *Seis Meses em 1945*, p.219.
118. Michael Dobbs, *Seis Meses em 1945*, p.61.
119. Nikolai Tolstoy, *A guerra secreta de Stálin*, p.258-259.
120. Lilly Marcou, *A vida privada de Stálin*, p. 184.
121. Nikolai Tolstoy, *A guerra secreta de Stálin*, p.185.
122. Antony Beevor, *A Segunda Guerra Mundial*, p.54.
123. Constantine Pleshakov, *A loucura de Stálin*, p.325.
124. Nikolai Tolstoy, *A guerra secreta de Stálin*, p.249.
125. Antony Beevor, *A Segunda Guerra Mundial*, p.718.
126. Ian Buruma, *Ano Zero*, p. 201; Nikolai Tolstoy, *A guerra secreta de Stálin*, p.296.
127. Max Hastings, *Inferno*, p.516.

128. M. Kharlamov, *Stálin — o Maior Líder dos tempos modernos*, em *Problemas — Revista Mensal de Cultura Política*, n.16 jan/1949. Disponível em https://www.marxists.org/portugues/tematica/rev_prob/16/stalin.htm.
129. Lilly Marcou, *A vida privada de Stálin*, p.224.
130. Nikolai Tolstoy, *A guerra secreta de Stálin*, p.50; Svetlana Alliluyeva, *Vinte cartas a um amigo*, p.173.
131. Renata da Rocha, *O direito à vida e a pesquisa com células-tronco*, p.86-87.
132. Marc Hillel, *Em nome da raça*, p.33-34.
133. Bernard Wasserstein, *Na Iminência do Extermínio*, p.15.
134. Bernard Wasserstein, *Na Iminência do Extermínio*, p.30. Ver também Marc Mazower, *O império de Hitler*, p.673.
135. Bryan Rigg, *Os soldados judeus de Hitler*, p.84.
136. Bernard Wasserstein, *Na Iminência do Extermínio*, p.90.
137. Mark Mazower, *O império de Hitler*, p.670.
138. Bernard Wasserstein, *Na Iminência do Extermínio*, p.57.
139. Martin Gilbert, *A Segunda Guerra Mundial*, p.896.
140. Citado por Antony Beevor, *A Segunda Guerra Mundial*, p.581.
141. Rodrigo Trespach, *O carrasco de Hitler*, p.32.
142. Christian Ingrao, *Crer & Destruir*, p.59.
143. Christian Ingrao, *Crer & Destruir*, p.324.
144. Robert Gerwarth, *O carrasco de Hitler*, p.128.
145. Robert Gerwarth, *O carrasco de Hitler*, p.212.
146. Martin Kitchen, *História da Alemanha Moderna*, p. 416; Marcos Guimarais, *O extermínio de ciganos durante o regime nazista*, p.355.
147. Mark Mazower, *O império de Hitler*, p.444.
148. Robert Gerwarth, *O carrasco de Hitler*, p.296.
149. Martin Kitchen, *História da Alemanha Moderna*, p.415.
150. Max Hastings, *Inferno*, p.522; Antony Beevor, *A Segunda Guerra Mundial*, p. 764. Dados precisos sobre o número de prisioneiros no site do *Auschwitz-Birkenau Memorial and Musem* <http://auschwitz.org/en/museum/auschwitz-prisoners/prisoner-numbers>.
151. Martin Gilbert, *A Segunda Guerra Mundial*, p.287; Anne Frank, *O diário de Anne Frank*, p.64.

152. Max Hastings, *Inferno*, p.536.
153. Ian Kershaw, *O fim do Terceiro Reich*, p.444.
154. Antony Beevor, *Berlim*, p. 370-371.
155. Bryan Rigg, *Os soldados judeus de Hitler*, p.210.
156. Bryan Rigg, *Os soldados judeus de Hitler*, p.284.
157. John Michalczyk, *Medicine, Ethics, and the Third Reich*, p.37.
158. Robert Gerwarth, *O Carrasco de Hitler*, p.295.
159. Marcos Guimarais, *O extermínio de ciganos durante o regime nazista*, p.355.
160. Martin Gilbert, *A Segunda Guerra Mundial*, p.902.
161. Audrey Fischer, *The Remarkable Life of Hans Massaquoi*, disponível em Library of Congress: <http://www.loc.gov/loc/lcib/0003/black_nazi.html>. Ver também Marc Hillel, *Em nome da raça*, p.248.
162. Ver o capítulo 4 de Robert Gerwarth, *O carrasco de Hitler*, p.113 e seguintes, onde o autor lista os "inimigos do Reich" e suas definições.
163. Robert Gerwarth, *O Carrasco de Hitler*, p.135-136.
164. Bernard Wasserstein, *Na Iminência do Extermínio*, p.380.
165. Ver *Concentration camp system*, em *United States Holocaust Memorial Museum*, disponível em https://www.ushmm.org.
166. Ver *Classification system in nazi concentration camps*, em *United States Holocaust Memorial Museum*, disponível em https://www.ushmm.org.
167. Christian Ingrao, *Crer & Destruir*, p.134-137.
168. Tiago Elídio, *A perseguição nazista aos homossexuais*, p.34 e 47.
169. Lothar Machtan, *O segredo de Hitler*, p.51.
170. Joachim Fest, *Hitler*, p.546.
171. Max Hastings, *Inferno*, p.693.
172. Tiago Elídio, *A perseguição nazista aos homossexuais*, p.35.
173. Antony Beevor, *A Segunda Guerra Mundial*, p.17.
174. Ian Buruma, *Ano Zero*, p.274; Antony Beevor, *A Segunda Guerra Mundial*, p.853; Max Hastings, *Inferno*, p.448.
175. Peter Li, *Japan's Biochemical Warface and Experimentation in China*, p.296-297.
176. Peter Li, *Japan's Biochemical Warface and Experimentation in China*, p.291.

177. Ian Buruma, *Ano Zero*, p. 274.
178. O capítulo 5 de *The Rape of Nanking*, de Iris Chang, "The Nazi who saved Nanking", descreve a atuação de Rabe. Ver também Antony Beevor, *A Segunda Guerra Mundial*, p.77.
179. Antony Beevor, *A Segunda Guerra Mundial*, p.78.
180. Max Hastings, *Inferno*, p.450.
181. Antony Beevor, *A Segunda Guerra Mundial*, p.83.
182. Eric Hobsbawm, *Era dos extremos*, p.51.
183. Antony Beevor, *A Segunda Guerra Mundial*, p.11.
184. Marc Hillel, *Em nome da raça*, p.27.
185. Martin Gilbert, *A Segunda Guerra Mundial*, p.836; Max Hastings, *Inferno*, p.423.
186. Antony Beevor, *A Segunda Guerra Mundial*, p.458.
187. Martin Kitchen, *História da Alemanha Moderna*, p.421.
188. Richard Rhodes, *Os Mestres da Morte*, p.295-296.
189. Max Hastings, *Inferno*, p.425.
190. Reinhard Gehlen, *O Serviço Secreto*, p.113.
191. Antony Beevor, *Berlim*, p.120, 242 e 492.
192. Antony Beevor, *A Segunda Guerra Mundial*, p. 458.
193. Bernard Wasserstein, *Na Iminência do Extermínio*, p.219-220.
194. Bryan Rigg, *Os soldados judeus de Hitler*, p.63 e 89.
195. Bryan Rigg, *Os soldados judeus de Hitler*, p.234-235.
196. Bryan Rigg, *Os soldados judeus de Hitler*, p.259.
197. Bryan Rigg, *Os soldados judeus de Hitler*, p.282.
198. Tiago Elídio, *A perseguição nazista aos homossexuais*, p.15.
199. Constantine Pleshakov, *A loucura de Stálin*, p.33.
200. Martin Gilbert, *A Segunda Guerra Mundial*, p.513.
201. Antony Beevor, *Stalingrado*, p.195.
202. Antony Beevor, *A Segunda Guerra Mundial*, p.718.
203. Martin Gilbert, *A Segunda Guerra Mundial*, p.893.
204. João Barone, *1942*, p.236.
205. Max Hastings, *Inferno*, p.430.
206. Eric Hobsbawm, *Era dos Extremos*, p.214.
207. Max Hastings, *Inferno*, p.434.
208. Citado por Lukasz Kamienski, *Shooting Up*, p.110.
209. Guido Knopp, *Guerreiros de Hitler*, p.261.

210. Lukasz Kamienski, *Shooting Up*, p.114.
211. Lukasz Kamienski, *Shooting Up*, p.115.
212. Lukasz Kamienski, *Shooting Up*, p.140.
213. Antony Beevor, *Berlim*, p.78.
214. SIS – Secret Intelligence Service e MI6 – Military Intelligence, Seção 6.
215. Benjamim Ginsberg, *Judeus contra Hitler*, p.108. Ver *Our History*, em *Secret Intelligence Service*, disponível em <https://www.sis.gov.uk>.
216. Michael Paterson, *Decifradores de códigos*, p.208.
217. Michael Paterson, *Decifradores de códigos*, p.20 e 218.
218. Ver, por exemplo, Antony Beevor, *A Segunda Guerra Mundial*, p. 214; Martin Gilbert, *A Segunda Guerra Mundial*, p.30; Max Hastings, *Inferno*, p.157.
219. Martin Allen, *A missão secreta de Rudolf Hess*, p.318.
220. OSS – Office of Strategic Services e CIA – Central Intelligence Agency.
221. Benjamim Ginsberg, *Judeus contra Hitler*, p.114-115.

222. Michael Paterson, *Decifradores de códigos*, p.294.
223. Michael Paterson, *Decifradores de códigos*, p.34, 41 e seg.
224. Eric Hobsbawm, *Era dos Extremos*, p.508.
225. Michael Paterson, *Decifradores de códigos*, p.92.
226. Michael Paterson, *Decifradores de códigos*, p.244.
227. F. Winterbotham, *Enigma*, p.106.
228. Max Hastings, *Inferno*, p.387.
229. Michael Paterson, *Decifradores de códigos*, p.84.
230. Andrew Roberts, *Hitler & Churchill*, p.137.
231. Michael Paterson, *Decifradores de códigos*, p.12.
232. Michael Paterson, *Decifradores de códigos*, p.185.
233. F. Winterbotham, *Enigma*, p.15.
234. F. Winterbotham, *Enigma*, p.12.
235. John Lukacs, *O Duelo*, p.143.
236. Constantine Pleshakov, *A loucura de Stálin*, p.73.
237. F. Winterbotham, *Enigma*, p.212.
238. Michael Paterson, *Decifradores de códigos*, p.281.
239. Antony Beevor, *A Segunda Guerra Mundial*, p.517.

240. Martin Gilbert, *A Segunda Guerra Mundial*, p.286 e 314.
241. Martin Gilbert, *A Segunda Guerra Mundial*, p.905.
242. Carla Bassanezi Pinsky e Joana Maria Pedro, *Igualdade e especificidade*, em *História da Cidadania*, p.296.
243. Martin Kitchen, *História da Alemanha Moderna*, p.382.
244. Marc Hillel, *Em nome da raça*, p.41.
245. Marc Hillel, *Em nome da raça*, p.34.
246. Marc Hillel, *Em nome da raça*, p.236 e 300.
247. Michael Paterson, *Decifradores de códigos*, p.200.
248. Max Hastings, *Inferno*, p.357.
249. Max Hastings, *Inferno*, p.373.
250. Antony Beevor, *Stalingrado*, p.134.
251. Claude Quétel, *As mulheres na guerra*, p.122.
252. Claude Quétel, *As mulheres na guerra*, p.128.
253. Antony Beevor, *O mistério de Olga Tchekova*, p.156.
254. Max Hastings, *Inferno*, p.336.
255. Antony Beevor, *O mistério de Olga Tchekova*, p.220.
256. Antony Beevor, *O mistério de Olga Tchekova*, p.206, 209 e 211.
257. Antony Beevor, *O mistério de Olga Tchekova*, p.159.
258. Claude Quétel, *As mulheres na guerra*, p.112.
259. Mark Mazower, *O império de Hitler*, p.542.
260. Hardy Graupner, *Livro revela horrores sobre bordéis em campos de concentração na Alemanha nazista*, em Deutsche Welle, 19 ago. 2009, disponível em <http://dw.com/p/JEEi>. O livro de Sommer, *Das KZ Bordell*, não tem versão para o português.
261. Ian Buruma, *Ano Zero*, p.69.
262. Claude Quétel, *As mulheres na guerra*, p.58.
263. Ian Buruma, *Ano Zero*, p.117.
264. Antony Beevor, *Berlim*, p.507.
265. Anne Frank, *O diário de Anne Frank*, p. 7-8. Sobre uma conversa sobre sexo com Peter van Pels, ver p.182-185.
266. Sobre a autenticidade do diário, ver *Origin*, em Anne Frank Fonds, disponível em <http://annefrank.ch/origin.html>, ou o livro de Francine Prose, *Anne Frank, a história do diário que comoveu o mundo* (Zahar, 2010).
267. Francine Prose, *Anne Frank*, p.235.

268. Anne Frank, *O diário de Anne Frank*, p.171-172.
269. Claudio Picazio, *Diferentes desejos*, p.142.
270. Anne Frank, *O diário de Anne Frank*, p.60 e 196.
271. Pascale Bos, *Reconsidering Anne Frank*, p.106.
272. Eric Hobsbawm, *Era dos Extremos*, p.165.
273. Antony Beevor, *A Segunda Guerra Mundial*, p.483.
274. Michael Paterson, *Decifradores de códigos*, p.188.
275. Fernando Fernandes, *A estrada para Fornovo*, p.83.
276. Rodrigo Trespach, *O carrasco de Hitler*, p.37.
277. Frederic Sondern, *Onze noruegueses contra a Bomba Atômica*, em *Grande Crônica da Segunda Guerra*, p.143-149.
278. Max Hastings, *Inferno*, p.448.
279. Benjamin Ginsberg, *Judeus contra Hitler*, p.32.
280. Benjamin Ginsberg, *Judeus contra Hitler*, p.39-41.
281. Antony Beevor, *Berlim*, p.225-226.
282. Benjamin Ginsberg, *Judeus contra Hitler*, p.51.
283. Benjamin Ginsberg, *Judeus contra Hitler*, p.112.
284. Benjamin Ginsberg, *Judeus contra Hitler*, p.146-147.
285. Mark Mazower, *O império de Hitler*, p.189.
286. Mark Mazower, *O império de Hitler*, p.190.
287. Antony Beevor, *Stalingrado*, p.497; Hanson Baldwin, *Batalhas ganhas e perdidas*, p.223.
288. Stephen Ambrose, *O Dia D*, p.705.
289. Max Hastings, *Inferno*, p.343.
290. Constantine Pleshakov, *A loucura de Stálin*, p.21.
291. Hildegard Kronawitter, *Sophie Scholl — eine Ikone des Widerstands*, p.84.
292. Robert Wistrich, *Who's Who in Nazi Germany*, p.227.
293. Hildegard Kronawitter, *Sophie Scholl — eine Ikone des Widerstands*, p.86.
294. Robert Wistrich, *Who's Who in Nazi Germany*, p.228.
295. Hildegard Kronawitter, *Sophie Scholl — eine Ikone des Widerstands*, p.90.
296. *Deutsche Welle*, de 22 de fev de 2003. Disponível em <http://dw.com/p/3HbC>.
297. Roger, Manvell, *Os conspiradores*, p.48.

298. Guido Knopp, *Guerreiros de Hitler*, p.280.
299. Roger, Manvell, *Os conspiradores*, p.50.
300. C.G. Sweeting, *O piloto de Hitler*, p.297.
301. Tobias Kniebe, *Operação Valquíria*, p.30.
302. Tobias Kniebe, *Operação Valquíria*, p.40.
303. Ian Kershaw, *O fim do Terceiro Reich*, p.58.
304. Ian Kershaw, *O fim do Terceiro Reich*, p.71.
305. Joachim Fest, *Hitler*, p.802.
306. Roger, Manvell, *Os conspiradores*, p.139.
307. Roberto Sander, *O Brasil na mira de Hitler*, p.292.
308. Gary e Rose Neeleman, *Soldados da borracha*, p.16.
309. Ricardo Seitenfus, *O Brasil vai à guerra*, p.280.
310. Gary e Rose Neeleman, *Soldados da borracha*, p.205.
311. Roberto Sander, *O Brasil na mira de Hitler*, p.70.
312. Durval Pereira, *Operação Brasil*, p.97.
313. Durval Pereira, *Operação Brasil*, p.125-126.
314. Durval Pereira, *Operação Brasil*, p.206.
315. René Gertz, *O neonazismo no Rio Grande do Sul*, p.10-12.
316. Frank McCann e Francisco Ferraz, *Brazilian-American Joint Operations in World War II*, p.91.
317. João Barone, *1942*, p.225; Fernando Fernandes, *A estrada para Fornovo*, p.189.
318. Israel Blajberg, *Soldados que vieram de longe*, p.29.
319. Relato do primeiro-tenente Massaki Udihara, citado por João Barone, *1942*, p.175.
320. William Waack, *As duas faces da glória*, p.160.
321. William Waack, *As duas faces da glória*, p.166.
322. Hernâni Donato, *Dicionário das Batalhas Brasileiras*, p.366-367.
323. William Waack, *As duas faces da glória*, p.276.
324. William Waack, *As duas faces da glória*, p.275.
325. João Barone, *1942*, p.203.
326. A bibliografia diverge quando ao número de mortos. Joel Silveira aponta 443; Boris Fausto, 454; Gary Neeleman, 457; e João Barone, 468. O número total de soldados também varia muito, entre 25.334 e 25.455.
327. William Waack, *As duas faces da glória*, p.272.

328. Rui Lima, *Senta a Pua!*, p.48-52.
329. Rui Lima, *Senta a Pua!*, p.356.
330. João Barone, *1942*, p.165.
331. Dennison de Oliveira, *Os soldados brasileiros de Hitler*, p.17.
332. João Barone, *1942*, p.170.
333. Ver Website Oficial de Pierre-Henri Clostermann em <http://www.pierre-clostermann.com>.
334. João Barone, *1942*, p.261.
335. Marcelo Szpilman em seu livro *Judeus*, p.240, informa que João Guimarães Rosa também recebeu a honraria, mas o site da Yad Vashem, atualizado em 1º jan. 2016, não lista seu nome. Ver página *The Righteous Among The Nations* no site em <http://www.yadvashem.org>.
336. Martin Gilbert, *A Segunda Guerra Mundial*, p.888.
337. Michael Dobbs, *Seis Meses em 1945*, p.383.
338. John Cornwell, *Os cientistas de Hitler*, p.213.
339. Guia de Armas de Guerra, *Bombardeiros da II Guerra*, vol.1, p.22, 66 e 70.

340. Michael Dobbs, *Seis Meses em 1945*, p.301.
341. Martin Gilbert, *A Segunda Guerra Mundial*, p.902.
342. *Transcript of Surreptitiously Taped Conversations among German Nuclear Physicists at Farm Hall*, disponível em *German History in Documents and Images*: <http://germanhistorydocs.ghi-dc.org>.
343. Gordon Thomas e Max Morgan Witts, *A bomba de Hiroxima*, p.47. Ver também reportagem jornal *O Globo*, de 6 ago. 2015. "Documentos provam que Japão trabalhava em bomba atômica durante a Segunda Guerra". Disponível em <http://oglobo.globo.com/sociedade/historia/documentos-provam-que-japao-trabalhava-em-bomba-atomica-durante-segunda-guerra-17094243>.
344. Antony Beevor, *A Segunda Guerra Mundial*, p.581.
345. Mark Mazower, *O império de Hitler*, p.350.
346. Miklos Nyiszli, *Médico em Auschwitz*, p.117.
347. John Michalczyk, *Medicine, Ethics, and the Third Reich*, p.36.
348. Miklos Nyiszli, *Médico em Auschwitz*, p.69.
349. Miklos Nyiszli, *Médico em Auschwitz*, p.220.
350. Antony Beevor, *A Segunda Guerra Mundial*, p.581.

351. Entrevista ao autor, em 24 maio 2015. Disponível em <http://www.rodrigotrespach.com/2015/05/24/exclusivo-entrevistamos--bernard-wasserstein/>.
352. Bryan Rigg, *Os soldados judeus de Hitler*, p.286.
353. Guia de Armas de Guerra, *Bombardeiros da II Guerra*, vol.1, p.22 e 70.
354. John Michalczyk, *Medicine, Ethics, and the Third Reich*, p. 97. N *United States Holocaust Memorial Museum* — <https://www.ushmm.org> — há uma coleção de fotos de Rascher, assim como as gravações de seu julgamento pós-guerra.
355. John Michalczyk, *Medicine, Ethics, and the Third Reich*, p.96.
356. Mark Campbell e Viktor Harsch, *Hubertus Strughold*, p.9.
357. Robert Proctor, *Racial Hygiene*, p.300.
358. Antony Beevor, *Berlim*, p.129 e 796.
359. Michael Dobbs, *Seis Meses em 1945*, p.129.
360. Martin Gilbert, *A Segunda Guerra Mundial*, p.731.
361. Martin Kitchen, *História da Alemanha Moderna*, p.428.
362. Max Hastings, *Inferno*, p.672.
363. Gordon Thomas e Max Morgan Witts, *A bomba de Hiroxima*, p.273.
364. Angela Lambert, *A história perdida de Eva Braun*, p.569.
365. Antony Beevor, *Berlim*, p.69.
366. Ian Kershaw, *O fim do Terceiro Reich*, p.148.
367. Ian Kershaw, *O fim do Terceiro Reich*, p.153.
368. Antony Beevor, *Berlim*, p.254.
369. Ian Buruma, *Ano Zero*, p.61.
370. Max Hastings, *Inferno*, p.481.
371. Ian Kershaw, *O fim do Terceiro Reich*, p.414.
372. Antony Beevor, *Berlim*, p.501 e 504.
373. Miriam Gebhardt é autora de *Als die Soldaten kamen: Die Vergewaltigung deutscher Frauen am Ende des Zweiten Weltkriegs*, em uma tradução literal "Quando os soldados chegam: o estupro das mulheres alemãs no final da Segunda Guerra".
374. Nikolai Tolstoy, *A guerra secreta de Stálin*, p.269.
375. Max Hastings, *Inferno*, p.649.
376. Antony Beevor, *Berlim*, p.370.

377. Anônima, *Uma mulher em Berlim*, p.64-65.
378. Antony Beevor, *Berlim*, p.72.
379. Antony Beevor, *Berlim*, p.157.
380. Antony Beevor, *A Segunda Guerra Mundial*, p.858.
381. Ian Buruma, *Ano Zero*, p.54.
382. Michael Dobbs, *Seis Meses em 1945*, p.382.
383. Richard Chesnoff, *Bando de Ladrões*, p.47 e 74.
384. Ian Buruma, *Ano Zero*, p.274.
385. Reinhard Gehlen, *O Serviço Secreto*, p.136 a 140.
386. Michael Dobbs, *Seis Meses em 1945*, p.345.
387. Max Hastings, *Inferno*, p.445.
388. Erich Hobsbawm, *Era dos Extremos*, p.214.
389. Rodrigo Trespach, *Anjos do Mal*, p.35.
390. Ver, por exemplo, reportagem de Anna Edwards para o jornal inglês Daily Mail, de 25 jan. 2014. Disponível em <http://www.dailymail.co.uk/news/article-2545770/New-book-claims-THIS-picture-proves-Hitler-escaped-Berlin-bunker-died-South-America-1984-aged-95.html>.

391. Ver página *Hitler-Tagebücher*, no site da revista Stern: <http://www.stern.de>.
392. Joachim Fest, *Hitler*, v.2, p.816.
393. Ian Kershaw, *Hitler*, p.195.
394. Ian Kershaw, *O fim do Terceiro Reich*, p.414.
395. Citado por Angela Lambert, *A história perdida de Eva Braun*, p.478.
396. Ian Kershaw, *O fim do Terceiro Reich*, p.403.
397. Joachim Fest, *No bunker de Hitler*, p.166.
398. Lev Bezymenski, *The Death of Adolf Hitler*, p.44 e seguintes e p.110 e seguintes.
399. Lev Bezymenski, *The Death of Adolf Hitler*, p.44.
400. Lev Bezymenski, *The Death of Adolf Hitler*, p.56.
401. Antony Beevor, *Berlim*, p.490.
402. Revista Time, edição de 7 maio 1945, Vol. XLX, n.19. Ver <http://time.com>.
403. Michael Dobbs, *Seis Meses em 1945*, p.277.
404. Antony Beevor, *Berlim*, p.489.

405. Ian Sayer e Douglas Botting, *Hitler e as mulheres*, p.245.
406. Joachim Fest, *No bunker de Hitler*, p.169; Antony Beevor, *Berlim*, p.526.
407. Joachim Fest, *No bunker de Hitler*, p.166.
408. Luciano Aleotti, *Hitler*, p.158.
409. Joachim Fest, *No bunker de Hitler*, p.168.
410. Ver site do autor Bariloche Nazi, <http://www.barilochenazi.com.ar>.
411. Marcos Meinerz, *Operação Odessa*, p.57.
412. Marcos Meinerz, *Operação Odessa*, p.54.
413. Reinhard Gehlen, *O Serviço Secreto*, p. 98-99.
414. C.G. Sweeting, *O piloto de Hitler*, p.386; Antony Beevor, *Berlim*, p.471.
415. Uki Goñi, *A verdadeira Odessa*, p.23; Ian Sayer e Douglas Botting, *Hitler e as mulheres*, p.235.
416. Uki Goñi, *A verdadeira Odessa*, p.22.
417. Sergio Costa, *Crônicas de uma guerra secreta*, p.462.
418. Eric Frattini, *Mossad*, p.52.
419. Ian Buruma, *Ano Zero*, p. 146-151; Michael Dobbs, *Seis Meses em 1945*, p.161.
420. Michael Dobbs, *Seis Meses em 1945*, p.138.
421. Michael Dobbs, *Seis Meses em 1945*, p.208.
422. Martin Gilbert, *A Segunda Guerra Mundial*, p.872.
423. Michael Dobbs, *Seis Meses em 1945*, p.261.
424. Winston Churchill, *Memórias da Segunda Guerra Mundial*, p.1123.
425. Joseph Goebbels, "Das Jahr 2000", em *Das Reich*, de 25 jan. 1945. Disponível em http://research.calvin.edu/german-propaganda-archive/goeb49.htm.
426. Michael Dobbs, *Seis Meses em 1945*, p.432.
427. Ian Buruma, *Ano Zero*, p.130.
428. Ian Buruma, *Ano Zero*, p.165 e 172.
429. Michael Dobbs, *Seis Meses em 1945*, p.433.
430. Richard Chesnoff, *Bando de Ladrões*, p.292.
431. Eric Hobsbawm, *Era dos Extremos*, p.215.
432. *Revista Time*, edição de 28 out. 1946, Vol. XLVIII, n.1, p.34. Ver http://time.com.
433. Martin Kitchen, *História da Alemanha Moderna*, p.433.

434. Mietek Pemper, *A lista de Schindler*, p.254.
435. Rodrigo Trespach, *O homem por trás da lista de Schindler*, p.27.
436. Martin Gilbert, *A Segunda Guerra Mundial*, p.909.
437. Eric Frattini, *Mossad*, p.16.
438. Martin Gilbert, *A Segunda Guerra Mundial*, p.904; Martin Kitchen, *História da Alemanha Moderna*, p.434.

CRÉDITO DAS IMAGENS

PGS. 95, 139 e 153: © Getty Images Brazil / Archive Photos - RM Editorial Images

PG. 19: © Getty Images Brazil / Bettmann

PG. 182: © Getty Images Brazil / Gamma-Keystone - RM Editorial Images

PGS. 59, 75, 76, 83, 85, 105, 120, 132, 142, 191, 203: © Getty Images Brazil / Hulton Archive - RM Editorial Images

PG. 48: © Getty Images Brazil / Imperial War Museums - RM Editorial Images

PGS. 32, 104, 164: © Getty Images Brazil / Roger Viollet - RM Editorial Images

PG. 172: © Getty Images Brazil / SPL Creative - RM Images

PGS. 190 e 205: © Getty Images Brazil / The LIFE Picture Collection - RM Editorial Images

PGS. 91 e 179: © Getty Images Brazil / ullstein bild - RM Editorial Images

PGS. 62 e 122: © Getty Images Brazil / Universal Images Group - RM Editorial Images

Publisher
Omar de Souza

Gerente editoral
Renata Sturm

Editora
Thalita Aragão Ramalho

Preparação de texto
Pina Bastos

Revisão
Daniel Borges
Isis Pinto
Luiz Werneck
Thamíris Leiroza

Projeto gráfico e diagramação
Rafael Nobre | Babilonia Cultura Editorial

Aberturas de capítulo
Rafael Nobre e Cadu França | Babilonia Cultura Editorial

Projeto gráfico de capa
Rafael Brum

Ilustração de capa
Luís Ernesto de Morais

Este livro foi composto em Leitura Two
e impresso pela Intergraf sobre papel Chambril Avena 80g/m²
para a HarperCollins Brasil em 2017.